网络游戏20年 经典案例律师评注

游闽键　主编

上海三联书店

主编简介/游闽键

　　游闽键律师自执业以来,一直致力于知识产权法律服务,曾参与多部知识产权相关法律、法规的立法、修法工作。现为中华全国律师协会知识产权委员会副主任,是上海市人民政府首次聘请的12位法律顾问之一,同时还担任了中共上海市委宣传部、上海市市场监督管理局、江苏省昆山市人民政府法律顾问,并为众多国际、国内知名企业和机构提供法律服务。

　　执业二十余年间,游闽键律师率领协力知识产权团队先后代理各类案件10000余件,其中包括多起知识产权业内的"第一案"。游闽键律师也获得了众多专业奖项,主要包括:2007年当选"首届东方大律师";2008年获"全国优秀律师";2013年获"国家实施知识产权战略先进工作者"并入选"中国律师行业新闻人物";2015年获上海市劳动模范、全国劳动模范;2019年获"庆祝中华人民共和国成立70周年"纪念章;2020年入选"浦东开发开放30年30人"。同时连续多年入选ALB和钱伯斯知识产权优秀律师榜单,连续多年荣列LEGALBAND中国顶级律师排行榜知识产权第一梯队律师,连续多年入选"世界知识产权智囊 300 强"。

在专注律师业务之余，游闽键律师还担任了很多社会职务，包括：国务院参事室公共政策研究中心研究员，上海市十一、十二、十三届政协委员，上海市中青年知识分子联谊会监事长，上海市创意产业协会副会长，上海版权协会副会长、秘书长，上海市"两新"组织中青年知识分子联谊会副会长，浦东新区新的社会阶层联谊总会会长，浦东新区专业机构从业人员联谊会会长，华东政法大学兼职硕士生导师，上海师范大学兼职硕士生导师，世界知识产权组织首批中国大陆调解员及仲裁员，上海国际仲裁中心仲裁员，上海知识产权研究所高级研究员以及"游闽键知识产权调解劳模创新工作室"负责人等。

内容提要

　　本书收录了协力知识产权团队承办的，以及全国各地法院裁判的典型网络游戏案例。内容涵盖著作权、商标及不正当竞争等，较为全面地呈现了中国网络游戏 20 年知识产权保护发展的历史脉络。

　　本书以时间为主要线索，结合案例自身特点，对判决书进行要素化的提炼，为读者呈现出判决的"重点、难点、要点、亮点"，并由资深办案律师撰写评注，以期拓展读者对网络游戏实务问题的解决思路。

编委会

主　编　游闽键
副主编　张玲娜
编　委（按姓氏笔画排序）
　　　李淑惠　李　浩　张　磊　张立峰　金　典
　　　苗　雨　林　迅　钟姝琦　祝筱青　傅　钢
　　　曾祥欣

序　言

2020年,突如其来的新冠疫情搅乱了人们的正常生活,疫情防疫措施一方面阻断了线下传统的社交方式,另一方面给游戏市场带来了变革的巨大动力。有人说,现在的年轻人越来越宅,但他们可以通过各种社交媒体和成千上万的人讨论各种话题,他们可以通过网络游戏和全世界的年轻人一起对战、聊天、交换信息。2020年,世界卫生组织更是将电子游戏推广为新冠疫情期间的推荐社交活动方式。2021年,元宇宙(Metaverse)概念引起各界关注,上海市委经济工作会议提出引导企业加紧研究未来虚拟世界与现实社会相交互的重要平台。未来令人无限遐想,游戏世界虽然是虚拟的,却越来越真实。

我们需要抛开对游戏的成见,重新认识游戏以及游戏的价值。电竞狂热的社会现象源于游戏通过创造统一的兴趣、目标和体验,将五湖四海的玩家联系在一起。随着交互技术、3D引擎和仿真技术的快速发展,游戏的社交功能将会更进一步得到实现。

放眼全球,中国的游戏公司正在引领网络游戏领域的变革。中国网络游戏行业起步于2000年,刚好是走过了二十年,快速发展了二十年。二十年,网络游戏已发展成为泛娱乐产业的支柱;二十年,中国网络游戏收入已超过全球游戏产业市场的三分之一;二十年,网络游戏将开启变革发展的新纪元。

二十年,征途漫漫。协力律师事务所作为国内较早从事游戏行业法律服务的律所,从2004年"神州奥美诉浩方对战平台案"的代理开始,见证了中国游戏产业的萌芽与成长,并与之一道发展壮大。我们一直注重经验的总结和理论的研究,不仅广泛服务于行业内的企业,也参与代理了诸多具有创新性、疑难性的游戏案件,如全国首例认定网游为类电影作品案件——奇迹(MU)诉奇迹神话著作权侵权及不正当竞争案

("2015—2016 年度中国版权行业十大热点案例""2017 年上海法院知识产权司法保护十大案件"),《我叫 MT》北京乐动卓越科技有限公司与北京昆仑乐享网络技术有限公司等计算机软件著作权权属纠纷案(2015 年北京市法院知识产权司法保护"十大典型案例"和"十大创新性案例"),《三国杀》游卡公司与赵某商标侵权纠纷案(2015 年度湖南省知识产权司法保护十大典型案例),《捕鱼达人》广州某电子科技公司、济南某科技公司与上海某城市网络科技公司、国家行政管理总局商标评审委员会商标异议复审行政纠纷案(2018 年度全国知识产权司法保护五十件典型案例),《一起来捉妖》腾讯公司等与谌洪涛外挂纠纷案(2019 年最高人民法院 50 件典型知识产权案件),全国首例游戏外设禁售案——《和平精英》腾讯公司诉某游戏外设厂商案……

所有过往,皆为序章!过去二十年网络游戏案件的裁判思路、裁判依据、裁判理念是观察游戏产业的重要维度。为此,我们专门梳理了较为典型的网游案例。奈何新冠疫情延迟了本书与读者见面的时间,好在终于完成了。

本书以时间为主要线索,结合案例自身特点,对判决书进行要素化的提炼,为读者呈现出判决的"重点、难点、要点、亮点",并由资深办案律师撰写评注,以期拓展读者对网络游戏实务问题的解决思路。最后,本书的出版得益于协力所各位同事、上海三联书店编辑老师的辛勤付出,我在此向大家表示最诚挚的感谢!

是为序。

游闽键

2021 年 12 月 26 日晚

目　录

著作权案例

商标权案例

著作权及不正当竞争案例

商标权及不正当竞争案例

不正当竞争案例

著作权案例

『游例知产 &01』
游戏维权的开端，二十年后仍然是经典

翁正文与外星电脑公司、叶秀娟、环球商行、利军商行、王晓燕侵犯计算机游戏软件著作权纠纷案

【关键词】

IC 烧录、委托鉴定、影音视听作品、共同侵权

【案例来源】

福建省高级人民法院(1999)闽知初字第 4 号民事判决书

最高人民法院(2000)知终字第 4 号民事判决书

【权利作品名称】

《刘邦传记》《战国历史志》《丝绸之路》《水浒新传》《凯旋门》《玄武之争》《财神到》《快乐英雄》《三国争霸》《英雄无悔》等十种中文游戏软件

【案情简介】

1996 年 6 月至 1997 年 10 月间,外星电脑公司将其开发的《楚汉争霸》《战国群雄》《魔域英雄传》《水浒传》《魔法门》《隋唐演义》《三十六计》《创世纪英雄》《英烈群侠传》《绝代英雄》等十种中文游戏软件送到国家版权局计算机软件登记管理办公室进行计算机软件著作权登记。

被告翁正文、叶秀娟自 1999 年 1 月起以振华公司(是翁正文等人成立的公司,因未注册登记,该公司实际上并不存在)的名义生产、销售

上述游戏软件的盗版卡带,并将这些游戏软件更改了名字。这些盗版游戏卡带通过被告雇用的王晓燕向全国各地销售。外星电脑公司在发现上述事实后,向福建省高级人民法院提起诉讼。

【要点提炼】

1. 烧录软件一般会侵犯哪些著作权?

该案中,法院认定被告擅自删除、修改、复制游戏软件,将这些游戏软件更名后,制作成游戏卡带后进行销售,侵犯了游戏软件的署名权、修改权、保护作品完整权、使用权、获得报酬权。由于当时适用的是2001 年版《著作权法》,部分表述与先行法律已经有所区别。

2. 软件整体可以作为什么作品进行保护? 计算机软件还是视听作品?

该案中,法院认为游戏软件属于著作权法保护的作品。权利人提出其游戏软件既属于计算机软件,又应当作为影音视听作品,受著作权法保护,但法院认为其在一审中以讼争游戏软件著作权人而非视听作品著作权人的身份提起诉讼,而且该案纠纷的实质是计算机软件著作权纠纷,原审法院亦是将该案作为计算机软件著作权纠纷案件进行审理;此外,计算机软件与视听作品属于不同种类的作品,受著作权法保护的客体和内容均不相同,故被上诉人所提出的上述新的主张,不属于该案二审审理范围,应当视为在二审中增加的独立的请求。

3. 网游侵权中鉴定怎么做? 没有源代码可以鉴定吗?

该案中,法院委托鉴定,十种涉嫌盗版游戏软件除启动时将正版游戏软件的制作单位去掉和将游戏名称更改外,游戏里面的程序设计、美术画面及音乐音效与正版卡带完全一样……法院认为从技术角度看,计算机游戏软件符合计算机软件的一切技术特性。从应用角度看,游戏软件确有其不同于一般计算机软件的特点。游戏软件的主要用途是供人们娱乐,其外观感受主要通过游戏中的场景、人物、音响、音效变化等来实现。这些随着游戏进程而不断变化的场景、人物、音响是游戏软件程序设计的主要目的,是通过计算机程序代码具体实现的。因此,游戏软件的计算机程序代码是否相同,可以通过其外观感受较明显、直观地体现出来。虽然从技术上讲,相同功能的游戏软件包括外观感受可以通过不同的计算机程序实现,但是鉴于游戏软件的特点,两个各自独立开发的计算机游戏软件,其场景、人物、音响等恰巧完全相同的可能性几乎是不存在的。若是刻意模仿,要实现外观感受的完全相同,从技术上讲亦是有难度的。

4. 游戏载体的销售商负有什么程度的注意义务?

该案中,法院认为游戏软件的商家,负有审查其所销售游戏卡带合法性的义务,其未尽审查义务销售了侵权的游戏卡带,亦构成侵犯被上诉人游戏软件的著作权。但无证据证明该两商行之间,以及其与上诉人之间构成共同侵权,故原审法院认定利军商行、环球商行各自独立实施侵权,应就其侵权行为各自承担侵权责任。

【律师评注】

本案虽然发生在中国游戏产业发展初期,且其所适用的法律与现在具有较大差异,但是该案的审判思路还是具有较高的参考价值。

(一)侵权行为千变万化,大部分均可通过复制权、信息网络传播权以及改编权来规制

随着计算机技术的发展,侵权行为的表现形式也千变万化,譬如本案的烧录乃至最近的云游戏,究其技术原理的本质就是复制,无非是复制的手段、载体、发生的时间发生了变化。基于目前部分案件的梳理结果,笔者发现大部分的侵权案件,均可通过复制权、信息网络传播权以及改编权来规制。区分好并充分理解这三项权利的内涵和边界,有助于我们基本厘清案件事实,并较准确地进行法律适用。

(二)游戏整体是否可以构成视听作品,二十年前已有先驱

2020年新《著作权法》将"电影及类电影作品"修改为"视听作品",引起了游戏界的热议,各大游戏厂商一度认为这个变化体现了将游戏整体作为视听作品保护的立法意图,从而破解了游戏整体究竟是什么作品的千年难题。当然,这个愿望是否实现,还待看此后的司法实践。

本案发生时适用的是1990年《著作权法》,其中尚未有"类电影作品"的提法,更没有"视听作品",然而该案中的原告代理律师就已大胆提出了游戏整体构成"影视视听作品"的主张。然而,由于二审法院认为这样的主张属于新增诉求,因此没有进行实质认定,比较可惜没能一窥当时法院的基本思路。

(三)游戏侵权鉴定的思路很重要

实务当中,侵权鉴定没有那么简单,并不是拿着 A 游戏的源代码和 B 游戏的源代码进行一一比对,譬如本案中的侵权样本中并没有游戏源代码,该鉴定是通过前端画面来反推后端的代码是一致而推导出的结论。当然,在侵权者的研发技术也仅限于复制粘贴的当时,这样的推理是可行的,而现今前端和后端可以完全割裂,一模一样的前端完全可以用不同的编程语言、不同的表达方式实现,这样的推理就不再适用。笔者接触的案件中,有使用 B 游戏的目标代码与 A 游戏的源代码进行侵权比对鉴定的,有仅仅比对两者的前端画面的,有比对文件命名及层级的,不一而足。现实总是比理论要复杂得多,事先与技术人员沟通好呈现形式以及鉴定思路是非常重要的。

判决书整理人:张立峰

评注人:张玲娜

『游例知产 &02』
网游维权第一步，权利不清失败告终

神州奥美公司与浩方公司、盛大网络公司著作权侵权纠纷案

【关键词】

独立的诉讼主体资格、独占许可权、虚拟局域网

【案例来源】

上海市第一中级人民法院(2007)沪一中民五(知)初字第 91 号民事裁定书

上海市高级人民法院(2007)沪高民三(知)终字第 84 号民事裁定书

【权利作品名称】

《魔兽争霸Ⅲ:冰封王座》

【案情简介】

原审原告神州奥美网络有限公司主张,其取得涉案游戏软件《魔兽争霸Ⅲ:冰封王座》的专有发行权等权利的来源为,神州通信投资有限公司将该公司从奥美电子(武汉)有限公司受让的游戏相关权益转让给原告,且获得了游戏著作权人及其母公司的认可并与原审原告签订了《国际许可及批发协议》,而该份协议约定了原审原告享有其主张的相关权益。

一审法院认为,根据原审原告提交的相关证据所反映的内容来看,

一方面,奥美电子(武汉)有限公司自行出具了相关授权书,以证明其经有关权利人授权,取得在中华人民共和国境内生产、销售涉案游戏软件产品的合法权利。之后,奥美电子(武汉)有限公司又将包括涉案游戏在内的全部游戏权益转让给神州通信投资有限公司,神州通信投资有限公司于 2005 年 11 月 10 日授予原审原告行使包括涉案游戏在内的全部游戏权益。因此,奥美电子(武汉)有限公司是否从涉案游戏软件著作权人处取得相关生产、销售权,以及是否允许其将游戏软件的生产、销售权等权益再行转让给他人,再由他人许可给原审原告使用,均缺乏相应证据佐证。换言之,法院无法认定原审原告系通过上述的转让与被许可取得了其主张的涉案游戏软件的专有发行权等权利。另一方面,原审原告提交了《国际许可及批发协议》,以证明该协议的签署以及协议内容的约定授予了其主张的本案系争游戏软件的专有发行权等权利。单从该份协议所反映的内容来看,协议并无直接约定在著作权人的相关权益受到侵害时,可由原审原告自行提起诉讼。另外,在本案诉讼中,法院曾要求原审原告提交其可以自行提起本案诉讼的证明材料,包括原审原告经软件著作权人明确授权可以自行提起诉讼的证明材料,但原审原告在规定的 2 个月时间内并没有予以提交,故由此所造成的起诉主体不适格的后果应由其自行承担。

二审法院认为,根据民事诉讼举证责任的分配规则,在著作权以及计算机软件著作权侵权纠纷中,原告应首先向法院提供涉案著作权归属的证据,以证明其是涉案作品著作权人或利害关系人,具备作为原告的主体资格。其次,原告还应向法院进一步提供涉案著作权侵权的证据,以证明其享有或有权主张的涉案著作权及其相关权益遭受不法侵害。由于作品具有无形性的特点,著作权的权属状态通常显示出复杂化的特性,在这种情况下,查明和确认原告是否享有所主张的权利是必不可少的步骤与环节,也是审理被告行为是否构成对原告权利的侵害之前提和基础。经过审查,若相关著作权的权益不属于原告,或者原告提供的证据不足以证明其享有相关著作权的权益,法院应当驳回其起诉。

【要点提炼】

1. 著作权以及计算机软件著作权侵权纠纷中,原告诉讼主体资格适格的举证

在该案中,法院认为,在著作权以及计算机软件著作权侵权纠纷中,原告应首先向法院提供涉案著作权归属的证据,以证明其是涉案作品著作权人或利害关系人,具备作为原告的主体资格。其次,原告还应向法院进一步提供涉案著作权侵权的证据,以证明其享有或有权主张的涉案著作权及其相关权益遭受不法侵害。由于作品具有无形性的特点,著作权的权属状态通常显示出复杂化的特性,在这种情况下,查明和确认原告是否享有所主张的权利是必不可少的步骤与环节,也是审理被告行为是否构成对原告权利的侵害之前提和基础。经过审查,若相关著作权的权益不属于原告,或者原告提供的证据不足以证明其享有相关著作权的权益,法院应当驳回其起诉。

2. 独占许可权与游戏软件的独家代理权之区别

该案中,法院认为独占许可权与游戏软件的独家代理权是两个具有不同法律意义的概念,独家代理有关引进发行事宜,需要得到著作权人的授权与许可。但反过来,并不能仅凭引进发行行为就推定著作权人已将全部著作权的权益许可给被许可方,除非当事人对此有明确约定。

3. 独占经销或代理权人并不当然享有诉权

该案的争议焦点不在于上诉人是否具有游戏软件产品的独占经销或代理权,而在于涉案游戏软件著作权人与上诉人之间是否存在诉权约定,著作权人是否授权上诉人可以单独以自己名义起诉追究被告侵害著作权人的著作权之权益和被授权人(即上诉人)的独占使用权之侵权行为。依据《国际许可和经销协议》的内容来看,该协议的条款仅对上诉人作为涉案软件的经销商的相关权利、义务等进行了约定,并不能得出上诉人具有独立的诉讼主体资格之结论。

【律师评注】

该案是一起高标的、新类型的案件,原告提出的诉讼索赔合计高达

1.4 亿元，是上海设立知识产权审判庭以来诉讼标的最高的案件，且涉及浩方对战平台当时几百万的用户。如果原告胜诉，意味着这几百万用户将不能通过浩方对战平台进行联网游戏。所以，这个案件在当时被称为"网络游戏第一案"。这个案件的核心是虚拟局域网的技术创新对传统网络游戏盈利模式的挑战。

（一）被告没有侵害"网络对战权"

1. 著作权中不存在"网络对战权"

原告多次主张著作权人在系争游戏软件《使用者许可合约》（即《最终用户许可协议》）中明确约定玩家选择互联网模式时只能登陆被告官方战网，浩方对战平台所提供的网络对战服务侵害了著作权人组织网络对战的权利。然而，原告和被告都不是《使用者许可合约》的当事人。

著作权属于对世权，著作权的范围和行使方式都应当以法律规定为依据，没有法律依据的"著作权"不受法律承认也不受法律保护。依据《著作权法》第十条以及所有相关法律法规和司法解释，所谓"提供对战平台"的权利不是法定的权利。

2. "网络对战权"违反法律规定

所谓"网络对战权"侵害了游戏用户的权利。游戏用户作为付费购买游戏软件的消费者，受到《消费者权益保护法》的保护。《消费者权益保护法》第九条规定："消费者享有自主选择商品或者服务的权利。消费者有权自主选择提供商品或者服务的经营者，自主选择商品品种或者服务方式，自主决定购买或者不购买任何一种商品、接受或者不接受任何一项服务。……"《消费者权益保护法》第十条规定："消费者享有公平交易的权利。消费者在购买商品或者接受服务时，有权获得质量保障、价格合理、计量正确等公平交易条件，有权拒绝经营者的强制交易行为。"系争游戏软件《使用者许可合约》利用游戏软件提供者的优势地位，强行规定消费者在购买游戏软件后只能接受著作权人提供的独家网络对战服务，是对消费者选择权和公平交易权的剥夺与侵害。系争游戏软件《使用者许可合约》在销售软件之外强行搭售独家网络对战服务的行为，犹如规定买西装的消费者只能戴指定领带，买汽车的消费者只能用指定汽油，显然是对消费者权益的侵害。

（二）浩方对战平台未破坏或规避著作权人的技术措施

1. CD-key 并不是《著作权法》所保护的技术措施

《著作权法》并不是保护所有技术措施，《著作权法》所保护的技术措施必须是为保护著作权而设置的技术措施。著作权人无权垄断在线对战服务，也无权规定消费者只能上官方战网。既然消费者有权自由选择任意对战平台，CD-key 的唯一作用只能是验证和批准消费者上官方战网，而不能限制消费者登陆其他对战平台。因此，本案系争的CD-key 即使是技术措施，也并非《著作权法》所规定的保护著作权的技术措施，而是控制登陆官方战网（Battle. net）的技术措施。

2. 浩方对战平台未复制、储存、破解和改变任何游戏软件信息

浩方对战平台通过 VPN 技术，将本来处于不同局域网的用户连接到同一个虚拟局域网中，实现虚拟局域网用户之间的自主通信和信息交换。加入虚拟局域网用户之间的所有信息传递是由用户端计算机自行完成，浩方对战平台仅仅是用户端计算机之间的通信工具，并不截取、复制、储存和修改用户通讯的数据包，更不需要破解和规避技术措施。

3. 浩方对战平台未规避任何技术措施

侵犯著作权技术保护措施必须以被告"明知"其方法、设备或者材料"专门"用于"故意"避开或者破坏他人著作权技术保护措施为条件，而浩方对战平台是典型的无差别通用平台，不针对包括原告起诉的几款游戏软件在内的特定软件。浩方对战平台对所有游戏软件一视同仁，从《盛大富翁》到《极品飞车》，甚至网友自行开发的游戏软件，凡能在局域网中运行的游戏软件都可以在浩方对战平台兼容和运行。

4. 浩方对战平台是局域网，当然不属于战网 CD-key 的验证范围

局域网和互联网都是技术概念，技术概念必然随技术的改变而改变。浩方虚拟局域网利用的是局域网技术，本质仍然是局域网。根据系争游戏软件《最终用户许可协议》的规定，著作权人共设置了单机、局域网和互联网中的官方战网三种游戏模式。本案系争 CD-key 仅仅是对登陆 Battle. net（即官方战网）的验证方式，CD-key 对单机和局域网模式均不做验证。既然著作权人本身对局域网模式没有设定验

证,那么登陆浩方对战平台本身就与 CD－key 没有任何关系,当然不存在规避技术措施的问题。

（三）浩方对战平台没有帮助盗版用户

系争游戏软件属于应用软件,而浩方对战平台是所有具有局域网模式的游戏软件都能运行的通用平台。通用平台提供者既没有义务也没有能力监控应用软件是否盗版。平台软件提供者并不为应用软件是否盗版负责,并且浩方对战平台的许可协议中已经作出使用正版软件的提醒与建议。

法律总是滞后于技术,技术的发展又反过来推动法律的完善与进步。对于新生事物,我们不妨边走边看,不急于去下结论,这样才有助于文化与科技的繁荣发展。在这个案件的审判中,法官没有对技术中立问题进行讨论,而是根据被告的抗辩,从原告的主体资格问题入手,直接驳回了原告的诉讼请求,从而为 VPN 对战模式留下了发展的空间。

判决书整理人:张立峰

评注人:游闽键

『游例知产 &03』
单机游戏被侵权，游戏网站共担责

游戏天堂电子科技(北京)有限公司与北京普视天润科技有限公司等侵犯著作权纠纷案

【关键词】

游戏网站、信息网络传播权、专有许可、共同侵权

【案例来源】

北京市海淀区人民法院(2008)海民初字第 2772 号民事判决书

【权利作品名称】

《新绝代双骄》《新绝代双骄 2》《新绝代双骄Ⅲ》《三国群英传Ⅱ》《三国群英传 3》《三国群英传Ⅴ》《幻世录 2》等七个软件

【案情简介】

游戏天堂公司经宇峻奥汀公司授权，自 2005 年 12 月 30 日至 2009 年 12 月 31 日享有《新绝代双骄》《新绝代双骄 2》《新绝代双骄Ⅲ》《三国群英传Ⅱ》《三国群英传 3》《三国群英传Ⅴ》《幻世录 2》等七个计算机软件在中国大陆地区的包括信息网络传播权在内的专有许可使用权，并取得了著作权登记证书。

猫谷网作为内容提供商与游戏网站，在游戏天堂公司享有专有许可使用权期间，直接向公众提供了以上软件的下载服务，传播原告享有专有许可权利的软件产品。游戏天堂公司在发现上述事实后，向北京

市海淀区人民法院提起诉讼。

【要点提炼】

1. 授权合同的真实性因签署地点而存疑的情况下，该如何认定签署地与合同真实性？

该案中，授权合同未明确标明签署地点，但从授权地域、使用的文字为中文简体等情况考虑，涉案合同的签署地为中国大陆的可能性较大。再加上合同已经由国家相关部门审查并进行了合同登记，因此在没有相反证据的情况下，法院判决承认合同的真实性。

2. 游戏网站的具体运营商与资质提供公司在什么情况下构成共同侵权？应承担什么责任？

猫谷网使用的是普视天润公司的资质（文网文〔2005〕041 号网络文化经营许可证），天润威泰公司是猫谷网的具体运营商，两被告之间具有关联关系。在猫谷网上以营利为目的，擅自传播原告享有专有许可权利的软件产品之行为，系由两被告配合方能完成，两被告构成对原告的共同侵权，应承担连带责任。

3. 游戏网站侵犯游戏信息网络传播权时，法院在什么情况下支持停止侵害、公开赔礼道歉的诉讼请求？在计算赔偿经济损失时考虑什么因素？

该案中，考虑到经原告核实，在猫谷网上已不存在涉案软件，被告已经删除涉案软件，故法院对原告要求停止侵权的诉讼请求不再予以支持。本案主要涉及财产性权利的侵害，并不涉及其他人身权利，通过经济赔偿已可弥补原告的损失，故法院对原告公开赔礼道歉的诉讼请求不予支持。

对于赔偿经济损失的标准，本案中，法院综合考虑了被告的主观故意程度、侵权网站的规模和业务、原告的获利标准、单机版游戏的下载潜在用户量、被告可能的获利情况等因素。

【律师评注】

（一）早期计算机软件著作权侵权案件的特点

侵权手段较为直接。由于多是单机游戏，将游戏计算机软件破解后即可下载游玩,未对源代码做其他更改。

赔偿数额较低。一般需要综合考虑被告的主观故意程度、侵权网站的规模和业务、原告的获利标准、单机版游戏的下载潜在用户量、被告可能的获利情况等因素,以酌定赔偿经济损失的标准包括合理支出,一般不会全额支持原告的诉请金额。

而且,早期国内游戏行业因长期自由生长,存在黑灰产、侵权、盗版、涉毒涉黄等诸多问题,游戏网站/平台在发行过程中的审查制度极为粗犷。明确游戏网站/平台作为网络内容提供者的法律地位和法律责任,有助于促使游戏发行运营平台将审查制度合规化,促进行业良性发展。

(二)如何判断游戏网站侵犯游戏信息网络传播权?

该案发生于 2005 年至 2007 年间,彼时《侵权责任法》尚未出台,网络服务提供者的通知删除规则、避风港原则、红旗规则等规定也没有形成。在判断侵权责任时,这类案件需要查明游戏的上传人,从而确定游戏网站是否是直接侵权人,并需要确定网站是否尽到了合理注意义务。明确游戏网站作为网络内容提供者的法律地位,有助于权利人在类似案件中明确责任主体,避免出现层层推卸责任的情况,从而有效保护权利人的合法权益。

本案中,证据显示的内容表明,猫谷网对相关软件进行了整理和介绍,并表示如果不能下载,请联系客服,如果下载回来的部分压缩包需要解压密码,解压密码就是 www.gomogo.cn,可见猫谷网是侵权内容提供商,其直接向公众提供了以上软件的下载服务。作为主营游戏业务的网站,猫谷网通过提供游戏下载可以吸引更多的客户,增加网站的知名度,而被告亦认可对用户提供的服务是收费的,所以应认为猫谷网从中是获利的,或者具有其他形式的商业利益。天润威泰公司是猫谷网的具体运营商,擅自传播原告享有专有许可权利的软件产品之行为系由两被告配合方能完成,两被告构成对原告的共同侵权,应承担连带责任。

判决书整理人:陈馨文

评注人:张磊

『游例知产 &04』
定作人不具备生产能力，不影响承担侵权责任

耐克森公司与杭州可吉文化交流有限公司著作权侵权纠纷案

【关键词】

侵权对比、委托加工、制造者责任、保护作品完整权

【案例来源】

杭州市中级人民法院（2008）杭民三初字第 235 号民事判决书

【权利作品名称】

《跑跑卡丁车》游戏软件及"宝宝""小乖""黑妞""皮蛋""胖墩"等游戏卡通形象

【案情简介】

原告耐克森公司享有《跑跑卡丁车》的著作权，自 2006 年起在中国运营。《跑跑卡丁车》中的"宝宝""小乖""黑妞""胖墩""小强""皮蛋""蓝蓝""葱头""海盗船长"等游戏三维立体形象，深受玩家喜爱，可被授权使用在玩具、文具、服装、日用品等商品设计上。2007 年，原告发现，被告未经许可在其网站（www. hzppt. net）上非法销售使用了《跑跑卡丁车》游戏形象的产品，如包括上述游戏形象的公仔、抱枕、T 恤、休闲包等。此外，被告还在网站上宣称通过网店代理、加盟的方式，在全国范围内的几十个网点销售侵权产品。这些侵权产品，均由被告自行设计和生产。原告认为，被告未经授权在多种商品上使用了《跑跑卡丁

车》的游戏形象,侵害了原告依法享有的著作权,非法获得了高额的利润。为此,原告向法院起诉,请求依法判令被告停止侵权、消除影响、赔礼道歉及赔偿原告经济损失人民币30万元等。

被告可吉公司辩称,其实力弱小,无实体店,并不具备设计生产的能力,无实力进行大量采购和销售,也无连锁经营、加盟商能力,网站上所列相关产品大部分只作为产品样品图片、老产品图片等。

法院认定被告可吉公司对上述被控侵权产品应承担制造者的责任。法院认为,被告可吉公司未经许可,在其经营的网站上发布使用了原告作品形象的产品图片,侵犯了耐克森公司对《跑跑卡丁车》以及其中的卡通人物形象"宝宝""小乖""黑妞""皮蛋""胖墩"所享有的信息网络传播权;可吉公司未经著作权人耐克森公司许可,生产、销售前述被控侵权产品的行为,侵犯了耐克森公司对其创作的《跑跑卡丁车》中的五个卡通人物形象所享有的复制权、发行权、保护作品完整权。对此,被告应承担停止侵权、赔偿损失、赔礼道歉、消除影响的法律责任。赔偿损失方面,法院综合考虑原告作品的知名度、经济价值、可吉公司的主观过错和其他侵权情节以及耐克森公司为制止本案侵权行为所支付的合理费用,酌情确定赔偿数额为6万元。

【要点提炼】

1. 关于被告生产和销售的被控侵权产品是否侵犯了原告的著作权,法院是如何将被控侵权产品和原告创作卡通形象作对比的?

该案中,法院其实将每一个卡通形象具有独创性的部分都进行了列举,并对被控侵权产品进行了逐一比较:先将这些产品与原告卡通形象进行分组,对其中的相同点进行了提炼;再分别列举了这些分组中,被控侵权产品和原告形象的细微不同之处,如颜色不同、脸上有无红晕不同、个别设计略有不同等;然后得出结论,即被告生产和销售的上述被控侵权产品使用了原告创作的卡通人物形象中最具独创性的部分,构成了与原告作品的实质性相似。被告未经著作权人许可,生产、销售上述被控侵权产品的行为,侵犯了原告对其创作的《跑跑卡丁车》中的五个卡通人物形象所享有的复制权、发行权。在此基础上,法院继续阐述,可吉公司对耐克森公司创作的五个卡通人物形象在衣物颜色、细部处理上所作的改动,同时侵犯了耐克森公司对其作品享有的保护作品完整权。

2. 被告辩称其仅是一个实力弱小的销售者,网站宣传是夸大其词,为何法院认定其承担制造者的侵权责任?

可吉公司在其网站上多处标有其是一家"专业动漫游戏影视周边生产供应商""集产、供、销为一体""可吉以全国独一无二的生产能力""具有自主研发和生产能力,拥有专业的设计队伍""杭州可吉生产实力雄厚"等字样,可吉公司网站上还显示有生产车间图片并附有"可吉毛绒厂里的工人正在工作"的文字说明。被告可吉公司辩称上述被控侵权产品系向第三人购得,但未提供有效证据加以证明。原告不仅公证了被告网站侵权产品的实物照片,还购买了被告销售的侵权产品实物。由于其在被控侵权产品的标签上印有"KJCO., LTD"加"The culture of the games"字样或"可吉"字样,以及可吉公司申请的商标标识,结合可吉公司在网站上对其生产能力的宣传,足以使普通消费者认为被告即为被控侵权产品的制造商。即使可吉公司自身不具有生产能力,其也可以委托生产厂家按照其提供的设计或样品生产,并在产品上附上可吉公司的标签,故可吉公司作为定作人仍应承担制造者的责任。综上,被告可吉公司对上述被控侵权产品应承担制造者的责任。

【律师评注】

本案发生在游戏尚处于起步阶段的 2008 年,当时由于技术条件的限制,对游戏的侵权主要采用将游戏中的人物形象制作成实体物品之方式,本案就对此种行为侵犯了何种著作权的权项进行了充分论证。此外,本案对如今游戏企业进行维权也具有一定的启示意义。

(一)外国主体在我国获得著作权保护存在一定的前提

本案中,原告方为原始著作权人,由于是外国主体,所以对其主体资格还需要进行一定的审查。由于知识产权具有地域性的特征,除非有国际条约、双边条约或多边协定的特别约定,否则并不能够直接获得保护。目前,我国加入的国际版权条约有《保护文学和艺术作品伯尔尼公约》《世界版权公约》《世界知识产权组织版权条约》、TRIPS 协定等,我国有义务向这些条约缔约国的著作权人提供保护。

因此,对于原始权利方为国外主体的游戏而言,在中国进行著作权保护存在两种路径:一种路径是原始权利人直接发起诉讼,但是获得保护的前提是这一权利主体来自我国参与的国际公约的缔约国;另一种路径则是授权国内主体进行诉讼。需要提示的是,建议将实体权利和维权权利一并进行授权,以保障权利基础的稳定性。

(二)梳理侵权行为方式对于厘清被告侵犯了何种权项具有重要意义,同时也能够结合侵权情况对诉讼请求进行相应的设计

在本案中,原告对被告侵权行为的指控非常清晰,对每一项具体的行为进行了拆分,并分别进行了主张:(1)在网站上投放印有涉案产品图片的行为,侵害了信息网络传播权;(2)生产、销售被控侵权的实体产品(包括抱枕、背心、钥匙扣等)的行为,侵害了复制权、发行权和保护作品完整权。

尤其在本案中,原告基于对保护作品完整权这一人身权的主张,要求被告赔礼道歉,并最终获得了支持。这一诉讼策略的设计,对于如今越来越重视商誉的大环境而言,具有非常重要的参考价值。

(三)对于被告是否系侵权产品的生产商之认定

本案中,对被告销售商身份的确定较为简单,主要在于通过被告方的网站采购了相应的侵权产品。而对于被告生产商的身份,法院最终结合了产品上的相关标识以及被告官方网站的一些自述进行了综合认定。对于被告的相关产品系由第三方生产的抗辩,由于相关产品上印有其公司的简称以及相关字样,法院认定即便不是其自行生产,也系委托第三方生产,应当承担作为定作人的法律责任。被告既是生产商,也是销售商。

本案虽然已经发生了超过十年,但是案件中原告方的证据组织和法律主张对于今后游戏企业对游戏中人物形象被侵害时如何进行维权方案的设计而言,仍具有相当的参考价值。

判决书整理人:苗雨

评注人:钟姝琦

『游例知产 &05』
"传奇"网游维权，一代网民的青春

某大公司与锦某公司、某浪公司、某游公司、七某公司侵害作品信息网络传播权纠纷案

【关键词】

图片侵权、权利归属、证据形成时间

【案例来源】

上海市浦东新区人民法院(2011)浦民三(知)初字第 511 号民事判决书

上海市第一中级人民法院(2012)沪一中民五(知)终字第 84 号民事判决书

【权利作品名称】

《热血传奇》(Legend of Mir 2)

【案情简介】

2000 年 9 月 1 日,《热血传奇》由韩国的 Wemade Entertainment Co., Ltd(以下简称韩国唯美德公司)创作开发完成,并与韩国的 ACTOZSOFT Co., Ltd(以下简称韩国奥克托公司)共同享有该游戏软件的著作权。该款游戏软件系一款基于国际互联网的图形化多用户角色扮演类游戏软件,包括武士、魔法师和道士职业角色,并配以各种功能、款式不同的道具装备。2001 年,某大公司与前述两公司签署协

议,将游戏引进国内,并取得相应著作权的许可。

2010年6月,七某公司研发完成《传奇国度》网页游戏,并就该游戏与某浪公司等进行联合运营。该款游戏亦是一款基于国际互联网的角色扮演类游戏,包括战士、法师、道士职业角色,并配以各种功能、款式不同的道具装备。此外,该游戏的角色、装备等与《热血传奇》中的角色、装备等高度相似。某大公司发现上述事实后,向上海市浦东新区人民法院提起诉讼。

【要点提炼】

1. 对于国外引进的游戏而言,应当如何确定国内代理商是否拥有诉权?

该案中,法院认为根据《热血传奇》游戏软件相关授权协议,某大公司经著作权人授权所享有的独占性使用权,其内容既包括游戏软件程序的使用权,也包括与游戏软件相关的印刷文档、图片及影像文件等的使用权。此外,《热血传奇》作为一款知名度较高的网络游戏,游戏开发者或经营者对游戏自身具有标志性的道具装备等图片通常不会轻易做出实质性的更改。在庭审比对过程中,各当事人亦确认在某大公司公证时下载的不同版本《热血传奇》游戏客户端图片库中,相应的道具装备图片均一致,且某大公司依据该款游戏的《软件授权协议》已经取得该游戏软件独占性的使用、更新、修改以及与游戏软件相关的印刷文档、图片及影像文件的后续更新等权利,即某大公司对游戏软件及其道具装备图片的不同版本均享有权利。

2. 如何确认引进游戏的正确中文译名?

该案中,法院认为虽然在有关文件中,涉案游戏的中文名称是《传奇》,但是《进口网络游戏产品批准单》、《著作权合同登记批复》、韩国奥克托公司和韩国唯美德公司出具的授权书中载明游戏 Legend of Mir 2 的中文译名为《热血传奇》。同时,锦某公司和某浪公司亦未能提供证据证明某大公司同时拥有名为《传奇》和《热血传奇》的两部游戏软件。因此,在本案中,将《热血传奇》直接认定为 Legend of Mir 2 的对应译名并无不妥。

3. 权利证据在侵权证据之后形成的情况下，应当如何确定权利证据的真实性、合法性？

该案中，法院认为权利图片证据形成于侵权证据之前，以证明权利基础，并不是判断审查权利证据的唯一标准。对于权利证据的审查判断，应当结合具体案件的具体情况进行分析认定。本案中，首先，某大公司于 2001 年引进涉案的《热血传奇》游戏软件，而通常一款游戏进入市场，其游戏图片即已基本定型，不会再有大的改动；其次，这些图片在某大公司的图片库中像素清晰，而被控侵权图片并无比某大公司图片库中的图片更加清晰的版本；再者，某大公司的权利图片不仅存在于图片库中，而且被设计在游戏中予以运用，这类运用并不是单单制作图片即可，而是需要对整个游戏的运行进行设计，故权利图片事后制作不具有现实可能性。相反地，被控侵权图片仅存在于涉案网站的界面上，而在游戏中并无运用。综合以上分析，某大公司提供晚于侵权图片公证的权利图片并不影响其对这些图片享有独占性使用权的认定。

【律师评注】

本案发生时间较早，属于网络游戏产业保护案件的早期典型案例。在利用类电作品对网游进行整体保护之前，本案可以算是一个"史前案例"。该案中，被告将多幅知名网游《热血传奇》中具有标识意义、为玩家耳熟能详的图片大量用于其游戏《传奇国度》的宣传和运营过程当中，这是一个典型的搭便车窃取流量和客户的行为。但是，在当时的司法环境之下，法院、工商行政机关对知名网络游戏中具有商业标识意义的图片是否能构成《反不正当竞争法》下可受保护的权益存在疑虑，故原告不得已采取了著作权维权的方式进行保护，从而使一起典型的网游市场不正当竞争案件被迫变成了一起有关美术作品信息网络传播权的侵权案件，不得不说是一种遗憾。

就信息网络传播权侵权案件而言，本案的案情并不复杂，但原被告双方围绕权利主体、权利证据、侵权认定和判赔数额等争议焦点展开交锋，涵盖著作权侵权所涉及的可争议点，具有典型意义。

（一）美术作品侵权的认定标准

对于美术作品侵权的判定标准，主要是对独创性、接触以及实质性相似三个因素进行比对。所谓独创性，即智力成果是由作者独立完成的，且该智力成果具有一定程度的智力创造性，能够体现出作者独特的智力判断与选择。对于美术作品而言，其独创性往往表现在线条、色彩的运用上。所谓"接触"，并非指一定看到或摸到，而是指一种接触的可能性，即被诉侵权人有可能接触到被侵权人的作品。而"实质性相似"则是指侵权人的作品与被侵权人的作品有一定程度的相似。

本案中，被告的网站上共有 44 张道具装备图片。与原告享有权利的《热血传奇》游戏客户端图片库中相应的图片对比，它们在构图设计和线条轮廓等方面均一致，区别仅在于图片清晰度和色彩运用，以及道具装备位置的左右翻转。这些差异并不影响对这 44 张图片与某大公司图片具有一致性的判断，故原审法院认定上述两网站使用了某大公司主张的 44 张《热血传奇》网络游戏道具装备图片。由此可见，法院在判断美术作品是否构成"实质性相似"时，主要考虑的因素包括构图设计、线条轮廓、色彩选择等。

（二）权利证据的审查判断

一审判决对权利证据的认定是否正确，是二审中的争议焦点之一。通常情况下，图片著作权侵权案件的权利图片证据确实应当形成于侵权证据之前，以证明权利基础。但是，这并不是判断审查权利证据的唯一标准。对于权利证据的审查判断，应当结合具体案件的具体情况进行分析认定。

本案中，首先，被上诉人于 2001 年引进涉案游戏软件，而通常一款游戏进入市场，其游戏图片即已基本定型，不会再有大的改动；其次，这些图片在被上诉人的图片库中像素清晰，而被控侵权图片并无比被上诉人图片库中的图片更加清晰的版本；再者，被上诉人的权利图片不仅存在于图片库中，而且被设计在游戏中予以运用。综合以上分析，被上诉人盛大公司提供晚于侵权图片公证的权利图片并不影响其对这些图片享有独占性使用权的认定。

（三）侵权成立时被告应当承担的民事责任

本案中，原告盛大公司认为，被告的侵权行为侵犯了其对《热血传奇》网络游戏图片的著作权，因此请求法院判令被告锦游公司、盛浪公司连带赔偿 50 万元，并公开赔礼道歉、消除影响。

对于上述诉讼请求，首先，锦游公司、盛浪公司的侵权行为分别独立存在，无证据证明双方共同实施侵权行为，故双方之间不承担连带责任。其次，两被告侵犯了盛大公司对《热血传奇》游戏图片依法享有的信息网络传播权，该权利属于财产性权利，故盛大公司要求两被告赔礼道歉，于法无据。但两被告分别在各自网站上使用侵权图片，已对盛大公司造成一定的不利影响，故盛大公司请求两被告消除影响的诉讼请求，于法有据。最后，对于赔偿数额的认定，鉴于盛大公司未能举证证明其因侵权而遭受的实际损失或者被告因侵权所获得的利益，故应适用法定赔偿原则。因此，法院结合原告游戏图片的独创性、知名度、创作成本、侵权方式等因素，酌情确定原告为制止侵权而支出的合理费用为 8 万元。

虽然法院支持原告，但是判赔结果实际上仅能刚好填平原告合理支出的费用。原因主要在于，侵权人并没有直接在游戏中使用侵权图片，而仅仅在其宣传网站界面上有所使用。此外，盛大游戏公司并没有能够拿出有力的证据证明其所受损失或者侵权人的获利。

近年来，我国的游戏产业飞速发展，越来越多的业界新秀纷纷涌现。随之而来的是大量网游广告充斥着 APP 载入界面、短视频甚至朋友圈，时常能看见各种类型的网页游戏占据 xx 浏览器的右下角。但一般来说，这些广告和点击下载的游戏之间的差别很大，有些广告甚至抄袭或直接盗用其他知名游戏中的画面。这类广告意图通过他人制作精良的游戏的画面，吸引看到广告的人点击下载。

在此类网络游戏著作权侵权案件中，权利人可以就游戏元素所形成的美术作品主张著作权保护。法院一般会根据独创性、接触以及实质性相似等因素，对游戏画面是否侵犯著作权做出判断。但客观而言，此类案件的实质是利用知名网游具有商业标识意义的美术作品吸引流量，诱骗玩家至被告的游戏。因此，此种情况下采取不正当竞争的模式进行保护更为合适,这需要立法和司法穿透表象,直视本质,不被所谓"反不正当竞争法只是兜底法"的观念束缚。

判决书整理人:李浩

评注人:傅钢

『游例知产 &06』
拉开"山寨"游戏知识产权维权的序幕

暴雪娱乐有限公司、上海网之易网络科技发展有限公司与上海游易网络科技有限公司侵害著作权纠纷案

【关键词】

游戏界面、游戏规则、美术作品、视听作品

【案例来源】

上海市第一中级人民法院（2014）沪一中民五（知）初字第 23 号民事判决书

【权利作品名称】

《炉石传说》《卧龙传说》

【案情简介】

暴雪娱乐有限公司于 2013 年 3 月完成了《炉石传说》的游戏开发设计，并于 2013 年 3 月 22 日首次公布有关《炉石传说》的消息和图片。上海网之易网络科技发展有限公司是暴雪娱乐有限公司的在华合作伙伴，暴雪娱乐有限公司已授权上海网之易网络科技发展有限公司在中华人民共和国大陆地区运营《炉石传说》网络游戏，并授权以运营《炉石传说》为目的使用与该游戏相关的知识产权，包括《炉石传说》及本地化版本的相关著作权。上海网之易网络科技发展有限公司于 2013 年 10 月 23 日起开始向中国公众发出游戏测试邀请。

2013 年 10 月 25 日,上海游易网络科技有限公司向公众展示了一款名为《卧龙传说:三国名将传》的网络游戏,并在游戏中大量使用、复制并抄袭了《炉石传说》游戏中的标识、界面、牌面、特效、文字作品、美术作品、视听作品和其他游戏元素方面的设计,以及体现出游戏规则与算法的各游戏卡牌和套牌整体组合。2013 年 10 月 30 日,上海游易网络科技有限公司在其公司网站上公告已经对外广发了 30000 个《卧龙传说》游戏测试账号的激活码,并且还在持续发放中。暴雪娱乐有限公司、上海网之易网络科技发展有限公司诉称上海游易网络科技有限公司侵害其享有的著作权,向法院提起诉讼。

【要点提炼】

1. 网游《炉石传说》的"炉石标识"、游戏界面、卡牌牌面设计、卡牌和套牌的组合、视频和动画特效是否是著作权法所称的作品?

法院认为,"炉石标识"属于以线条、色彩等构成的平面造型艺术,并无证据表明其不属于原告创作或者来源于公有领域。因此,法院确认"炉石标识"属于著作权法所称之作品,应受法律保护。

法院认为,游戏界面的布局作为美术作品的思想,的确不属于著作权法保护的范畴。但是,游戏中 14 个界面并非仅由布局构成,而是由色彩、线条、图案构成的平面造型艺术。法院确认该 14 个游戏界面属于著作权法所称的作品,应受法律保护。对于两原告关于其中两个界面还应属于汇编作品的主张,法院认为,只有对内容的选择和编排体现出独创性的汇编行为,才能够获得著作权法的保护。由于电脑游戏界面的内容选择和编排受游戏功能与电脑屏幕资源的限制,可以选择的空间较小,两原告的界面编排并没有体现出足够的独创性,因此法院对汇编作品的主张不予采纳。

法院确认卡牌牌面设计属于著作权法所称的作品,但是这是指由色彩、线条、图案所构成的卡牌牌面造型艺术,而非卡牌牌面的设计思想或者设计布局。

法院认为,卡牌和套牌的组合,其实质是游戏的规则和玩法。对于卡牌上的文字说明,就单个卡牌或者每一句或每一段而言,由于其表达过于简单,难以达到著作权法所要求的独创性的高度,因此无法获得著作权法的保护。但是,卡牌上的文字说明是用以说明卡牌在游戏中所具备的技能或功能,将其组合成一个整体,可以视为游戏说明书而作为著作权法所规定的文字作品予以保护。

法院认为,在著作权法上并不存在视听作品这一作品种类,视频和动画特效仅能考虑是否属于电影或者以类似摄制电影的方法创作的作品,从而获得保护。本案中,游戏中的视频和动画特效符合类电作品创作的特征,在无证据表明原告请求保护的视频和动画特效并非源自自身创作,也没有证据表明其内容属于公有领域或者游戏中的惯常表达之情况下,法院确认其可以作为以摄制电影的方法创作的作品获得保护。但是,"绿色光环动画"仅是在游戏中可以立即进行攻击的卡牌外围呈现绿色光环,不符合由一系列画面组成的特征,因此对该动画不应作为著作权法所称作品予以保护。

2. 被告是否侵害了原告应受著作权法保护的作品的著作权

根据法院比对,在被控侵权游戏中,牌店界面中的扩展包上使用的标识以及在打开扩展包过程中的卡牌牌背上使用的标识,与原告请求保护的标识在线条、色彩组成的造型及其美感上没有实质性差异,其在细节上的细微差别,不足以形成不同造型,也不足以为公众带来不同的美感。因此法院认为被告在这两处使用的标识属于对原告作品的复制,侵害了原告所享有的著作权。同时,由于被告将被控侵权游戏置于网络环境中供社会公众下载,并提供网络游戏服务,因而也构成了对原告就作品所享有的信息网络传播权的侵犯,对原告指控被告侵犯了其信息网络传播权的主张,法院予以支持。但是,由于著作权法规定网络传播行为由信息网络传播权控制,并非由发行权控制,且无证据表明被告实施了其他向公众提供作品原件或复制件的行为,因此法院对原告指控被告侵害了其发行权的主张不予支持。对于被告游戏中其他位置的标识,法院经过比对后发现,与原告游戏存在差异,因此对原告指控予以驳回。

法院认为,被控侵权的界面虽然在布局上与原告界面相似甚至实质性相似,但是在组成界面的图案、色彩等方面有实质不同。对于游戏界面而言,其布局属于思想的范畴,应当在著作权的保护范围之内剔除,因此仅凭界面布局的相同还不足以认为构成对原告著作权的侵害。如前所述,美术作品系一种具有审美意义的造型艺术,由于本案请求保护的作品和被控侵权作品之间存在图案、色彩等方面的不同,从而导致两者在造型及美感上形成了差别,且这种差别已经不能认定为复制,因此法院对原告指控被告侵害了其游戏界面所享有的复制权之主张不予支持。在此基础上,原告指控被告侵害其发行权、信息网络传播权之主张自然也不能得到支持。

根据法院查明的事实,被控侵权游戏的卡牌牌面设计与原告请求保护的卡牌牌面布局近似,但两者在色彩、图案等元素上均有差异。与法院在游戏界面部分所说明的理由相同。在此情形下,法院不能认为被告行为构成了对原告的卡牌牌面设计著作权之侵害。

法院认为,原告卡牌的文字说明作为一个整体,可以作为游戏说明书获得保护。但是需要指出的是,由于这些文字说明都是由游戏的玩法和规则所决定,其表达的可选择空间极其有限,而且原告的游戏说明就单个卡牌来看,并不能具备著作权法的独创性,因此其作为一个整体的独创性较低。由于被告抄袭了原告的游戏玩法和规则,为了要对游戏进行说明,不可避免地会使用与原告游戏说明较为接近的表达,这种相近源于思想的相同,实质上是对游戏规则和玩法的抄袭。从前面两方面来考虑,只有被告完全或者几乎完全抄袭了原告的游戏说明,才应认定为侵害了原告的游戏说明书的著作权。而根据法院查明的事实,被告在对游戏进行说明时,还是在可能的范围内对个别文字进行了替换。考虑到游戏玩法和规则对表达的限制,这种差异已经足以表明两者不构成复制关系。因此,法院对原告指控被告侵害其游戏说明文字作品著作权的主张不予支持。当然,被告抄袭原告游戏的规则和玩法,其行为具有不正当性,但并非著作权法所调整的对象。

被控侵权游戏中的"牌店及打开扩展包动画"与原告游戏中的"牌店及打开扩展包动画"无实质性差异,其余视频片断在画面组成和效果上均有一定差异,因此法院确认被告游戏中的"牌店及打开扩展包动画"构成对原告的"牌店及打开扩展包动画"之复制,侵害了其复制权。

对于原告其余的侵权指控,法院予以驳回。同时,被告构成对原告信息网络传播权的侵害,但不构成对原告发行权的侵害。

3. 民事责任如何承担?

鉴于被告的行为侵害了原告美术作品"炉石标识"以及以类似摄制电影方法创作的作品"牌店及打开扩展包动画"之著作权,依法应当承担停止侵害、赔偿损失等相应的民事责任。法院支持判令被告立即停止侵犯原告暴雪娱乐有限公司著作权的行为。由于本案并未能查明两原告因侵权行为所遭受的实际损失,也未能查明被告因侵权所获的利益,故应当依法根据法定赔偿的方法,酌情确定被告应当赔偿的数额。由于被告侵权的主观故意明显,法院在确定赔偿数额时应当作为提高侵权代价的酌定因素予以考虑;同时,对原告作品独创性程度不高、被告侵害原告著作权的内容在整个游戏中所占的比例较低且侵权持续时间较短等因素,法院亦应在确定赔偿额时予以充分考虑。

【律师评注】

本案拉开了"山寨"游戏知识产权维权的序幕。此前的游戏知识产权维权基本以打击私服盗版为主,点缀一些游戏中美术作品的维权案件,游戏作为一个整体进行维权成功的案例少之又少。该案的一审判决在 2014 年作出,恰恰是笔者在准备《奇迹 mu》诉《奇迹神话》案件之时,笔者从本案的判决中收获良多、深受鼓舞。

(一)被告方的工作人员公开发言、第三方媒体的测评影响法官心证

可能是当时"山寨"游戏被认定侵权的案例非常少,被告的工作人员认为"模仿"并没有侵权风险,甚至作为宣传的噱头。被告公司员工叶盛飞作为被控侵权游戏的"制片人"在接受媒体采访时声称:"别人说游戏模式和 UI(即'用户界面')都几乎一模一样,其实大体感觉像是我们美术这边故意设计的,毕竟这样会有最好的正反面话题点嘛。"琵琶网(www.pipaw.com)的一篇网文对被控侵权游戏作了如下评论:"进入游戏后,游戏各方面与《炉石传说》的相似度高达 90%,如此高的还原度足以让世人膜拜,令暴雪沉默。"

笔者建议,不论是否存在侵权,员工以及第三方媒体的言论都是需要控制的。排除一比一复制,大部分侵权都是法院主观认定的结果。如果被告自己都"承认",必然影响法官的心证。

(二)拆分式的维权应对整体侵权,显得捉襟见肘

本案中,游戏的权利方仍然采取的是拆分式的维权方式,分别将标识、界面、牌面设计、卡牌和套牌组合、视频和动画特效作为美术作品、类电作品进行维权。但其中,界面的编排、卡牌和套牌的组合、游戏特效单独拎出来由于无法构成著作权法意义上的作品,从而未得到著作权法的保护。当然,在关联的不正当竞争案件中,游戏规则获得了《反不正当竞争法》第二条的保护。

当时的司法界仍然未能将游戏作为一个整体来看,而是比照着传统的作品挑挑拣拣,看哪些能套上去的,实在套不进去,就看看是否可以通过《反不正当竞争法》来兜底。

当然,客观来看,本案放在目前的司法审判思路中也未必能有更好的出路。虽然目前部分类型的游戏整体画面可以被认定为类电影作品,但是尚未有卡牌类游戏被认定为类电影作品的案例。在无法整体被套入某个作品的前提下,权利方仍然只能采用拆分式的维权方案。新的《著作权法》实施后,卡牌类游戏是否可以被认定为视听作品还有待司法实践的论证。

判决书整理人:张立峰

评注人:张玲娜

『游例知产 &07』
超期使用《西游记》音乐，侵权赔钱引思考

许镜清与蓝港在线(北京)科技有限公司侵害作品署名权、改编权、信息网络传播权纠纷案

【关键词】

影视音乐、超授权期限使用、许可费用

【案例来源】

北京市石景山区人民法院(2016)京 0107 民初第 1812 号民事判决书

【权利作品名称】

《西游记序曲》《猪八戒背媳妇》等音乐作品

【案情简介】

著名作曲家许镜清是 86 版电视剧《西游记》中音乐作品《西游记序曲》(又名《西游记前奏曲》或《云宫迅音》)和《猪八戒背媳妇》的作者。许镜清发现,蓝港在线公司在其运营的网络游戏《新西游记》中,未经许可使用了其作曲的两首音乐作品《西游记序曲》与《猪八戒背媳妇》而未予署名,且该侵权配乐贯穿游戏始终。许镜清认为,蓝港在线公司侵犯了其依法享有的署名权、改编权、信息网络传播权,故起诉要求蓝港在线公司停止侵权、赔礼道歉、赔偿经济损失及诉讼合理费用。许镜清主张经济损失按照其实际损失(即合理许可使用费)计算,并提供了授权

他人使用一首涉案音乐作品的授权书作为计算依据,要求赔偿 160 万元。蓝港在线公司抗辩,认为其曾获得过音著协的授权,只是超期使用,且授权数额远低于许镜清主张的数额,其系因疏忽导致侵权,涉案游戏近年处于亏损状态,认为许镜清主张的数额过高。

法院认为,蓝港在线公司超出授权许可使用期限,在其运营的网络游戏《新西游记》中使用涉案音乐作品,且未在使用中给许镜清署名,侵犯了许镜清享有的署名权、信息网络传播权。涉案游戏背景音乐中使用的涉案音乐作品,与原曲存在一定差异,但无法确认蓝港在线公司的使用行为已经达到了改变原曲以形成新作品的程度,对侵犯改编权一节不予认定。蓝港在线公司依法应当承担消除影响、赔偿损失的民事责任。法院认为权利人的实际损失和侵权人基于侵权行为的违法所得均难以确定,故依法适用法定赔偿方式在 50 万元以下确定赔偿数额,判决蓝港在线公司赔偿许镜清经济损失 16 万元及诉讼合理支出。

【要点提炼】

1. 音乐著作权人是音著协会员,其已经将相关权利授权给音著协集体管理,还有权利以自己的名义起诉维权吗?

该案中,根据原告许镜清与音著协签订的《音乐著作权合同》及音著协向法院出具的说明,许镜清与音著协签订《音乐著作权合同》,同意将其拥有著作权的音乐作品的表演权、复制权、发行权、广播权及信息网络环境下的表演权、复制权(亦称信息网络传播权)以信托方式授权音著协进行集体管理。

该案中,根据音著协向法院出具的说明内容,许镜清与音著协签署的《音乐著作权合同》第二条第 2 款的规定并不包括诉讼权利。在合同第三条第 2 款中,双方已经约定音著协可以以自己的名义向侵权使用者起诉,但是该约定并没有排除许镜清本人的诉讼权利,即许镜清本人亦可以以自己的名义起诉。

2. 本案中,权利人主张以许可使用费确定实际损失,被告有曾合法授权等抗辩理由,均提供相关证据,法院如何确定赔偿数额?

权利人虽提交了一首涉案音乐作品的授权费,但授权费用并不能证明另一首涉案音乐作品当然地具有同等商业价值。在现有证据无法证明权利人的实际损失和被告基于侵权行为的违法所得之情况下，应依法适用法定赔偿方式，并综合涉案音乐作品的知名度（较高）与商业价值（其中一首具有较高商业价值）、被告主观过错程度（合法授权后超期使用≠从未取得授权的侵权行为，且及时删除）、涉案音乐作品在涉案游戏中发挥的作用（网络游戏由游戏名称、程序源代码、游戏规则、游戏情节、场景画面、人物形象、背景音乐等多种元素组合而成）、涉案游戏的影响力、被告使用涉案音乐作品的具体方式、侵权持续时间等因素确定具体赔偿数额。

3. 参考本案中原告提交的证据，游戏公司/影视公司要取得音乐作品的授权，协议中通常要包含什么内容？

以制作游戏需要取得音乐授权为例，参考本案中原告为证明受到的实际损失所提交的授权合同，音乐作品授权合同可约定的内容有：音乐作品名称；是否包含歌词；授权使用的游戏终端类型（手机游戏/网络 PC 端游戏）；授权权利（改编权，微调音乐以适合游戏需要）；APP 平台（手机 APP［安卓/iOS］、平板电脑 APP）传播权等权利；授权起止时间；地域范围（如全国）；使用平台（手机游戏平台以及游戏推广平台）；数量（汉字大写）；改编后的新音乐作品权利；是否有权授权第三方对包含该音乐作品的游戏进行营销、公关、推广、运营、销售；是否有权授权第三方单独转售该音乐作品；授权费用（合计人民币税后金额）。

以制作影视作品需要取得音乐授权为例，参考本案中原告为证明受到的实际损失所提交的授权合同，音乐作品授权合同可约定的内容有：音乐作品名称；电影作品名称；配乐范围（如仅限于片尾曲）；使用范围（影片播放、影片相关宣传）；是否有权将音乐作品于任何传播媒介、媒体及试听传播网络播送及上映，包括公开播映或演奏，互联网、电视、卫星等各类公告或专用网络（包括直播、转播、轮播、点播［例如 MOD、VOD 等］等各种播放方式），CD、DVD、蓝光等各类播放介质；是否有权自行将本协议项下的权利授权予第三方使用，并享有该等转授权的全部利益；授权费用（合计人民币税后金额）。

【律师评注】

随着网络游戏玩家对游戏质量的要求越来越高,游戏中各种元素的设计和配置也在不断优化升级。但是由于成本原因,很多游戏厂商会选择将游戏中的部分元素进行外包,寻找专业的美术、音乐工作室,制作符合需求的元素纳入到游戏中。本案对采用购买授权方式获得音乐资源内置在游戏中的企业具有一定的参考价值。

(一)对游戏中所使用的音乐作品应该如何进行署名

本案中,被告对署名权侵权的抗辩集中在基于游戏本身的特性,难以对游戏中使用到的音乐作品进行署名。的确,在笔者的游戏体验中,也很少会在游戏中看到对游戏使用的背景音乐作者进行署名的情况。这可能是由于在获得授权时,就署名方式进行了确认。

那么在实践中,如果没有约定,游戏厂商有何种办法避免署名权的侵权呢?

最为稳妥的办法就是,播放相关背景音乐时,在游戏界面中对作品名称、作者等相关信息进行呈现,具体可以交由负责 UI 设计的美工进行设计。

(二)超期、超权限使用的侵权相较于完全没有获得授权的侵权而言,主观恶性较轻

本案中,另一个值得关注的点在于,被告曾经从音著协获得过涉案的两部音乐作品的授权,并支付了相应的对价,但是其后续的使用超出了约定的授权范围和时限。尽管这种行为在法律定性上依然构成侵权,但是法院在对侵权恶性进行认定时,认为被告的超期、超范围使用与完全未经授权的使用相比,主观过错较轻,并且在案件发生后停止了侵权。法院可能是认为被告已经寻求了授权,体现了对知识产权的尊重,因而认为侵权恶性相对较轻。

但这种情况也许还有另一种解读,即明知获得的授权情况,却仍超出范围使用,属于具有重大恶意的侵权。因此,建议各游戏厂商在寻求授权时,对可能遇到的情况进行预估(这可能会相应地增加一定的成本),或者在发现后续使用可能超出约定的授权范围时,及时寻求新的

授权(这可能会在议价时处于劣势),以免发生侵权。

(三) 游戏中使用音乐作品的侵权赔偿金额之确定方式

另外,本案中,原告就赔偿金额的确定提供了相应的证据,主要是同一乐曲的对外授权合同。由于授权的对象和音乐作品的适用方式都同本案的情形较为相似,因此已经属于较有参考性的许可费。但法院却并未采纳原告的举证,反而是通过对一些要素的分析,在法定赔偿范围内酌定了一个赔偿金额,并且远低于原告在本案中的主张。究其原因,主要在于:(1)原告提供的授权合同中的标的并不包括本案中的全部作品;(2)原告提供的授权合同中的使用方式比被告被控侵权的使用方式在范围上更广泛;(3)被告之前获得音著协授权的合同标的金额远低于原告在本案中主张的金额。因此,虽然原告提供了相关作品的授权合同作为证据,但是并不能就此认为其已经举证证明了因被告的侵权行为而遭受的实际损失。最终,法院还是酌定了相应的赔偿金额。

但值得一提的是,法院最终酌定的金额远高于被告从音著协获得涉案作品授权的金额。这或许也是以此警示被告,在已经知悉涉案作品的授权获取路径之情况下,以侵权方式使用作品所需支出的赔偿金额将会远高于寻求新的授权之成本。

综上,在不进行原创制作的情况下,提前通过音著协获得游戏中所使用的音乐作品之授权,对于游戏开发商而言是一个成本和风险都更低的选择。

判决书整理人:苗雨

评注人:钟姝琦

『游例知产 &08』
卡牌游戏规则，保护方式在拓展

游卡公司与常游公司、大娱公司、二三四五公司著作权侵权及不正当纠纷案

【关键词】

游戏规则、独创性认定、换皮游戏、公有领域

【案例来源】

上海市浦东新区人民法院（2017）沪 0115 民初 27056 号民事判决书

【权利作品名称】

《三国杀》

【案情简介】

权利游戏为一款卡牌类游戏。2008 年初，黄某等人成立的北京游卡桌游设计工作室创作完成并发表了权利游戏的纸盒版初版。2008 年 12 月，原告北京游卡桌游文化发展有限公司成立后，北京游卡桌游设计工作室以知识产权出资的方式，将权利游戏注入北京游卡桌游文化发展有限公司，并在同期完成了《三国杀游戏标准版说明书》。

2013 年，被告常游公司先后完成并发表《三国 KILL》的安卓版和 IOS 版，并随后与被告大娱公司共同运营该游戏。2014 年，二公司将《三国 KILL》更名为《极略三国》。游卡公司发现前述事实后，向上海

市浦东新区人民法院提起诉讼。

【要点提炼】

1. 游戏的玩法规则表述等能否构成著作权法意义上的作品？

该案中，法院认为著作权法保护的是对思想具有独创性的表达，并不保护作者在其作品中所反映的思想。判断请求保护的对象是否构成作品时，首先应当把其中不受保护的思想抽象出去，再把属于公有领域的部分过滤掉，然后判断剩余的部分是否符合作品独创性的要求。独创性可以体现在作品的内容上、表达形式上或者两者兼具。对于权利游戏的文字内容是否构成作品，应当根据具体情况，运用前述方法予以分析、认定。就本案而言，权利游戏对基本牌、装备牌、锦囊牌的具体名称和内容的表达，对武将角色的选取及其技能名称、战功称号的设计表达，以及用以描述武将技能内容、战功获得条件等的文字内容均具有一定独创性。

2. 如何确定"换皮游戏"是否为侵权作品？

该案中，法院认为著作权法保护的是具体表达，对两部作品是否构成实质性相似，应运用"抽象—过滤—比较"的方法和整体观感法进行分析、判定。在被控侵权游戏中，大部分文字表述与权利游戏完全相同或高度近似。整体而言，两款游戏的卡牌名称大部分相同，卡牌的文字内容高度雷同，二者相同、相似的部分在权利游戏中所占比例较大，且在整个卡牌游戏中处于重要位置，构成游戏的主要部分，会导致游戏玩家对两款游戏产生相同、相似的玩赏体验，故可以认定被控侵权游戏与权利游戏构成实质性相似。被控游戏确系侵权作品。

3. 如何认定"换皮"案件中，著作权法与反不正当竞争法的关系？

该案中，法院认为，首先，《反不正当竞争法》只是在有限的范围内提供知识产权的附加保护，凡知识产权专门法已作穷尽性保护的，不能再在《反不正当竞争法》中寻求额外的保护。其次，《反不正当竞争法》第二条为原则性条款，单独适用时，主要用于对那些未在《反不正当竞争法》第二章中列举的市场竞争行为予以调整，以保障市场公平竞争。同时，为避免不适当干预而阻碍市场自由竞争，应严格把握其适用条件。具体而言,适用该条款应同时具备以下条件:一是法律对该种竞争行为未作出特别规定;二是其他经营者的合法权益确因该竞争行为而受到了实际损害;三是该种竞争行为因确属违反诚实信用原则和公认的商业道德而具有不正当性或者可责性。具体到本案而言,对游卡公司指控的被控侵权游戏之抄袭行为,已通过著作权法予以救济,因此不应当再适用《反不正当竞争法》的原则性条款。

4. 游戏著作权侵权赔偿的考量因素有哪些?

该案中,法院认为应综合考虑以下因素,以对经济损失赔偿额予以酌定:一是原告权利游戏具有较高知名度、美誉度,其附加的经济价值较高;二是被控侵权游戏抄袭原告主张权利的文字作品的内容与数量较多,所造成的影响较大;三是被告常游公司、大娱公司的侵权行为表现形式多样、持续时间长,且在诉讼期间仍未停止侵权行为,两被告的主观过错严重;四是被控侵权游戏的下载数量较多,侵权后果较为严重;五是涉案权利游戏的关注度和热度近年来已有所降低。

【律师评注】

本案系一起"换皮"类卡牌游戏的著作权侵权诉讼。本案从思想和表达二分法的规则出发,对"卡牌游戏规则究竟能否获得著作权法保护"的问题做出认定。同时,本案也为游戏规则说明的著作权保护拓展了思路,对桌面游戏的知识产权保护具有重要意义。

(一)卡牌游戏规则的可版权性分析

根据《著作权法实施条例》的规定,著作权法保护的是对思想具有独创性的表达,并不保护作者在其作品中所反映的思想。判断请求保护的对象是否构成作品时,首先应当把其中不受保护的思想抽象出去,再把属于公有领域的部分过滤掉,然后判断剩余的部分是否符合作品独创性的要求。独创性可以体现在作品的内容上、表达形式上或者两者兼具。

本案中,《三国杀》卡牌游戏的文字内容是否构成作品,应当根据具体情况,运用前述方法予以分析、认定。首先,需要剥离思想。《三国杀》标准版游戏手册的"新手上路"部分,用以描述基本的出牌规则、胜负条件、模式等,属于对游戏玩法规则的概括性、一般性描述。此种概括性的玩法规则,系思想的一部分,应当从作品中抽象出来,不受著作权法保护。其次,需要过滤公有领域的部分。权利游戏的时代背景为中国古代三国时期,游戏中的人物角色及其事迹大多来源于《三国演义》等文学作品、《三国志》等史料及关于三国的民间传说,属于公有领域的素材,不能为个别人所垄断,任何人都可以在这些素材的基础上进行再创作。所以,权利游戏中的人物角色名称及其事迹本身,不属于著作权法保护的对象,但对这些素材具有独创性的表达可以归入著作权法的保护范畴。再次,需要进行在线比对。与在先发表的《BANG!》游戏比对,二者的卡牌名称、角色名称等具体文字表达不同,仅有作为思想范围的玩法规则相似。与在先发表的《三国志》游戏比对,除武将名称相同外,武将的技能名称和技能内容均存在较大差别,二者对相同历史人物及其事迹的具体表达并不相同。此外,两被告虽抗辩称权利游戏与国内卡牌游戏《英雄杀》《三国斩》等构成相似,却未能提交证据证明这些游戏的发表时间早于权利游戏,故未予采纳。最后,是独创性的认定。本案中的卡牌游戏对锦囊、装备、武将技能、战功系统的名称设计和内容描述,包括对武将的角色选取和特征归纳等,均体现了创作者对三国故事抽象化的解读和个性化的编排。特别是在游戏联动中的体系化设计,使得各类卡牌中的文字描述形成了密切结合的有机整体。虽然文字内容散落在各张卡牌中,不像普通说明书那样以一篇连贯的文章展现在读者面前,但是这并不影响前述散落的描述在整体上作为类似游戏说明书的文字作品受到著作权法的保护。

综上,根据本案现有证据,可以认定涉案权利游戏的文字内容系根据三国历史故事并结合桌面推理游戏规则创作而成且有独创性的部分,符合著作权法保护的文字作品特征,应当认定作者对其创作性部分享有著作权。但需要指出的是,就单张卡牌或者每一句、每一段文字而言,由于其表达过于简单,难以达到著作权法所要求的独创性的高度,从而无法获得著作权法的保护。但是,卡牌上的文字内容是用以说明卡牌在游戏中所具备的技能或功能,将其组合成一个整体,勾勒出一个以三国角色作为人物主体,三国典故体现技能特点,三国文学作品及史料作为卡牌、战功依托的架空幻想游戏世界,具备了著作权法对作品的独创性要求,故可以视为游戏说明书,从而作为著作权法所规定的文字作品予以保护。

（二）著作权侵权行为的认定

判断作品是否构成著作权侵权,应当从被控侵权作品的作者是否"接触"过要求保护的权利人作品,以及被控侵权作品与权利人作品之间是否构成"实质相似"两个方面进行判断。

本案中,首先,权利游戏的发表时间最早可以追溯至2008年前后,而被控侵权游戏的发表时间晚于权利游戏,由此可以认定原告的权利游戏创作并发表在先,被控侵权游戏的开发者完全有可能实际接触权利游戏。其次,应运用"抽象—过滤—比较"的方法和整体观感法进行分析、判定。经比对分析,整体而言,两款游戏的卡牌名称绝大部分相同,卡牌的文字内容高度雷同,二者相同、相似的部分在权利游戏中所占比例较大,且在整个卡牌游戏中处于重要位置,构成游戏的主要部分,会导致游戏玩家对两款游戏产生相同、相似的玩赏体验,故可以认定被控侵权游戏与权利游戏构成实质性相似。综上,可以认定被控侵权游戏侵害了原告对权利游戏享有的著作权,被控侵权游戏权利人的行为使上述文字内容处于公众在选定的时间和地点可以获得的状态,侵犯了原告对权利游戏享有的信息网络传播权。

游戏规则能否受到著作权法保护的问题,一直都是我国司法实践中争议的焦点。传统观点认为,游戏玩法及规则不受著作权法保护。但随着产业界、司法界对游戏规则认识的加深,在新近的个别案例中,一种"游戏规则可通过著作权法予以保护"的司法认识已初现端倪。本案没有僵化地适用"思想—表达"二分法,而是在个案中探索游戏规则适用著作权法救济的可能性,对卡牌类游戏的知识产权保护具有重要意义。

判决书整理人：李浩

评注人：傅钢

『游例知产 &09』
游戏相关元素，场景地图可保护

深圳市腾讯计算机系统有限公司诉畅游云端(北京)科技有限公司等侵害著作权纠纷案

【关键词】

游戏场景地图、地图缩略图、图形作品、侵权比对规则

【案例来源】

广东省深圳市中级人民法院(2017)粤 03 民初 559 号民事判决书

【权利作品名称】

《穿越火线》

【案情简介】

2015 年 1 月,原告腾讯公司发现由被告畅游云端公司开发的《全民枪战》手游中的多个游戏地图、小地图及道具枪械美术形象,与原告拥有著作权的《穿越火线》网络游戏中的游戏地图、小地图及道具枪械在运行结构、布局设置、色彩搭配、造型设计等方面相同或者实质性相似,侵犯了原告的著作权。此外,原告认为,被告通过简单"换皮"复制等方式抄袭原告游戏地图、小地图及道具枪械的美术形象,模仿使用原告游戏地图、小地图和道具枪械的特有名称,模仿原告具有独创性的游戏玩法设计,攀附《穿越火线》所累积的积极体验及商誉,不正当窃取了《穿越火线》地图权利人通过一系列创造性劳动所累积的竞争优势,其

行为违背了公平竞争和诚实信用原则,已构成不正当竞争行为。

被告作为涉案游戏的运营方,为涉案游戏提供推广、下载、收款等服务,还在推广宣传时将其称为"掌上穿越火线",并宣称为《穿越火线》的系列产品误导公众,进行虚假宣传,因此腾讯公司认为七被告构成共同侵权,应承担连带赔偿责任,遂向广东省深圳市中级人民法院提起诉讼。

【要点提炼】

1. 游戏场景地图是否属于著作权法意义上的作品? 若构成作品,为何种作品类型?

游戏场景地图的具体表达,可分为"外在表现形式"和"内在结构中的综合表达"两个层次。第一个层次是最为直接的外在表现形式,即一般公众首先看到的由颜色、线条、图案等表现的模拟场景,如船、广场等。另一个层次是游戏场景地图的整体构图、轮廓、地图内部路径、障碍物形状及布局、掩体形状及布局,而路径、掩体或者通道正是玩家最终关注并实际选择使用从而完成游戏任务的载体。因此,游戏场景地图具备认知性作品的特征,如同地图、产品设计图等图形作品一样具备认知价值,可以满足玩家的认知需求,即向玩家传递虚拟战场环境信息。并且,游戏场景地图属于艺术和科学领域内具备一定表现形式的可复制的智力成果,满足著作权法规定的作品构成要件,应当给予著作权法保护。

法院认为,游戏场景地图符合《著作权法》关于图形作品中"说明事物原理或结构"的"示意图"的类型。从游戏场景地图的设计和使用方式看,它的功能并非是以线条、图案或颜色等具有审美意义的平面或者立体的造型艺术作品来吸引观众,而是游戏玩家通过进入游戏设计的布局设计来实现预设任务。游戏地图承载了部分认知属性,地图创作者将抽象的游戏战斗环境通过线条、图形、光影等手法形象化、具体化,使玩家可以具体认知到游戏地图整体以及内在结构和布局。将抽象战术场景进行形象化、具体化表达的属性,与地图、示意图的实质性特征相同,应当被归入图形作品。

2. 小地图是否属于著作权法意义上的作品?

小地图将游戏场景地图通过俯视视角形成的平面图方式反映出

来,主要服务于实用性功能,即为玩家指示其在整张游戏地图中所处的位置。其对路线、掩体设计(包括掩体位置、大小和高度)、空间、距离、方位、区段等地图要素的表达和组合方式与游戏场景地图完全相同,故法院认为,游戏场景地图与相对应的平面游戏地图缩略图(小地图)均属于著作权法意义上的同一类作品,即示意图。抛开美术装饰后,两者的独创性要素完全相同,其功能也是对游戏场景地图的具体反映,故小地图不能独立于游戏场景地图而成为另一类需要单独保护的作品。据此,法院认定,在已经对游戏场景地图以示意图作品进行保护的情况下,反映同一独创性要素的小地图并不构成不同于游戏场景地图的单独作品类型,否则即出现重复保护。

3. 游戏场景地图的侵权比对规则如何确定?

对于游戏地图这类新型的著作权客体,在确立比对规则时,应该综合考虑原告主张保护的这类作品的"核心表达",以及著作权法仅保护思想表达的基本法理。我们分如下三步确认被控侵权游戏地图的"核心表达"与权利人作品的"核心表达"是否构成实质性相似:(1)确定两部作品的相似部分;(2)遴选出相似部分的独创性表达;(3)判断相似的独创性表达能否构成作品的基本表达。确认被控侵权作品挪用了权利人作品的基本表达,则可以认定侵权成立。

射击类游戏地图的比对规则,应当抛开其覆盖在游戏场景地图表层的具有美术表达意义的颜色、图案,回归到"质"的层面,即以游戏场景地图设计过程中的作为"核心表达"之白盒状态,对整体构图、内部组合结构和布局安排进行重点比对。具体包括由线条、几何图形绘制出的游戏地图空间的整体轮廓,空间中设计的可供玩家行走的通道等路径,封闭式通道、游戏建筑物、障碍物、遮掩体等构成元素的形状造型,尤其是其布局选择、组合结构造型。

比对应剔除场景表面的美术绘图效果,以及与玩法不可分的功能性要素和规则性要素本身,包括游戏玩家处于场景空间中的视角设置、场景颜色与角色本身衣服颜色相近所起到的掩护功能、具体玩法中场景设置的可使用的游戏道具之功能性差别、在已经存在的场景空间中基于特殊游戏规则在该场景空间中指定的区域规则(如实施爆破)等,不属于作为《著作权法》中的示意图作品受到保护的内容,其属于智力活动的方法与规则或者功能本身,应予以剔除。

4. 游戏地图和枪械名称命名规则是否属于《反不正当竞争法》应当保护的权利?

原告请求保护的游戏地图名称,既不是《穿越火线》创设的新词汇,也不是专属于《穿越火线》的名称。六幅地图的名称在日常生活中也有其他使用场合,属于较为常见的命名方式,前述名称都具有通用性特征,无法构成特有名称。此外,就六幅游戏地图的名称而言,也没有反映出有规律性的命名规则。

关于枪械道具的命名规则问题。原告与被告的枪支均取材于真实武器。从命名特点来看,原告是将修饰词放在武器名称后面,被告则相反。不可否认的是,被告的枪支命名特点模仿了原告请求保护的枪支名称。但《反不正当竞争法》对名称的保护,要求名称或字号具有一定影响。现有证据虽然可以证明《穿越火线》在 FPS 游戏中具有较高知名度,但是涉及的武器本身仅仅是游戏众多道具中的几个,没有证据证明游戏枪械的知名度。此外,原告请求保护的枪械名称是以现实生活中的枪支名称加修饰词构成,虽有一定规律,但这类命名方式也是日常创作中常见的方式,不能上升为一种特定的需要法律保护的民事权利,否则会不当限制其他创作者对公有领域词汇的使用。因此,原告并不享有对涉案枪械名称命名规则的权利。

5. 被告是否构成虚假宣传的不正当竞争行为?

该案中,被告有意识地将被控侵权游戏以"《穿越火线》游戏的手机版"进行宣传,将一般公众对《穿越火线》游戏的关注度延续到《全民枪战》,足以引人误解其与原告《穿越火线》存在特定联系。但原告指控被告的不正当竞争行为发生的时间以及原告指控的时间均发生在 2017 年 5 月之前,故对被告的行为是否构成不正当竞争,仍然以《反不正当竞争法》(1993 年)的规定进行评判。

游戏软件开发属计算机软件开发,版本升级和迭代是行业特征,游戏运营也同时具备具有功能关联、相同软件功能适用于不同硬件环境等特征,故网络游戏的宣传中常有"系列产品互相引用功能效果共同宣传"的做法。该案中,被控游戏与原告的游戏属同类游戏,但在硬件环境上不同,原告的《穿越火线》属于知名游戏,在 PC 端游戏中享有稳定的较大市场份额,被告将其手机端游戏宣传成"原告游戏在手机端的新开发新应用",不当地获取了原告游戏的知名度,并实际利用其知名度吸引用户群关注《全民枪战》,被告的上述宣传行为确属不当。但根据《反不正当竞争法》(1993)第九条的规定,被告上述不当行为尚不构成《反不正当竞争法》(1993)关于虚假广告的规定。

【律师评注】

网络游戏属于《著作权法》保护的何种作品,在最新《著作权法》颁布之前一直有较大争议,既有在线判决认定为类电影作品,也有观点认为属于其他类型的作品,理由是一款游戏中包含了大量的《著作权法》可以保护的元素,如计算机软件、人物关系、故事情节、造型、地图、音乐、玩法等。根据侵权情节的不同,原告会主张保护整部游戏作品,也可能主张保护部分元素,《穿越火线》案件的权利人主张的就是保护游戏地图的著作权。

（一）作品类型的认定

在《穿越火线》一案中,法院将射击类游戏的游戏场景地图分为"外在表现形式"和"内在结构中的综合表达"两个层次。法院认为,游戏地图在"线条轮廓、构图、地图内部素材选择、内部结构安排、布局安排、色彩搭配"等方面具有独创性空间,游戏场景地图的整体构图、内部组合结构和布局安排,属于游戏地图的核心表达。法院进一步提出,游戏场景地图符合《著作权法》关于图形作品中"说明事物原理或结构"的"示意图"之类型。

显然,目前在司法审判过程中,法院越来越多地从作品本身传递使用对象的"表达"出发,而非仅仅从直观感受来考虑作品的类型。如果在《穿越火线》一案中,法院纠结于游戏场景的美术、结构、布局等设计本身,忽略了各个要素设计之间的安排和关联关系,以及由此向游戏玩家传递的游戏地图整体以及内在结构和布局,"将抽象战术场景进行形象化、具体化的表达的属性",那么很可能法院最终不会认定游戏场景地图与地图、示意图的实质性特征相同这一结论。

（二）"玩家视角"的侵权判定规则

在《穿越火线》一案中，法院没有参照一般图形作品的侵权对比方法（即导入量化数字坐标的方式），而是认定该案中的游戏地图是"示意图等图形作品和模型作品，兼具美术作品特征的作品分类定位"，并引入了"玩家视角"的侵权判定规则，即"对应作品在玩家观察后得出的大致对应关系在玩家头脑中的反应才是需要比对判断的"，以及"只有玩家眼中观察结果的异同才是图形类作品比对的唯一依据"。这一判定标准实际上也是反映出图形作品"说明事物原理或者结构"的特征。

但并不是说图形作品都可以使用这类侵权判定方式，因为从作品受众对象的主观观察角度来判断是否构成侵权，可能会导致著作权拟定的作品要素特征被淡化，也可能导致侵权判定标准的不一致，以至于产生"类案不同判"的情形。本案之所以采用这一方式，也是因为游戏场景地图本身确实兼有"审美意义的平面或者立体的造型"，场景内的物品位置布局等设计确实存在一定的"功能性"表达和作用，故从游戏玩家角度去判定侵权与否有一定的合理性。

（三）关于游戏作品侵权数额的想法

目前，运营大型游戏作品的公司大都有上市公司背景，各类产业报告、用户数据报告等也越来越多，游戏作品的收入组成也较为固定和透明，对侵权作品的获益判断也越来越能够实现。运用财务报告，从企业运营、经济学角度兼顾不同游戏作品的生命周期，由此计算侵权收益的方式，越来越为法院所接受。

值得一提的是，游戏充值是游戏作品运营收益的重头，实践中也存在运营方基于"业绩对赌"或"营销策略"的考虑，进行"自充"或夸大经营规模收入的情形。这种行为一方面存在欺诈之嫌，另一方面在发生侵权时，往往会被认定为较高的侵权收益，也算是作茧自缚。

判决书整理人：金典

评注人：祝筱青

『游例知产 &10』
日本 IP 链条太复杂，国内维权较困难

东映动画、万代南梦宫诉被告有爱公司侵害著作权纠纷案

【关键词】

改编作品维权、原作者的赔偿份额

【案例来源】

北京市海淀区人民法院(2016)京 0108 民初 27959 号民事判决书

【权利作品名称】

动画片《ONE PIECE》(中文译名《航海王》或《海贼王》)

【案情简介】

东映动画拥有动画片《ONE PIECE》(中文译名《航海王》或《海贼王》)以及动画片中人物卡通形象美术作品的著作权。2014 年 7 月 1 日，万代南梦宫经东映动画授权，取得在中国地区使用动画片及其中卡通形象美术作品制作运营手机卡牌游戏《航海王启航》的权利。两原告了解到，有爱公司自 2013 年 7 月起，将其制作的《梦想海贼王》手机卡牌游戏(此后改为《草帽船长》等名称)通过互联网提供给用户下载运行。被告游戏中使用了动画片角色形象中的 214 幅美术作品作为游戏卡牌角色形象，同时将动画片中这些角色涉及的剧情作为游戏卡牌角色简介，侵犯了东映动画享有的美术作品及动画片的改编权和信息网络传播权。

【要点提炼】

1. 改编作品的著作权人仅能就新增独创的部分主张权利

该案中，法院认为除了 7 幅原创角色形象美术作品外，东映动画主张的其余角色形象都改编自《航海王》漫画中的漫画形象。法院注意到，动画片中的这些形象并非是对原漫画中的黑白漫画形象之复制，而是从配色、动作、表情、肌肉线条等方面对原漫画中的美术作品进行了改编，部分角色形象进行了 Q 版化处理。原告确认与该案 207 个改编角色相关的动画片剧情忠于《航海王》漫画作品。在未能提交证据证明其获得漫画作者授权的情况下，原告就此部分剧情内容主张享有著作权，法院不予支持。

2. 侵权作品同时侵犯改编作品及原作，赔偿金中将保留原作者的部分

该案中，在东映动画未能提交充分证据证明其获得漫画作者授权改编的情况下，有爱公司在该案中因侵权行为而产生的赔偿责任，亦应考虑漫画作者的份额，且东映动画主张享有与改编角色相关剧情内容的著作权未获得法院支持。因此，法院对东映动画提出的 500 万元经济损失不予全部支持。

3. 判赔因素的考量

该案中，法院考虑的因素包括：被告游戏多次更名，且在二原告提起诉讼后，仍在多个平台以多个不同名称运营，这一方面体现了有爱公司明显的侵权恶意，另一方面也反映出有爱公司在被追诉侵权的情况下，即使更名也要持续运营被告游戏是必然为巨大侵权获利的动力所驱使；侵权情节严重；被告的游戏所获收益中，因使用侵权作品而取得的收益占相当大的比例等。

【律师评注】

2000 年前后出现的《ONE PIECE》(中国引入译名为《航海王》)、《NARUTO》(《火影忍者》)等日本动漫，可以说是史诗级的动漫作品。然而当时，日本动漫能通过"正规"渠道进入中国的少之又少，很大一部

分作品是通过各种"字幕组"的"引进"与"翻译"为中国观众所熟知。这些"字幕组"几乎可以无时差地让中国观众看到热门日本动漫,由此也出现了正版还未踏足中国市场就掀起了追剧狂潮的神奇景象,甚至形成了强大的用户群体,而改编热门 IP 的游戏,也是天然的"易被侵权体质"。但笔者也发现,日本企业在华维权的案件少之又少,结合本案分析,原因可能有三:

（一）日本动漫产业太过发达,著作权分散,不利于维权

以本案为例,《航海王》漫画的作者是尾田荣一郎,株式会社集英社拥有许可第三方改编其他作品的权利,东映动画享有授权区域内独占性改编动画的权利,以及改编游戏、运营的权利。《航海王》动画片的署名为"TOEI ANIMATION"（即为东映动画）,小泉升是《航海王》动画片相关角色设计图的作者,著作权归属于东映动画。据称,漫画与动画是由漫画作者、集英社和东映动画人员一起合作推出。万代南梦宫拥有《航海王》手游改编的非独占性授权以及维权的权利。那么,《航海王》漫画中角色形象的著作权归属于哪一方? 答案可在判决书中找。

现象级 IP 的诞生需要多方的参与,而参与方为了保护自己的利益,在参与过程中不可避免地要瓜分掉原作者的著作权。越是成熟、高度竞争的版权运作市场,著作权的归属越复杂。市场主体不论是在获得授权时,还是在维权时,都需要花大量的时间和精力对授权的链条进行梳理,这个非常有必要。

（二）日本动漫企业早期并不在意中国市场

以本案为例,《ONE PIECE》正版漫画直至 2012 年才引入中国,原告甚至需要将大量盗版作品的下载量、阅读量作为作品知名度的证据。而《ONE PIECE》漫画是 1997 年在日本开始连载,《ONE PIECE》动画于 1999 年开始首播,与中国正版漫画的引入时间差了 15 年,而这 15 年基本都是被"字幕组""论坛"填补的。不禁要问一句,不进入中国市场是因为不喜欢吗? 可能答案还真是这样。

（三）赔偿额不高

本案中,被告使用了 214 幅主要角色形象（剧情因为权属问题没被认定就暂不提）,侵权持续时间超过 3 年,而赔偿金只有 300 万。如果

正规拿授权,没有几千万是拿不下来的,侵权显然比去拿授权要"便宜"。当然,现在司法判赔也"涨价"了不少,而且诉前禁令以及诉中禁令等程序的广泛适用,使侵权游戏刚上架还没收回开发成本就被下架了。笔者提示,游戏产业野蛮生长的阶段已经接近尾声,合法原创才是可持续发展的硬道理。

判决书整理人:张立峰

评注人:张玲娜

『游例知产＆11』
"换皮游戏"第一案，类电作品认定的进阶

苏州蜗牛数字科技股份有限公司与成都天象互动科技有限公司等著作权侵权纠纷案

【关键词】

换皮、游戏规则、类电作品、游戏结构、界面、数值策划

【案例来源】

江苏省苏州市中级人民法院（2015）苏中知民初字第 00201 号民事判决书

江苏省高级人民法院（2018）苏民终 1054 号民事判决书

【权利作品名称】

《太极熊猫》

【案情简介】

蜗牛公司开发的手机游戏《太极熊猫》，其最早版本于 2014 年 10 月 31 日上线；天象公司、爱奇艺公司开发的手机游戏《花千骨》，其最早版本于 2015 年 6 月 19 日上线。2015 年 8 月 5 日，蜗牛公司向一审法院提起诉讼，认为《花千骨》手机游戏"换皮"抄袭了《太极熊猫》游戏，即仅更换了《花千骨》游戏中的角色图片形象、配音配乐等，而在游戏的玩法规则、数值策划、技能体系、操作界面等方面，与《太极熊猫》完全相同或者实质性相似。原告要求天象公司、爱奇艺公司立即停止侵权行为，

在公开媒体上赔礼道歉、消除影响,并赔偿经济损失 3000 万元。

【要点提炼】

1. 历史版本被侵权,如何举证?

该案中,原告主张的《太极熊猫》1.1.1 版本对应的服务器端系蜗牛公司为本次诉讼临时搭建,同一客户端可通过修改服务器端数据而实现显示内容的变化,不能排除蜗牛公司预先将对其有利的、本不存在的大量图文信息在服务器上作出调整修改,以形成与《花千骨》手游相似的运行界面。蜗牛公司确认临时搭建服务器的事实,但认为因需举证权利作品的历史版本,故只能通过临时搭建服务器方式进行。1389 号公证书中运行的游戏客户端系自安智市场下载的历史版本客户端,具有客观性,客户端与服务器端具有匹配度,若 1.1.1 版本的客户端与服务器端不一致,则游戏无法运行,故其举证符合客观性要求。

一审法院认为,手机游戏具有特殊性,游戏运行画面内容需要通过服务器端和客户端配合运行显示。在需要举证游戏历史版本的情况下,除权利人事先每次将其对外发布的游戏版本运行内容通过公证保全外,常规的举证方式就是临时搭建服务器,天象公司自身的举证 57 号司法鉴定意见也说明了该点。经过一审法院现场勘验,蜗牛公司通过使用具有客观来源的服务器数据资源再次成功运行了《太极熊猫》1.1.1 版本,而 1389 号公证书中亦运行了相同的 1.1.1 版本客户端,表明了公证中搭建的服务器端与客户端存在基本匹配度。尽管依照天象公司举证,相同游戏客户端运行情况下,确实可通过小幅度修改服务器端的内容予以控制,但该案中,天象公司并未实际指出 1389 号公证视频中的《太极熊猫》经过篡改的具体内容,也无证据表明蜗牛公司实施了篡改行为。

2. SVN 记录可一定程度上体现开发进程,但无法体现具体内容

该案中,原告举证在 SVN 根库中查看日志,日志中显示了 15 万多条详细的 SVN 版本记录内容,每条记录包含版本、操作、作者、日期、信息等信息。其中,"操作栏"有"修改""增加""删除"三类内容,信息栏一般显示该次版本更新内容的摘要。日志中最早的版本 1 时间显示为

2012年10月15日,蜗牛公司称此为《太极熊猫》手机游戏的前身《太极熊猫》端游的立项开发时间。

3. 网游的表现形态是什么?

网络游戏的本质是计算机软件程序(包括服务器端程序和客户端程序)和游戏信息数据(图片、音乐、文字等)的集合,该本质决定了网络游戏是一个复合作品呈现两种表现形态,一种为静态的计算机代码和信息数据形式的集合,一种是动态的在智能终端中由玩家操控运行游戏软件程序呈现的视听输出,且皆可通过有形形式复制。网络游戏最终显示在屏幕中的整体画面,是以其计算机程序为驱动,将其文字、音乐、图片、音频、视频等多种可版权元素,以体现和服务游戏玩法和游戏规则为目的形成的有机、连续、动态组合的呈现,其整体运行画面才是网络游戏作品完整的呈现方式,也是玩家所认知和感知的整体作品形态。一审法院依照蜗牛公司的主张与举证,以游戏运行后形成的连续动态图像画面作为《太极熊猫》网络游戏作品的表现形态。

4. 运行动态画面整体构成类电作品

《太极熊猫》的整体画面从其表现效果来看,是随着玩家的不断操作,呈现在屏幕上的"连续动态的图像",符合类电作品的定义。进一步地,ARPG类游戏的玩法设置本身具有剧情性,即其主要构筑了一个具有丰富内涵的虚拟世界。在该世界里,玩家可以体验角色选择、养成宠物、历经成长、开展对战等一系列游戏事件和剧情,获得沉浸式的视听体验,与电影作品的欣赏体验类似。此外,作为手机游戏,《太极熊猫》还设置了强制玩家操作的新手引导部分、战斗过程中的自动战斗、自动寻路等游戏强制设定或自动设定,玩家在这些设定中对游戏的操作度很低,使游戏呈现的画面在性质上更具有类似电影作品的特质。

5. 游戏玩法规则一概无法保护吗?

首先,著作权法不保护抽象的思想、方法,只保护对思想的具体表达。网络游戏中对玩法规则的具有独创性的表达,可以在一定程度上受到著作权法的保护。区分游戏作品中相应的玩法规则属于思想还是表达,应当要看这些玩法规则是属于概括的、一般性的描述,还是具体到了一定程度,足以产生感知特定作品来源的特有玩赏体验。如果具体到了这一程度,足以到达思想与表达的临界点之下,可作为表达。游戏设计师通过游戏连续动态图像中的游戏界面,将单个游戏系统的具体玩法规则或通过界面内直白的文字形式,或通过连续游戏操作界面对外叙述表达,使玩家在操作游戏的过程中清晰感知并据此开展交互操作,具有表达性。在 ARPG 类电子游戏中,角色的选择、成长、战斗等玩法设置本身具有叙事性,依托游戏界面呈现的详尽的游戏玩法规则,类似于详细的电影剧情情节;游戏开发过程中通过绘制、设计游戏界面落实游戏规则的表达,与电影创作过程中依据文字剧本绘制分镜头剧本摄制、传达剧情具有一定的相似性。可以说,以游戏界面设计体现的详细游戏规则,构成了对游戏玩法规则的特定呈现方式,是一种被充分描述的结构,构成作品的表达。

6. 游戏结构、数值内容、投放节奏和软件文档怎么保护?

该案中,法院认为,首先,游戏结构属于对游戏进行抽象概括形成的思想,不属于著作权法保护的客体;其次,数值部分内容已体现在玩法规则的特定呈现方式中,不再单独评述;再次,投放节奏内容系蜗牛公司针对其设计原理、设计过程的陈述,即便相关事实成立,亦系在一定程度上可以佐证两游戏存在的相似点并非巧合,并无必要单独再给予著作权法保护;最后,关于计算机软件文档,蜗牛公司主张《花千骨》文档中使用了《太极熊猫》图片,而其主张该内容的实质在于证明计算机软件著作权登记备案及实际发布前,《花千骨》已接触《太极熊猫》,且基于对《太极熊猫》的玩法进行解构和细节分析实施了"换皮"抄袭,而相关侵权内容在玩法规则部分将做具体认定,故就该部分不再单独作侵权认定。

7. "换皮"是指换什么?

《花千骨》游戏的 IP 来自于《花千骨》同名电视剧。从其游戏整体运行动态画面中可以看到,其剧情动画、对应剧情设计的关卡名称和美术场景、玩家扮演角色、灵宠、NPC 的名称和美术形象、各类道具的名称和美术形象、游戏场景设计中的主界面场景、剧情场景、修行场景的名称和美术画面、美术设计中的人物设计、技能美术效果、动画特效、UI 按键设计、UI 图标设计、加载页面及切换页面设计、音效设计、AI

设计等美术、音乐、动画、剧情文字等方面的设计均与《太极熊猫》不同，该部分内容和要素系基于同名电视剧及小说作品《花千骨》而创作，故玩家从外观上可一定程度识别与原作品的区别。

【律师评注】

本案系基于游戏整体画面构成类电影作品的"巅峰之案"，千万级赔偿金是一方面，更重要的是本案展现了游戏的权利方、主审法院在游戏作为作品的保护边际上的努力探索，是非常具有突破精神的案例。

（一）换了皮以后，游戏还剩什么？

本案中，原告的游戏结构、玩法规则、数值内容、投放节奏和软件文档五个方面遭受到被告的抄袭，这五个方面具体对应以下的内容：

"游戏结构"包括对战功能、扩展功能、成长功能、投放功能四大部分。以对战功能为例，展开还包含以下内容：

玩法序号	太极熊猫			花千骨		
1	对战功能	PVE	战役副本	对战功能	PVE	战役副本
2			精英副本			精英副本
3			金币副本			金币副本
4			生存副本			器灵副本
5			组队副本			多人副本
6			擂台争霸			无
7			全民乱战			无
8		PVP	竞技场		PVP	仙剑大会
9			夺宝			夺宝
10			巅峰对决			无
11			实时战场			多人对决
12			公会战			无

"玩法规则"包括：（1）前述游戏结构中各玩法系统界面截图布局及体现的玩法信息内容；（2）通过操作游戏总结的具体玩法规则。

"数值内容"为装备的各种属性数值以及灵宠对角色属性提升的数值等。

"投放节奏"包括：(1)用户接触游戏功能的节奏，主要包含功能开启规则，即游戏中的不同玩法开放给玩家的规则；(2)用户获得成长的节奏，主要包含限制性投放规则等。

"软件文档"包括功能模块结构图、功能流程图以及封印石系统入口 UI 参考图 1、参考图 2 等全部 26 张 UI 界面图。

笔者认为，原告所主张的"游戏结构"相当于类电影作品的"故事大纲"，游戏规则相当于"情节"以及"画面"，"数值内容"恐怕是游戏中独有的、难以在类电影作品中找到的元素，"投放节奏"比较接近"情节"发展顺序，"软件文档"可归入计算机软件作品中。

（二）ARPG 游戏与类电影作品的共通之处

本案中，法院认为类电影作品有两个重要的本质特征——"较高独创性的连续画面"以及"具有一定故事情节"，而"摄制在一定介质上"则是一种形式要求。ARPG 游戏具有"较高独创性的连续画面"是不言而喻的，"具有一定故事情节"也是极其常见的，所以 ARPG 游戏作为类电影作品受到保护具有天然的"优势"。

那么问题来了，对于游戏而言，故事剧情有那么重要吗？故事剧情于游戏而言大部分时候更像吸引人第一眼的包装，说重要也重要，但显然不是游戏的精髓。进而言之，故事剧情对类电影作品的认定重要吗？《守望先锋》诉《英雄枪战》案件中，法院认为"预先设定的故事情节并不是以类似摄制电影的方法创作的作品的必备要素。如在某些风光片或纪录片作品中，没有预设的故事情节，但不会妨碍其认定为电影或以类似摄制电影的方法创作的作品"。笔者认为，故事情节仅仅是游戏中的一味调料，并非游戏的核心创作价值。

新《著作权法》将电影作品以及类电影作品修改成"视听作品"，视听作品的外延应该更广。视听作品是否有故事情节的要求？若没有，如何与动态的美术作品划出界限？这也是需要进一步探讨的课题。

（三）作为类电影作品的游戏的保护边际

本案中，法院认为具体游戏规则结合游戏界面形成了具体的表达，并非是思想,且与电影剧本以及分镜头传递的剧情相似,构成游戏的基本表达。在保留基本表达的基础上,"进行美术、音乐、动画、文字"的再创作,仍然构成侵权。这一认定无疑给所有原创游戏开发者注入了一剂强心剂,游戏规则获得保护存在了司法实践中的路径。

判决书整理人:张立峰

评注人:张玲娜

『游例知产 &12』
网游改编同人小说作品，边界在哪里？

畅游天下网络公司与北京当乐公司、深圳扑雷猫公司、上海月球漫步游戏公司、广州爱九游公司侵害著作权纠纷案

【关键词】

移动游戏端软件改编权、网络游戏规则、游戏渠道推广、著作权

【案例来源】

北京市海淀区人民法院（2016）京 0108 民初 24848 号一审民事判决书

【权利作品名称】

《金庸群侠传》游戏软件

【案情简介】

北京畅游天下网络技术有限公司自 2015 年 1 月 17 日获得了金庸先生《天龙八部》《鹿鼎记》等 11 部作品的独家移动端游戏软件改编权，亦获得了改编后游戏软件独占商业运营开发的独家授权。被告未经原告或金庸许可，在其移动端游戏《金庸群侠传》（以下简称涉案游戏）中大量使用以上述作品原著情节、人物名称、武功名称或装备名称为蓝本的内容，严重侵犯了原告的著作权。同时，被告在推广该游戏的过程中，亦使用上述金庸作品的内容作为宣传素材，使侵权范围和程度不断扩大。

2016 年 1 月,原被告达成和解,被告承诺不会再利用原告享有权利的金庸作品的任何元素从事侵权和不正当竞争。但原告发现,《金庸群侠传》仍在以原名称继续多渠道运营,而且游戏的内容亦未进行任何修改、删除或替换,被告持续恶意侵权的行为使得侵权程度、范围仍在进一步扩大之中。故原告依据相关法律规定,向北京市海淀区人民法院提起本案诉讼

【要点提炼】

1. 涉案游戏在什么情况下会侵犯他人小说的改编权?

本案中,涉案游戏《金庸群侠传》(后更名为《江湖侠客令》)在游戏人物、武功及武器设定、人物关系等方面,都与原告取得授权的涉案金庸小说具有对应关系,属于以金庸小说作品为基础进行的与之表达方式不同的再创作,符合我国著作权法上关于改编权的规定。

一般来讲,小说作为文字作品,核心要素有人物、情节、背景。被告扑雷猫公司开发的涉案游戏与涉案金庸小说在人物、情节、背景上具有一致或者高度近似的关系,而这些人物、情节、背景等属于金庸小说具有独创性的表达,扑雷猫公司开发涉案游戏需获得小说著作权人的许可。畅游公司经金庸授权,获得了涉案金庸小说的独家改编权的授权及维权的权利,扑雷猫公司未经畅游公司许可,侵犯了畅游公司享有的对涉案金庸小说移动端游戏的改编权。

2. 和解协议中,当被告的义务附条件且条件未被充分满足时,原告是否仍然可以主张权利?

本案中,根据和解协议的约定,侵权方承诺,不会再利用权利作品及权利作品中的任何元素从事侵权和不正当竞争行为,并且保证研发方和运营方也不会再利用权利作品及权利作品中的任何元素从事侵权和不正当竞争行为。同时侵权方保证,本协议签订之日起五个工作日内,按照原告确认的修改方式对标的作品的名称以及标的作品中的使用权利作品的元素进行修改、删除和替换。

法院认为,虽然从约定内容来看,两被告对游戏的修改内容及方式需要经畅游公司确认,这是其履行义务的条件,但约定的核心要义或者

说最终目标仍是修改后的游戏不能再出现权利作品及其元素。同时，根据现有证据，在和解协议签订后，网络用户仍可以在 AppStore、百度贴吧等渠道下载到由两被告开发、运营的游戏，这些游戏的人物、装备、技能、人物关系仍与涉案金庸小说可以建立对应关系，属于侵犯畅游公司享有的涉案金庸小说移动端游戏改编权的行为。鉴于双方签订和解协议的内容不应仅限于字面理解，而更应该看到其最终目的，被告的行为违背了和解协议的核心要义，其侵权行为并未通过和解协议解决，故原告有权主张权利。

3. 网络游戏应尽到什么样的注意义务？在什么情况下需要承担侵权连带责任？

本案中，作为游戏推广平台，爱九游公司与当乐公司在各自的网站及相关应用市场上对涉案被控侵权游戏进行推广。

其中，根据当乐公司与月球漫步公司签署的《手机网游联运框架协议》，二者对运营涉案被控侵权游戏采取五五分成的方式共享收益。当乐公司在运营该游戏时，不仅仅提供推广平台和渠道，而且参与该游戏的运营。虽然游戏开发方与运营方在 2016 年 5 月仍在沟通该游戏的修改问题，但是在本案立案起诉后，其在应当知道该游戏存在侵权的可能性之情况下，未能提交充足有效的证据证明其及时下架该游戏并停止推广行为，故其应当与扑雷猫公司及月球漫步公司承担连带责任。

而爱九游公司虽然并没有提交其与涉案被控侵权游戏的开发方或者运营方推广涉案游戏的相关协议，但是其在本案起诉立案后，应知晓该游戏的著作权问题并未与权利人实质解决，双方仍存在争议，该游戏侵权的可能性较大。然而，其仍在苹果应用商店中推广该游戏，存在主观过错，因此应当与游戏开发方和运营方承担连带责任。

综上，不论游戏推广平台是否与侵权游戏开发公司存在运营框架协议，只要在其知晓该游戏的著作权问题并未与权利人实质解决，双方仍存在争议，该游戏侵权的可能性较大之情况下，仍在苹果应用商店中推广该游戏，存在主观过错，那么就应该承担连带责任。

【律师评注】

本案同样属于游戏改编知名小说,侵犯作品改编权的典型案例。金庸先生的武侠小说极具知名度,被多次改编为电影、电视剧等作品,反响热烈,天生具备吸引关注度的属性。将金庸先生的作品改编为游戏,是许多游戏公司梦寐以求的机遇,市场上也出现了多种金庸武侠游戏。畅游公司在获得金庸小说这一"黄金 IP"的游戏改编权后,在全国范围内对相关侵权游戏发动了多次维权活动。

本案对于认定涉案游戏是否构成对涉案小说的改编,首先应判断涉案游戏中使用的涉案小说元素是否属于著作权法所保护的独创性表达。其次,应判断涉案游戏对涉案小说相关元素的使用,是否构成实质性相似。最后,应判断涉案游戏对涉案小说中独创性表达的使用是否构成改编行为。具体判断不再赘述。

值得注意的是,本案中,被告在与原告已经签署和解协议的情况下,并没有做到和解协议中约定的事项,即对游戏中涉及的权利作品的元素进行修改、删除和替换,不再利用权利作品及权利作品中的任何元素从事侵权和不正当竞争行为。签署和解协议之后的 2017 年 3 月,网络用户仍可以在 AppStore、百度贴吧等渠道下载到由前述被告开发、运营的游戏,这些游戏的人物、装备、技能、人物关系仍与涉案金庸小说可以建立对应关系。

可以看出,被告在认识到侵权行为的同时,仍然没有改正,心存侥幸,主观恶意明显。法院在确定赔偿数额时,将侵权情节、时间、持续范围一并纳入考虑范围,判定被告赔偿 117 万元。本案在同人作品著作权保护过程中具有典型意义。

判决书整理人:陈馨文

评注人:张磊

『游例知产 &13』
国内首例 AR 探索类游戏，行为保全的审查标准与适用

重庆腾讯信息技术有限公司、深圳市腾讯计算机系统有限公司申请谌洪涛、上海幻电信息科技有限公司诉前行为保全案

【关键词】

行为保全、AR 探索类游戏保全、审查标准

【案例来源】

上海市浦东新区人民法院(2019)沪 0115 行保 1 号民事裁定书

【权利作品名称】

《一起来捉妖》游戏软件

【案情简介】

重庆腾讯信息技术有限公司(以下简称"申请人")是涉案游戏《一起来捉妖》的著作权人,授权深圳市腾讯计算机系统有限公司(以下简称"申请人")独家运营该游戏。该款游戏主要利用手机即时定位系统,让游戏玩家化身御灵师,通过 AR 功能抓捕妖灵进行培养,继而在游戏中体验实景捉妖、对战展示、线下社交等玩法。谌某(以下简称"被申请人")通过微信、淘宝等渠道销售虚拟定位插件,并通过直播、录播等形式公开传播利用虚拟定位插件操作涉案游戏的视频,在上海幻电信息科技有限公司(以下简称"被申请人")运营的 Bilibili 网站和 App 平台进行宣传推广。两申请人提起

诉前行为保全申请,请求被申请人谌某停止上述不正当竞争行为,请求被申请人上海幻电信息科技有限公司立即删除涉嫌侵权的宣传视频。

【要点提炼】

上海市浦东区人民法院紧密围绕《最高人民法院关于审查知识产权纠纷行为保全案件适用法律若干问题的规定》第七条规定,从以下四个方面论述了游戏外挂领域知识产权行为保全申请适用的审理标准及考量因素:

1. 申请人的请求是否具有事实基础和法律依据?

本条款主要考察申请人请求保全的知识产权权利效力是否稳定,以及申请人的请求事项是否具有胜诉可能性。首先,两申请人是涉案游戏《一起来捉妖》的著作权人,被申请人谌某提供、推广的虚拟定位插件通过改变涉案游戏正常运行的生态环境,导致其定位功能为核心的玩法难以实现。申请人及其他遵守规则的游戏玩家的合法权益遭受损害,被申请人涉嫌不正当竞争、谋取不当利益的意图明显。为此,申请人提供了涉案作品的著作权登记证书、授权书、两被申请人涉嫌实施不正当竞争行为的证据保全公证书及涉案游戏因为外挂影响而受到部分玩家投诉和差评的证明材料。申请人的权利基础较为稳定,被申请人的侵权行为明确,因此申请人请求对被申请人采取诉前行为保全措施具有相应的事实基础和法律依据。

2. 不采取保全措施是否会对申请人造成难以弥补的损害?

本案中,申请人提供的证据显示,由于被申请人定位插件的影响,涉案游戏遭受部分玩家的投诉及差评,严重影响正常游戏玩家的游玩体验,下载量也呈现下降趋势。并且,网络游戏有区分于其他知识产权作品的特点,即投入大,游戏生命周期具有局限性,一款游戏从开发、设计到最后实际运营耗费巨大的人力、物力和财力,游戏的迭代性和替换性也很高。因此,若不在短时间内及时有效地制止定位插件的泛滥,可能会影响游戏的评价、反馈,导致申请人失去竞争优势,直接影响游戏推广和申请人获利。

3. 采取保全措施是否会导致当事人之间利益显著失衡？

法院在决定是否作出行为保全裁定时，要考量不采取保全禁令给申请人带来的损害是否超过采取保全禁令给被申请人带来的损害，即主要考虑双方当事人之间的利益平衡，裁定原文在此处的表述为"利益显著失衡"。本案中，如果申请人提供的证据真实、合法，初步可以说明被申请人的"作弊"行为和不正当谋利行为。双方当事人之间的争议焦点、具体侵权行为明确，申请人的行为保全申请指向明确、范围适当、措施合理，不会造成当事人之间的利益失衡。

4. 采取保全措施是否会损害社会公共利益？

只有涉及公众健康、环境保护及其他公共利益的情况下，方可认定为影响社会公共利益。本案中，涉案虚拟定位插件系生产、销售的市场化产品，通过微信、淘宝等平台即可购买，主要是网络游戏的"外挂"，本身并不具有涉及公共健康、环境保护等社会公共产品的属性，而产品的经营者主要是市场经营、投资主体，因此对被申请人的行为保全不会损害社会公共利益。

【律师评述】

在本案中，腾讯公司提起诉讼的起因，是有海量游戏用户投诉被告的作弊插件损害了《一起来捉妖》游戏的核心公平体验。腾讯公司在穷尽技术手段进行自力救济仍无效果的情况下，为维护游戏产品及服务的正常运行以及维护游戏用户合法权益，被迫起诉维权。本案判决对"电子游戏作弊""竞争关系认定"等问题作出了详细的阐述，具有高屋建瓴的意义。

（一）竞争性权益的来源

在市场竞争中，竞争者最为一般的和常见的竞争利益是竞争优势、商业机会和商业模式。网络游戏是游戏开发商付出大量创造性劳动的成果，在开发完成后还需经过长期的推广运营才能聚集游戏用户。对于经营者通过合法劳动而形成的商业成果，《反不正当竞争法》应将其作为竞争性利益予以保护。在网络游戏中，游戏开发商和运营商的竞争性权益体现为基础层次中游戏本身的竞争优势和目标层次中能够获得的商业机会。

本案中,《一起来捉妖》核心玩法构建的正常游戏生态,是原告竞争优势的来源。原告通过持续投入大量人力、财力来确保游戏运行与位置的相关性,并使得设计平衡,以保证游戏玩家竞技体验的公平性,并据此吸引、留存游戏玩家,进而获得收益。原告的上述商业模式属于合法的商业模式,其为开发、宣传、运营该游戏以及维护游戏公平性、防止各种作弊行为,投入了大量的人力、物力、财力,并基于此获得了显著的竞争优势。此外,《一起来捉妖》通过大量的宣传推广,产生了美誉度。原告享有由此产生的商业机会,这也属于其合法权益,理应受到保护。

（二）竞争关系的认定

当前,司法实践对竞争关系的理解已不再限定为某特定细分领域的同业竞争关系,而是采取广义定位。这是因为仅将竞争关系限于同业竞争者之间的关系会过于狭窄,不能规范许多事实上的竞争行为,不利于规制市场的竞争行为。因此,最高院的司法政策及司法实践都已明确,反不正当竞争法调整的竞争关系不仅限于"同业经营者之间的关系","因破坏他人竞争优势而产生的竞争关系"也属于反不正当竞争法的调整范围。

本案中,原告是《一起来捉妖》这一网络游戏的开发商和运营商,而被告生产、推销该涉案游戏的作弊硬件。可见,原被告双方显然是在争夺同一消费群体——《一起来捉妖》的游戏玩家,并且双方的商业利益在实质上存在此消彼长的关系。所以,双方存在事实上的竞争关系,而且属于因破坏他人竞争优势及商业运营根基而产生的竞争关系。

（三）作弊软硬件的非法性

作弊软硬件的非法性,可以从行为的影响结果层面出发来进行判定。例如,在本案中,虽然涉案作弊软硬件的唯一功能就是随意改变GPS定位,但是改变了手机的物理定位将使得原告运营的 AR 探索类游戏边走边玩、通过改变位置获取游戏资源的玩法没有办法继续维系,对游戏的正常运营产生了颠覆性破坏。基于这一因素,法院作出了诉前行为禁令。

除此之外,笔者认为,涉案作弊软硬件本身也具有非法性。首先,真实的 GPS 定位系构成社会公共秩序的基础,篡改 GPS 定位具有普遍违法性。该设备不仅可能破坏社会公共管理秩序,引发、促成各种违法、犯罪行为,增加社会管理成本,而且可能破坏民事、经济活动中的对 GPS 真实性的一般认知、信赖基础,从而引发各类社会纠纷。其次,作弊软硬件的技术原理及效果等同于"外挂",违背公认的商业道德。由于"外挂"软件对游戏市场以及游戏运营本身具有严重的破坏性,因此一切围绕游戏"外挂"的经营活动都是违背相关市场内商业道德的行为,且会不同程度地影响游戏市场的竞争秩序,具有明显的不正当性。最后,涉案作弊软硬件不适用技术中立原则。第一,作弊软硬件不存在技术创新,不具有先进性,不存在适用前提。第二,涉案作弊软硬件也不符合技术中立的具体适用原则。

网络游戏行业与游戏辅助硬件行业是相互依存、共荣共生的关系。两个行业的市场竞争关系,不应走向本案的扭曲情形,即游戏辅助硬件厂商为短期利益,不惜以损害网络游戏的平衡性、公平性以及游戏用户体验为代价,牺牲游戏产品的长期发展空间来获取特定游戏辅助硬件的短期利益。如前所述,这种损人利己的不正当竞争方式,会导致游戏行业、游戏辅助硬件行业及消费者福利陷入三输局面。

本案的判决从认识上突破了对原有"外挂"规制路径的依赖,从广义的"电子游戏作弊"出发,对第三方提供的各类作弊工具进行认识并规制。此外,对于竞争关系的理解,本案法院也不再限定为某特定细分领域的同业竞争关系,而是立足于行为的性质,即违背竞争原则的属性。在定性上,回归原被告双方基于不正当竞争行为的损害与被损害关系本身,而不是在构成同业竞争关系的前提下认定行为属性。可见,本案高屋建瓴的判决对游戏行业具有重要的前瞻性影响。

判决书整理人:胡越

评注人:傅钢

商标权案例

『游例知产 &01』
"大富翁"遇上"盛大富翁",注册商标变通用名称

上海邀玩公司、上海要玩公司与菏泽秋生公司、张响儿侵害商标权及不正当竞争纠纷案

【关键词】

通用名称、标识与注册商标近似

【案例来源】

上海市浦东新区人民法院(2006)浦民三(知)初字第 125 号民事判决书

上海市第一中级人民法院(2007)沪一中民五(知)终字第 23 号民事判决书

【权利作品名称】

第 3606240 号"大富翁"商标^{大富翁}(核定服务项目第 41 类)

【案情简介】

某公司系在我国台湾地区注册成立的股份有限公司,其于 2005 年 3 月 21 日在大陆注册了"大富翁"文字商标,获得了中华人民共和国国家工商行政管理总局商标局(以下简称国家商标局)第 3606240 号商标注册证,核定服务项目第 41 类,范围包括"(在计算机网络上)提供在线游戏"等项目,注册有效期限至 2015 年 3 月 20 日。某公司的商标是三个繁体的"大富翁"文字。

某公司在其以往开发的单机版游戏上使用过"大富翁"文字。在某公司提供的其全资子公司软星科技（北京）有限公司与案外人签订的 6 份协议中，"大富翁"或被作为授权经销的产品名称，或被作为授权软件的名称，只是在各款"大富翁"后又加序数词及其他区别性词汇，如"大富翁六加强版之大家来抢钱""大富翁七""大富翁 7 游宝岛""大富翁 8"等。在某公司提供的三份"大富翁"游戏实物上，分别明显标示了"大富翁 6""大富翁 7 游宝岛""大富翁 8"字样，其中"大富翁"三字采用艺术化字体，这三份实物的外包装上多处标示了"softstar"的图形、文字注册商标标记。

【要点提炼】

1. 通用名称的定义

该案中，一审法院认为，商品的通用名称是指在某一范围内被普遍使用的某一种类商品的名称，包括规范的商品名称、约定俗成的商品名称以及商品的简称，其作用主要是用来区别不同种类的商品，通过对商品质量、功能、用途等特点进行简明扼要的概括，以使此一种类的商品与另一种类的商品相互区分，并方便社会公众对商品的呼叫与识别。商品的通用名称都由文字构成，如果按照文字的描述功能划分，大致可分为两类：一是直接描述商品的原料、功能、用途、使用方法等特点的，比如电脑、电风扇、自行车等，这是最常见的；二是文字本身没有明确含义的臆造词，或虽有字面含义但是约定俗成为一类特定商品的名称，如阿司匹林、沙发、手机等。商标与商品名称分别发挥着不同的作用，商标的作用在于区别商品或服务的不同来源，商品名称的作用则在于区别不同种类的商品。商标依附于商品存在，商标与商品名称通常以连用的形式发挥各自的作用，如某某牌电风扇、某某牌自行车。消费者通过认牌购货来满足其对商品的需求，而经营者则用商标来引导消费者的购买行为。

考察争议商标是否包含通用名称或仅由商品的通用名称构成，应综合考虑以下因素：其一，所争议的文字含义；其二，争议商标的注册人自身对该文字的认知和使用情况；其三，同行业经营者及消费者对该文字的认知和使用情况。

2. 注册商标也存在被认定为通用名称的风险

该案中，一审法院认为，从同行业经营者及消费者对该文字的认知和使用情况看，"大富翁"是一类"按骰子点数走棋的模拟现实经商之道的游戏"的通用名称之事实能够确认，这类游戏最初以棋牌类形式出现。进入上世纪80年代的电子计算机时代后，游戏的经营者们又将"大富翁"引入了PC版游戏、网络版游戏、手机版游戏的领域。"大富翁"在进入新的领域后，也仍未改变其"按骰子点数走棋的模拟现实经商之道"的本质元素，使得"大富翁"作为一类"按骰子点数走棋的模拟现实经商之道的游戏"的通用名称，在PC版游戏领域、手机版游戏领域、网络版游戏领域都得到了延伸。

二审法院认为，现有证据表明，某公司在第41类服务上申请注册"大富翁"商标之前，"大富翁"作为一种在计算机上"按骰子点数走棋的模拟现实经商之道的游戏"已经广为人知。对于相关公众而言，"大富翁"与这种商业冒险类游戏已建立起紧密的对应关系。因此，"大富翁"文字虽然被某公司注册为"提供在线游戏"服务的商标，但是其仍然具有指代前述商业冒险类游戏的含义，某公司并不能禁止他人对这种含义的正当使用。

3. "盛大富翁"标识、游戏名称与"大富翁"注册商标是否近似？

该案中，一审法院认为，某某资讯股份有限公司虽然取得了在第41类服务项目上的"大富翁"文字商标，但"大富翁"是一类"按骰子点数走棋的模拟现实经商之道的游戏"的通用名称，上海某某网络发展有限公司使用《某富翁》的游戏名称表明的是"上海某某网络发展有限公司推出的一款大富翁类游戏"，使用"某富翁"标识表明的是"本网站由上海某某网络发展有限公司运营网络游戏"。相关公众进入上海某某网络发展有限公司网站后，对"某富翁"标识上的文字之理解会与该字号相联系，从而解读成"某 + 富翁"。由于某某资讯股份有限公司注册的商标本身是一类"按骰子点数走棋的模拟现实经商之道的游戏"的通用名称，又未实际使用，故其显著性和知名度极其有限。进入上海某某网络发展有限公司网站的相关公众，不太可能将"某富翁"标识中的文字以及《某富翁》的游戏名称解读成"盛 + 大富翁"。因此,上海某某网络发展有限公司使用的"某富翁"图形、文字标识及游戏名称,与某某资讯股份有限公司的"大富翁"文字注册商标不构成近似。

二审法院认为,从使用被控侵权标识的方式和目的分析,上海某某网络发展有限公司并未将被控侵权标识使用于其网站的所有在线游戏服务上,而仅在其所提供的与"掷骰子前进,目的是通过买地盖房等商业活动在经济上击败对手并成为大富翁"这一款游戏相关的在线游戏服务中使用了被控侵权标识,这说明被上诉人使用被控侵权标识意在以其中所含"大富翁"文字来描述性地表明其在线提供的这款游戏的内容和对战目标。再从被控侵权使用行为是否会使相关公众对服务来源产生混淆和误认来分析,游戏玩家只有进入上海某某网络发展有限公司的网站才能进行该款游戏的对战,在网站"游戏介绍"中又清楚地写明《某富翁》是由某网络自主研发的一款休闲网络游戏",加之"某"字号具有相当的知名度,相关公众一般不会将上海某某网络发展有限公司的"大富翁"游戏误认为是某某资讯股份有限公司的"大富翁"游戏,也不会将两者的服务来源相混淆。由此可见,上海某某网络发展有限公司的被控侵权行为属于叙述服务所对应游戏品种的正当使用,作为服务商标"大富翁"商标专用权人的某某资讯股份有限公司无权加以禁止。

【律师评注】

此案是一起涉及游戏名称的案件,也是国内法院首例以司法判决形式认定注册商标是通用名称,缺乏显著性的案件。

本案中,原告是一家知名游戏开发商,在大陆注册了"大富翁"文字商标,核定服务项目第 41 类,范围包括"(在计算机网络上)提供在线游戏"等项目。原告推出过多款单机版大富翁游戏,但未进行过以"大富翁"为商标的网络运营。应该说,原告的单机游戏知名度相当高。但是,在接手这个案件时,我们发现市场上有大量内容近似的游戏叫"大富翁",于是我们将工作重点放在了证明"大富翁"为一类游戏的通用名称上。经过一个多月的工作,我们到上图查阅了大量的资料,收集了数十篇的相关文章,购买了多种以"大富翁"命名的游戏,这些游戏都是靠掷骰子进行游玩并模拟现实经商。大量的证据表明,"大富翁"是一类模拟现实经商之道的游戏的通用名称,"大富翁"商标不具有显著性,消费者无法通过"大富翁"识别产品或服务来源。虽然被告在诉讼中委托了商标代理人要求撤销原告的商标,并且商评委对此商标是通用名称存在不同的认识,但是这并不影响法院对此事实的认定。法院认为原告申请注册"大富翁"商标之前,"大富翁"作为一种"按骰子点数走棋的模拟现实经商之道的游戏"已经广为人知。对于相关公众而言,"大富翁"与这种商业冒险类游戏已建立起紧密的对应关系。因此,"大富翁"文字虽然被原告注册为"提供在线游戏"服务的商标,但是其仍然具有指代前述商业冒险类游戏的含义,原告并不能禁止他人对这种含义的正当使用。也许原告申请注册商标时,大富翁更多的是用于线下的桌游,原告将其做成单机版软件,虽然对于这一传统经典的游戏有推广作用,但是这并不意味着,这个游戏的名称就可以归属于原告。承办此案的是一位资深法官,具有丰富的审判经验,其对通用名称的认定,是司法实践的一次有益突破。

那么,什么是通用名称,企业如何避免将通用名称作为自己的商标呢?在本案中,法院对通用名称给出了明确的解读。商品的通用名称是指在某一范围内被普遍使用的某一种类商品的名称,包括规范的商品名称、约定俗成的商品名称以及商品的简称,其作用主要是用来区别不同种类的商品,通过对商品质量、功能、用途等特点进行简明扼要的概括,以使此一种类的商品与另一种类的商品相互区分,并方便社会公众对商品的呼叫与识别。商品的通用名称都由文字构成,如果按照文字的描述功能划分,大致可分为两类:一是直接描述商品的原料、功能、用途、使用方法等特点的,比如电脑、电风扇、自行车等,这是最常见的;二是文字本身没有明确含义的臆造词,或虽有字面含义但是约定俗成为一类特定商品的名称,如阿司匹林、沙发、手机等。商标与商品名称分别发挥着不同的作用,商标的作用在于区别商品或服务的不同来源,商品名称的作用则在于区别不同种类的商品。商标依附于商品存在,商标与商品名称通常以连用的形式发挥各自的作用,如某某牌电风扇、某某牌自行车。消费者通过认牌购货来满足其对商品的需求,而经营者则用商标来引导消费者的购买行为。因此,企业在给游戏命名和申请商标时,应注意名称或者商标的显著性。虽然借用一些耳熟能详的名字有利于游戏的推广,但是风险隐患也不可忽视。尤其是在未来的维权中,其权利必会受到限缩。当然,还存在一种情况,就是这个名称原来是不存在的,企业也申请了商标,但是因为被广泛使用后,使其成为一类商品的代称,从而丧失了显著性和区别商品来源的功能,逐渐淡化,成为商品的通用名称,比如优盘。对于此类行为,企业的监控和防止商标淡化之措施就显得非常重要。

判决书整理人:张立峰

评注人:游闻键

『游例知产 &02』
界定商品类别有难度，证明商标近似是关键

深圳市天某科技有限公司因与被上诉人上海某大网络发展有限公司确认不侵害商标权纠纷案

【关键词】

在线游戏服务类别、在先使用、商标性使用、商标混淆

【案例来源】

上海市浦东新区人民法院（2011）浦民三（知）初字第 19 号民事判决书

上海市第一中级人民法院（2011）沪一中民五（知）终字第 178 号民事判决书

【权利作品名称】

《龙之谷》

【案情简介】

某大公司系游戏《龙之谷》(Dragon Nest)的国内代理商,该游戏的权利人 Eyedentity Games Inc.（以下简称艾登特堤公司）享有位于第 9、41 类上的商标"　　　"。此外,某大公司还享有盛趣公司独家许可的位于第 41 类的"龙之谷"商标。

天某公司享有第 6771249 号"龙谷"注册商标,该商标被核定在第 9 类。2009 年 10 月 28 日,天某公司经工信部核准设立了 www.

longov. cn 网站。进入该网站,网站首页名称为"Longov 龙谷",网站的功能系提供电子商务平台服务。

天某公司认为,某大公司将游戏命名为"龙之谷",并在网络上大规模公开提供计算机游戏软件程序的下载服务,已经涉嫌侵犯了天某公司的注册商标专用权,遂向上海市浦东新区人民法院起诉。

【要点提炼】

1. 提供在线游戏服务属于哪一类商标的使用行为?

该案中,法院认为网络游戏的运行需借助于计算机软件程序,因此企业依据第 41 类(在计算机网络上)提供在线游戏的服务时,必然要涉及计算机软件产品。因此,判断企业的行为是属于提供在线游戏服务还是纯粹的计算机软件产品的销售,还需从企业对软件产品的整体运行来看。本案中,某大公司的游戏系提供客户端形式的网络游戏,这种类型的网络游戏是由某大公司所架设的服务器来提供游戏,而玩家需借助某大公司提供的客户端来连接某大公司的服务器进行游戏。某大公司不仅要提供已开发成熟的计算机游戏软件,还需提供稳定的服务器。在玩家有购买游戏装备等增值服务的需要时,某大公司也需提供相应的服务。某大公司还负有维持游戏规则的义务,对违规的玩家予以及时处理等。因此,整个网络游戏的运行较为复杂,与销售软件产品给客户,客户自行安装使用的普通软件销售行为具有很大的差别,并不属于第 9 类商标的控制范围。

2. 提供网络游戏的单机试玩版客户端下载的行为,应当如何定性?

该案中,法院认为单机版客户端虽然与一般软件产品相同,即下载安装后,在脱离网络环境及某大公司服务器的情况下能独立运行,但是该单机版的内容系为玩家熟悉网络版游戏内容所做的准备,单机版中仅有少量的角色和场景。虽然单机版游戏运行时并未始终在页面上出现"教程"字样,但是某大公司推出单机版游戏的目的是使网络用户通过体验,更直观地了解《龙之谷》网络版游戏的内容。对角色的运作和场景的转换,在单机版中有详细的提示信息。因此,上述内容足以表明,单机版的目的是教会初学的玩家在简单的环境中先行熟悉游戏的环境,从而实现到网络版中更为复杂的游戏环境进行游戏的过渡,最终还是为网络版服务。对于某大公司而言,若无网络版,其不可能单独销售单机版游戏软件,这些简单的游戏界面并不能吸引游戏玩家出资购买,故单独销售单机版游戏软件是无商业意义的。因此,单机版是为网络版提供服务,系依附于网络版而存在,其并未侵犯天某公司位于第9类商标的商标权。

3. 对于网络商品服务领域中的商标,应当如何判定是否构成近似、混淆?

该案中,法院认为,判断商标是否构成商标法意义上的近似,不仅要从音、形、义上对相关商业标识予以比对,还需考虑相关商标在实际使用中,是否可能造成相关公众的混淆和误认。本案中,某大公司为运营和推广《龙之谷》在线网络游戏投入了高额的广告费用,且《龙之谷》游戏在 2009 年起就已享有较高的知名度。而某大公司的注册商标主要使用在其"龙谷"网站,该网站功能系电子商务平台服务。此外,原审审理期间,某大公司提供的市场调查报告也表明,"龙谷"标识与系争"龙谷"商标具有比较明显的区别。因此,某大公司在其在线网络游戏上使用《龙之谷》标识,并不会造成相关公众混淆和误认为该游戏系天某公司的商品或与天某公司具有某种特定的联系。某大公司使用"龙之谷"标识的行为,不构成《商标法》第五十二条所规定的商标侵权行为。

【律师评述】

本案是一起确认不侵害商标权的案件,本案的亮点在于商品(服务)类别的确定,以及商标法意义上近似的认定,对类似案件的认定和裁判具有借鉴意义。

(一)民事诉讼中商品(服务)类别的判断

商品(服务)的类似程度,即判断被控侵权游戏与注册商标核定的商品(服务)是否同一或类似。实践中,不少权利人都会将其游戏名称同时在第 9 类"计算机软件"商品或第 41 类"(在计算机网络上)提供在线游戏服务"上注册。一旦发生纠纷,上述商品和服务类别基本上可以涵盖目前市场上主流游戏类型,因此认定为同一或类似商品(服务)基本无争议。但是,如果主张权利的一方与被控侵权的一方在上述两个类别各自享有商标权,则需根据个案情况,对是否属于同一或类似商品(服务)进行综合判断。

在本案中,原告取得的"龙之谷"注册商标核定使用在第 41 类"(在计算机网络上)提供在线游戏服务"上,被告取得的"龙谷"注册商标核定使用在第 9 类"计算机游戏软件"上。原告"龙之谷"的游戏网站提供两种下载方式:一种为单机版客户端;一种为完整版(网络版)客户端。被告认为,原告提供的两种下载方式都属于"提供计算机软件产品"的下载,要求其停止侵权,原告遂向法院提出确认不侵权之诉。

可见,本案的争议焦点在于,单机版客户端的下载行为,到底是属于第 41 类"(在计算机网络上)提供在线游戏服务",还是属于第 9 类"计算机游戏软件"。根据查证,涉案的单机版中明确标明了"教程"字样,仅有少量的角色和场景,目的是帮助玩家熟悉网络版游戏内容,为网络版中更为复杂的游戏环境做过渡。换句话说,若无网络版,其不可能单独销售单机版游戏软件。这些简单的游戏界面,并不能吸引游戏玩家出资购买,故单独销售单机版游戏软件是无商业意义的。

综上,单机版为网络版提供服务,依附于网络版而存在,因而二者系一个整体。上述所有行为均系提供在线游戏服务的行为,属于原告被许可使用的第 41 类"(在计算机网络上)提供在线游戏服务"的服务类别。

(二)商标是否构成商标法意义上的近似的判断

根据《商标法》第五十二条的规定:"未经商标注册人的许可,在同一种商品或者类似商品上使用与其注册商标相同或者近似商标的,属于侵犯注册商标专用权的行为。"《商标法》的上述规定,是用于规制因消费者无法区分近似商标,从而导致对商标持有人提供的商品或者服务来源产生误认的商标侵权行为。因此,判断商标是否构成商标法意义上的近似,不仅要从音、形、义上对相关商业标识予以比对,还需考虑相关商标在实际使用中是否可能造成相关公众的混淆和误认。

本案中,被上诉人提供了市场调查报告。调查公司在上海、广州两地,对不同性别、不同年龄、不同类型的社会民众展开社会调查,并出具了调查报告。报告表明,广州和上海两地随机调查获取的404个样本数据分析结果显示,争议标识和"龙谷"商标具有比较明显的区别,并未构成混淆。因此,被上诉人使用"龙之谷"标识不构成商标侵权,真正的原因在于争议标识没有造成相关公众的混淆和误认,而并非因为被上诉人对"龙之谷"享有在先权利。被上诉人通过具有知名度的第三方调查公司进行客观性比较强的市场调查,对法官的心证有积极的作用,也是此类案件中值得借鉴的操作方式。

该案是一起确认不侵害商标权的纠纷。根据我国《商标法》第五十二条的规定:"未经商标注册人的许可,在同一种商品或者类似商品上使用与其注册商标相同或者近似商标的,属于侵犯注册商标专用权的行为。"可见,判断商标是否存在侵权问题,需要确认商标核定使用的商品(服务)类别,以及商标的近似程度。

在本案中,法院通过对原告行为目的之分析,认定提供单机版和网络版客户端的下载服务是其商标核定服务(提供在线游戏服务的行为)范围的一部分,实际上突破了第9类"计算机软件"商品和第41类"(在计算机网络上)提供在线游戏服务"的划分界限。这一做法可以有限借鉴,但仍需依据个案具体分析,不能随意扩大解释,否则就动摇了商标注册核准制度的基石。此外,判断商标是否构成商标法意义上的近似,除了要从音、形、义上对相关商业标识予以比对,还需考虑相关商标在实际使用中使相关公众产生混淆的可能性。

判决书整理人:李浩

评注人:傅钢

『游例知产 &03』
游戏名称注册商标，优秀名称有方法

株式会社万代南梦宫游戏与国家工商行政管理总局商标评审委员会商标驳回复审案

【关键词】

ACE DRIVER、组合商标、近似商标、合法性

【案例来源】

北京市第一中级人民法院（2011）一中知行初字第 1136 号行政判决书

【权利作品名称】

"ACE DRIVER""Ace 艺思""ACE"

【案情简介】

株式会社万代南梦宫游戏于 2007 年 10 月 22 日申请商标为英文"ACE DRIVER"，申请号为 6332147，指定使用在国际分类第 28 类第 2801—2803 类似群组的以下商品上。2009 年 10 月 21 日，中华人民共和国国家工商行政管理总局商标局对申请商标进行审查后，向株式会社万代南梦宫游戏作出编号为 ZC6332147BH1 的商标驳回通知书。

株式会社万代南梦宫游戏不服被告中华人民共和国国家工商行政管理总局商标评审委员会于 2010 年 11 月 8 日作出的商评字〔2010〕第 31929 号关于第 6332147 号"ACE DRIVER"商标驳回复审决定，在法

定期限内向北京市第一中级人民法院提起行政诉讼。

【要点提炼】

1. 申请商标与引证商标所指商品是否构成类似商品？

本案的申请商标和两个引证商标均指定使用在第28类商品中，同时包含了"玩具""游戏机"等相同商品，故申请商标和两个引证商标所指定使用的商品类别构成类似商品。

2. 申请商标与引证商标是否构成同一种或类似商品上的近似商标？

本案中，申请商标为文字商标，由字体、大小相同的英文单词"ACE"和"DRIVER"组成。两个引证商标均为组合商标：引证商标一由英文单词"ACE"和中文"藝思"组成，英文部分所占较大；引证商标二由英文单词"ACE"和心形图形组成。根据商标的单独比对原则，申请商标均完整包含了两个引证商标的主要识别部分"ACE"，易使相关公众认为上述商标为系列商标，从而导致对商品的提供者产生误认。因此，商标评审委员会认定，申请商标与两个引证商标构成同种或类似商品上的近似商标。

3. 商标评审委员会适用《商标法》第十一条是否具有合法性？

《商标法》第十一条规定，对于仅有本商品的通用名称、图形、型号的，或者仅仅直接表示商品的质量、主要原料、功能、用途、重量、数量及其他特点的商标，不得作为商标进行注册。其中，对通用名称进行判断时，应当审查其是否属于法定的或者约定俗成的商品名称。对于相关公众普遍认为某一名称能够指代一类商品的，应当认定该名称为约定俗成的通用名称。被专业工具书、辞典列为商品名称的，可以作为认定约定俗成的通用名称之参考。

首先，英文"DRIVER"一词虽然通常会被认读为驾驶员、司机等含义，但是申请商标指定使用的商品中，绝大多数均为录制有已编码视频游戏程序的数码载体。"DRIVER"用在与游戏机相关的商品上，相关公众通常会将"DRIVER"识别为"驱动器"或"驱动程序"。本案中，株式会社万代南梦宫游戏提交的多份英汉工具书中显示，"DRIVER"一词包含了"驾驶员""赶车者""监工""驱动器""驱动程序"等多种名词含义。因此,商标评审委员会认定"DRIVER"一词构成申请商标所指定使用在第 9 类"视频游戏的数码载体"等商品的通用名称之结论正确,法院予以支持。

其次,"ACE"作为名词使用时,被公众普遍识别的第一含义是"纸牌中的 A",但是"ACE"作为形容词时,其中文含义为"第一流的、极好的"。在本案中,"ACE"与"DRIVER"共同使用时,"ACE"属于形容词,具有描述"DRIVER"的作用。所以,可以认定"ACE"在申请商标中对指定商品的质量特点有描述作用。商标评审委员会认定申请商标整体可译为"一流的驱动程序、卓越的驱动器",包含了通用名称并且直接表示商品的质量特点之结论正确,法院予以支持。

【律师评注】

一款好的游戏能够凭借本身过硬的质量成为现象级游戏,但如果能有一个令人印象深刻的好名字,必然如虎添翼,对游戏的传播发展起到促进作用。鉴于游戏名称通常字数较少,难以直接表达出一定的思想,因此很难获得著作权的保护,更多的人会选择以商标权来保护游戏名称。但是,《商标法》本身对商标规定严格,游戏公司在选择游戏名称时,务必慎重选择一个既不违反《商标法》的禁止性规定,又不违反显著性条款,还能够不与他人在先注册或他人在先使用并具有一定影响力的商标冲突的优秀名称。

(一)游戏名称不得缺乏显著性,切记避免直接说明游戏内容

在"ACE DRIVER"商标驳回复审案中,"ACE DRIVER"是一款方程式赛车游戏。商标局在该案的驳回复审决定中认为,"ACE"作为形容词可译为"第一流的、极好的","DRIVER"译为"驱动器""驱动程序","DRIVER"用在"游戏机""视频游戏的数码载体"等商品上构成通用名称,申请商标整体可译为"一流的驱动程序、卓越的驱动器",直接表示了"游戏机"等相关商品的质量特点。

在使用英文单词作为商标时,建议参考辞典等了解该词的全部含义,判断是否有可能与指定申请的商品或服务项目产生直接指代、表达

该项目性质内容的可能性,若有则需慎重选择。

（二）不仅要关注与行业有关的通用名称,更要防止己方名称被通用名称化

在该案中,法院认为,对于相关公众普遍认为某一名称能够指代一类商品的,应当认定该名称为约定俗成的通用名称。被专业工具书、辞典列为商品名称的,可以作为认定约定俗成的通用名称之参考。

因此,游戏公司在选择游戏名称时,若该名称在游戏行业已趋近于通用名称,则需谨慎使用。考虑哪些名称包含这类风险时,可以参考专业工具书、辞典,甚至是每年的大火流行语等。

至于如何避免产品名称成为通用名称,则需注意在使用商标时必须规范使用,比如注意宣传用语,避免用商标直接代替产品名称宣传;使用商标时可增加描述性词汇或表示产品性质的词汇;同时也要注意及时维权,避免他人对己方商标的滥用,最终导致该商标名称变为某一类游戏的通用名称。

（三）筛选保存使用证据,增强游戏名称显著性及知名度

若游戏名称被商标局以缺乏显著性或成为通用名称等理由驳回,则使用证据的筛选和保留也是一大要点。如何证明游戏名称作为一个商标具有显著性及知名度,需业务人员在游戏公测至正常运营期间注意保留各种商标使用宣传材料、媒体报道、相关辞典释义、申请人商标注册文件、相关网络百科词条等相关证据。

判决书整理人:许红

评注人:林迅

『游例知产 &04』
游戏名称要起好，不良影响注不了

"SF 特种部队及图"商标驳回复审行政诉讼案

【关键词】

特种部队、商标不良影响、地域性

【案例来源】

北京市第一中级人民法院（2011）一中知行初字第 1619 号行政判决书

【权利作品名称】

"SF 特种部队及图"商标

【案情简介】

蜻蜓株式会社于 2006 年 12 月 14 日向商标局提出注册申请第 5784453 号"SF 特种部队及图"商标，指定使用在第 41 类"（在计算机网络上）提供在线游戏；提供在线电子出版物（非下载的）"等服务上。2009 年 6 月 22 日，商标局驳回该商标在指定使用商品上的注册申请。

蜻蜓株式会社不服，于 2009 年 7 月 10 日向商标评审委员会申请复审，申请商标是其开发的一款网络游戏名称，具有极高的影响力。申请商标由汉字、拉丁字母及图形组合而成，并非仅仅包含汉字，申请商标不会产生不良影响。同时，申请商标在其他国家已获准注册，申请商标应予核准注册。2010 年 11 月 15 日，商标评审委员会作出第 32876

号决定,驳回其复审申请。

蜻蜓株式会社不服商标评审委员会于 2010 年 11 月 15 日作出的商评字(2010)第 32876 号《关于第 5784453 号"SF 特种部队及图"商标驳回复审决定书》,向北京市第一中级人民法院提起行政诉讼。

【要点提炼】

1. 商标诉讼案件审查的内容是什么?

商标诉讼案件所审查的,是被告行政行为的合法性。法院认为,蜻蜓株式会社在案件诉讼过程中提交在商标评审阶段未提交的新证据,并且没有作出合理解释,提交的新证据不是商评委作出商标驳回复审决定书的依据,提交的新证据不属于法院审查行政行为合法性的事实根据,因此法院对提交的新证据不予采信。

2. 商标不良影响如何认定?

法院认为,"特种部队"作为当代军事大国中普遍存在的部队编制,受到社会公众越来越多的关注。将"特种部队"作为商标使用,容易让公众联想到国内外有关政治军事的敏感问题,不宜作为商标使用。

3. 地域性与商标申请的关系是什么?

法院认为,商标保护具有地域性,"SF 特种部队及图"商标在国外获得批准注册不是在中国获得批准注册的当然理由。"SF 特种部队及图"商标在国外获得批准注册,不代表该商标在中国同样可以获得批准注册。

【律师评注】

《商标法》第十条第一款第(八)项规定,有害于社会主义道德风尚或者具有其他不良影响的标志不得作为商标使用。一般网络游戏的主题有可能踩中不良影响的,多集中于战争、恐怖、悬疑、玄幻、竞技等类别,这类游戏起名时有可能在红线左右徘徊,稍不注意就会被以不良影响驳回。

本案中,"SF 特种部队"商标适用的就是一款军旅题材的游戏,游戏名称也是为了明示消费者游戏类型。但是,法院认为,"特种部队"是指经过特种训练,装备和战斗力通常超出常规部队,且用于执行特殊任务的部队编制。特种部队作为当代军事大国中普遍存在的部队编制，因其装备、战力和其在当前国际政治军事大环境下所执行的特别任务，正得到社会公众的越来越多的关注。在此政治背景下，将"特种部队"作为商标的组成部分，容易使社会公众联想到国内外有关政治军事的敏感问题，不宜作为商标使用，因此法院并不认可商标权利人主张的"特种部队"符合网络游戏特点的抗辩。

蜻蜓株式会社在起诉时提出，"特种部队"旨在告诉消费者，这是一款军旅题材的游戏，符合网络游戏的特点，不会产生不良影响；并且，该商标已经大量投入使用，形成稳定市场利益，且没有造成任何不良影响。"夺魂之镰"案中，权利人暴雪公司通过自身使用而消除了该游戏名称中所具有的不良含义，但是与"夺魂之镰"案不同的是，本案中的法官并未认可其市场表现的部分，依旧坚持以"特种部队"容易联想到政治军事敏感问题而驳回。这并不排除是"夺魂之镰"这个名称本身没有明着踩中禁用词，虽然这个名称略带惊悚色彩，但是本身不是"死神之镰"类明确的禁用词，尚有回旋余地。而在"STARCRAFT：GHOST"商标驳回复审案件中，法院认为申请商标的"STARCRAFT"有占星术的含义，"GHOST"有幽灵的含义，所以认定"占星术"是一种通过观察星象来推断吉凶的方法，属于迷信，"幽灵""鬼魂"亦属于迷信，容易导致不良影响。再联想至本案明晃晃的"特种部队"一词，可能商标局并不认可这一禁用词的不良影响能够通过商标的使用而消除。

因此，如果游戏开发商开发的是战争类、军旅类游戏，不论是射击还是对战，不论人物角色是正规军人形象还是雇佣兵，最好是回避与部队名称、军衔、兵种相关的词汇，避免踩中政治不良影响的雷。

此外，在这类驳回复审案件中，很多权利人会以已经在其他国家或地区获准注册作为抗辩理由之一。商标有地域性之分，且每个国家的政治经济环境不同，商标审查标准不同，因此其他国家的注册结果并不能当然作为在中国可以获准注册的参考。

判决书整理人：许红

评注人：林迅

『游例知产 &05』
商标注册需及时，以防网游名称被抢注

百田公司、蓝新公司、商标评审委员会商标行政诉讼案

【关键词】

游戏名称、在先著作权、抢注

【案例来源】

北京市高级人民法院(2015)高行(知)终字第 301 号行政判决书

北京市第一中级人民法院(2014)一中知行初字第 6319 号行政判决书

【权利作品名称】

"奥拉星及图"商标

【案情简介】

2010 年 7 月 23 日，蓝新公司向商标局申请注册第 8506916 号"奥拉星及图"商标(争议商标)，核定使用在第 41 类的学校(教育)、幼儿园、提供在线电子出版物(非下载的)、(在计算机网络上)提供在线游戏等服务上。针对争议商标，百田公司于 2013 年 2 月 8 日向商标评审委员会提出争议申请。2014 年 4 月 14 日，商标评审委员会作出裁定，争议商标予以维持。百田公司不服该裁定，依法提起行政诉讼。北京市第一中级人民法院依照《中华人民共和国行政诉讼法》第五十四条第(一)项的规定，判决维持商标评审委员会作出的裁定。

百田公司不服北京市第一中级人民法院（2014）一中知行初字第6319 号行政判决，向北京市高级人民法院提出上诉。

【要点提炼】

1. 主张商标的在先权利系在先著作权能否成立？

《商标法》第三十一条规定，申请商标注册不得损害他人现有的在先权利。法院认为，本案中百田公司主张的在先权利系在先著作权，但百田公司所提交的软件著作权登记证书等证据尚不足以证明其对"奥拉星"享有在先著作权，且争议商标由中文"奥拉星"及图形组合而成，其设计手法、整体视觉效果与百田公司所主张的"奥拉星"作品差异明显，百田公司主张在先著作权不能成立。

2. 商标抢注他人在先使用并有一定影响的商标如何认定？

法院认为，本案中的"奥拉星"是电子游戏名称，属于作品名称，不具有商标区分商品或者服务来源的功能。"奥拉星"作为网络游戏名称，同时也是计算机软件作品的名称。通过百田公司的广告宣传、游戏内测、签订游戏卡销售合同等使用方式，该名称可以与作品提供者产生产源上的联系，从而具有了商标的识别功能。百田公司通过网络推广、游戏内测、签订游戏卡销售合同等方式，已使"奥拉星"在相关公众中具有了一定影响。由于"奥拉星"的受众多为学龄儿童，因此已能够涵盖争议商标核定使用的各项服务所涉及的相关公众。蓝新公司作为同行业经营者，理应知晓"奥拉星"为百田公司开发的电子游戏名称，其提交的使用证据不足以证明争议商标已能够与百田公司的"奥拉星"区分开来，故其申请注册争议商标属于抢注有一定影响未注册商标的行为。

3. 以不正当竞争为目的，恶意注册商标行为如何认定？

本案中，百田公司的"奥拉星"作为游戏名称，通过使用具有了区分服务来源的商业标识之功能，具有较强的独创性、显著性，在相关公众中具有一定影响。蓝新公司作为同行业经营者，应当知晓"奥拉星"为百田公司开发的电子游戏名称，因此其批量注册与之相关的系列商标，属于以不正当竞争为目的，企图牟取非法利益的恶意注册行为，法院不予支持。

【律师评注】

一款游戏上市前后,游戏权利人除了对游戏进行软件著作权登记、普通作品登记外,往往还需要对游戏名称进行商标注册申请。一个未注册的电子游戏名称,本身属于作品名称,通常不具有商标区分商品或服务来源的功能,但如果权利人能够证明该名称通过使用具有了商标的区分功能,则有可能得到保护。

（一）游戏名称能否作为商标保护,关键看是否起到识别与区分来源的作用

虽然游戏名称本身不具有商标区分商品或者服务来源的功能,但是如果权利人能够举证证明其通过大量使用,使得该游戏名称可以与提供者产生产源上的联系,那么该标志就具有了商标的识别功能。"奥拉星"作为网络游戏名称,通过权利人百田公司的广告宣传、游戏内测、签订游戏卡销售合同等使用方式,可以与作品提供者产生产源上的联系,从而具有了商标最基础的识别功能。

（二）游戏作品名称应及时申请商标注册

如果遇到游戏名称被抢注的情况,许多人会选择适用《商标法》第三十二条的在先权利以及在先使用并有一定知名度条款。但游戏名称通常较短,难以成为著作权保护的客体,又因为计算机软件著作权的保护范围仅限于软件本身,所以所谓的"在先权利"难以被认可。《商标法》第三十二条第二款又往往需要该游戏必须在相关公众中具有一定知名度,这通常需要权利人大量推广、使用该商标。对于许多小游戏来说,获得保护也较为不易。

本案中,百田公司开发的游戏在长达半年的内测后全面上线,但在此期间,其一直未对游戏名称"奥拉星"进行商标注册申请,以至于最后经历了商标异议程序、一审、二审方撤销了蓝新公司的注册商标,维权成本高、时间长,还面临商标侵权的风险。

此外,因目前游戏上线需申请游戏版号,游戏版号的名称与游戏名称最好一致,这又与准备将游戏名称申请商标的事宜息息相关。因此,我们建议网络游戏公司增强企业知识产权保护意识,游戏筹备

阶段就可以开始考虑商标注册申请,避免陷入如"奥拉星"一般的困境。

判决书整理人:许红

评注人:林迅

『游例知产 &06』
商标驳回复审案件，引证商标权利人可作为第三人参与诉讼

"PopStar"（消灭星星）商标驳回复审行政确权案

【关键词】

商标申请注册合法性、商标恶意注册、第三人

【案例来源】

北京知识产权法院（2016）京 73 行初 6787 号行政判决书

【权利作品名称】

"POPSTAR 及图""POPSTAR"

【案情简介】

掌游天下公司于 2014 年 10 月 13 日申请注册第 15501045 号 "POPSTAR 及图"商标（下称诉争商标），指定使用服务为第 41 类的娱乐、娱乐信息（消遣）等。嘉丰永道公司于 2014 年 4 月 4 日申请注册第 14330119 号"POPSTAR"商标（下称引证商标），初审公告日为 2015 年 2 月 13 日，核定使用的服务为第 41 类的教育、培训等，商标专用权期限至 2025 年 5 月 13 日。

2016 年 5 月 11 日，掌游天下公司向商标评审委员会提出复审申请，复审理由中包括引证商标是对诉争商标的恶意注册，诉争商标在中国大陆地区由掌游天下公司在先进行商业使用，具有较高市场知名度，该公司对诉争商标拥有合法的在先权利。

2016 年 10 月 29 日,商标评审委员会作出商评字[2016]第 91954 号《关于第 15501045 号"POPSTAR 及图"商标驳回复审决定书》(下称被诉决定),认定诉争商标指定使用的"娱乐"等复审服务与引证商标核定使用的"娱乐"等服务属于同一种或类似服务。诉争商标字母部分为"POPSTAR",引证商标为"POPSTAR",诉争商标与引证商标字母构成相同,仅表现形式不同,已经构成近似商标。诉争商标与引证商标同时使用在同一种或类似服务上,消费者在隔离状态下施以一般注意力,易对服务来源产生混淆误认。商标评审委员会依照《商标法》第三十条和第三十四条的规定,对诉争商标在复审服务上的注册申请予以驳回。

就商标申请驳回复审行政纠纷一案,掌游天下公司不服商标评审委员会于 2016 年 10 月 29 日作出的商评字[2016]第 91954 号关于第 15501045 号"POPSTAR 及图"商标驳回复审决定书,向北京知识产权法院提起行政诉讼。

【要点提炼】

1. 引证商标权利人是否应作为第三人参加行政诉讼?

申请注册和使用商标,应遵循诚实信用原则。法院认为,如果本案的处理结果对引证商标的专用权效力或专用权行使产生实质影响,那么引证商标专用权人就可能与案件处理结果具有利害关系,其可以主动申请或由人民法院通知,作为第三人参加诉讼。

2. 如何认定引证商标权利人与案件处理结果有利害关系?

本案中,原告掌游天下公司在商标评审程序以及行政诉讼程序中均提出,引证商标系恶意注册,不具有合法性。法院的司法审查结果一方面会决定诉争商标能否获准注册,另一方面也会对引证商标专用权的效力和权利人行使专用权造成实质性影响。为查清案件事实以及保障各方当事人的诉讼程序权利和实体权利,法院经过对诉争商标和引证商标注册审查的事实进行查明后认定,嘉丰永道公司与本案的判决结果可能存在利害关系,应通知其作为第三人参加诉讼。

3. 引证商标恶意注册的情形如何认定?

诉争商标与引证商标的呼叫相同,字母构成以及排列顺序相同,构成近似商标标志。手机游戏软件商品是实现娱乐服务的一种方式,在服务的内容、对象等方面具有重合和交叉,联系极其密切,因此手机游戏软件商品与娱乐服务属于同一种或者类似商品和服务。

引证商标在娱乐服务上的注册使用,易使相关公众认为引证商标与诉争商标存在特定联系,并误认为第三人与原告之间存在授权或者关联企业的关系。因此,其注册引证商标的行为侵害了原告掌游天下公司的合法在先权益。

两公司属于位于同一地域的同行业经营者,第三人应当知晓掌游天下公司的《PopStar!消灭星星》游戏软件。第三人提交的证据亦不能证明其在诉争商标申请注册之前,曾持续使用引证商标在娱乐服务上。并且,该公司在引证商标注册成功后,还向相关软件销售平台进行恶意投诉,影响原告掌游天下正常的经营活动。

此外,第三人还大量申请注册了"欢乐斗地主"等几十件商标。前述注册行为具有明显的复制、抄袭他人拥有的高知名度游戏软件名称之故意,扰乱了正常的商标注册管理秩序,有损于公平竞争的市场秩序,违反了诚实信用原则和公序良俗原则,损害了原告公司的在先权益,不具有合法性,引证商标不应成为诉争商标申请注册的合法在先权利障碍。

【律师评注】

本案是一起经典的商标申请人被抢注商标后主动起诉在先权利人恶意注册的商标确权案件,给企业提示了两点商标风险预警,即基于恶意而取得注册商标专用权的商标,其危害在于权利人可以通过主动行为和被动阻碍的两种形态,损害合法在先权利人的民事权利。若在先使用的未注册商标被他人恶意抢注,不仅会导致抢注商标作为在先权利障碍,阻碍在先权利人申请注册商标,还有可能被抢注人以侵权诉讼等手段主张在先权利人的商标使用行为侵害其商标专用权,从而给企业的正常经营带来双重风险。

(一)虽然商标驳回复审程序一般不对引证商标是否存在恶意注册进行审查,但是进行到诉讼阶段可以尝试向法院申请将引证商标权

利人追加为第三人

通常来说，商标局在驳回复审阶段仅对申请商标与引证商标的近似性进行审查，申请商标的知名度、引证商标是否为抢注一般不属于审查范围，因为驳回复审是一个单方程序，并非对抗性程序，第三人无法参与抗辩。但是，本案的诉讼阶段中，法院基于在先权利商标的恶意注册认定与申请商标的驳回复审有关联，与在先权利商标权利人存在利害关系，出于节约司法资源的角度，在复审诉讼程序中一并审查。但本案仍是个案的特殊情形，并非固定程序，甚至法院在此排除了在先权利商标权利人的权利救济顺序。

一般情况下，申请人的常见做法是在复审程序中申请延期审理，同时对引证商标采取异议申请、无效宣告、撤销申请等程序。虽然在本案的诉讼程序中，法院对引证商标的恶意注册情形主动进行司法审查，但是并不代表这是必然遵守的规则。要根本解决恶意注册商标的商标专用权效力，仍需通过其他商标确权程序，司法权不能代替行政权，法院不能代替行政机关作出判断。

（二）申请在先原则适用的前提是注册行为具有合法性

在商标民事案件中，恶意注册的商标在向具有合法在先民事权益的特定民事主体行使商标专用权时，不具备实现请求权功能的基础。商标恶意注册行为在商标民事、行政案件中往往存在交叉并存的问题，因此在商标授权程序中，引证商标如存在恶意注册诉争商标申请人在先使用商标或其他合法在先民事权益的情形，可以依据上述判例之精神进一步予以认定，即在商标注册制度中，申请在先原则适用的前提是注册行为具有合法性，要求引证商标不得存在对诉争商标恶意注册等违反诚实信用原则的情形，否则引证商标注册不具有合法性，不应成为诉争商标申请注册的在先权利障碍。

笔者认为，法院的这种审查标准是合理的，但是在商标驳回复审阶段难以实现。驳回复审仅是商标局与商标申请人之间的程序，与引证商标权利人无碍。这也决定了按照既定的程序，引证商标权利人无法就其商标注册的正当性、商标的知名度与使用情况等问题进行证明，而驳回复审阶段如果进行这些内容的审查，又会使得异议申请程序和无效宣告程序的部分功能被越过。

（三）及时申请商标注册是最佳的解决之道

虽然法院最终认定第三人嘉丰永道公司对引证商标申请注册的行为违反了诚实信用原则和公序良俗原则，损害了原告掌游天下公司的合法在先权益，不具有合法性，引证商标不应成为诉争商标申请注册的合法在先权利障碍，但是在此过程中，原告仍被第三人在苹果等多家平台投诉商标侵权，并被下架游戏产品，受到的损失巨大。对于一些知名度还不足以支撑以《商标法》第三十二条无效化在先注册商标的游戏，可能遭受的损失会更大，甚至导致相关游戏改名。因此，无论事后有何补救措施，初始的商标注册申请才是避免所有麻烦的关键。

判决书整理人：许红

评注人：林迅

『游例知产 &07』
游戏侵权维权有技巧，证明知名度材料要筛选

腾讯公司诉有米公司、淮安有米公司等侵害商标权纠纷案

【关键词】

知名商品、举证责任、网络服务提供者、合法来源抗辩

【案例来源】

广东省广州市南沙区人民法院(2015)穗南法知民初字第 190 号民事判决书

广州知识产权法院(2016)粤 73 民终 468 号民事判决书

【权利作品名称】

《剑灵》

【案情简介】

恩希会社是在线游戏《剑灵》的开发人，其在中国申请注册了"剑灵"商标。恩希会社授权腾讯公司在中国境内独家代理《剑灵》在线游戏，并将"剑灵"商标的使用权以及在线游戏《剑灵》的著作权使用权均许可给腾讯公司，授权腾讯公司以自己名义对侵权行为采取法律措施。

有米公司在其经营的 ouwan. com 等相关游戏网上大肆推广、宣传和提供下载《剑の灵》游戏，并通过偶玩等各种应用平台推广、宣传和提供下载该款游戏。腾讯公司认为，《剑の灵》与《剑灵》构成近似，该款游戏风格类型与《剑灵》同属 ARPG(即动作角色扮演类游戏)类型题材游

戏,有米公司等的行为不仅侵犯"剑灵"商标专用权,并且构成不正当竞争,遂诉至法院。

【要点提炼】

1. 被诉侵权游戏使用"剑の灵"字样是否构成对"剑灵"注册商标专用权的侵犯?

由于腾讯公司已获权使用第6914014号"剑灵"注册商标,且腾讯公司在网络游戏服务行业具有较高的影响,相关公众会将带有"剑灵"字样的网络角色游戏与腾讯公司的服务产生联系。根据偶玩网对《剑の灵》游戏的介绍内容,虽然该游戏属于手游,但是亦可同时通过台式计算机及手机登录网络进行下载安装,且其所面向的消费对象并无严格区分,该类玩家存在混同的情况,即手游玩家同时亦可以是端游玩家,并无明确的划分界限。原审法院认为,《剑の灵》游戏商品与"剑灵"注册商标核定服务项目之间存在特定联系,两者构成类似。

将"剑の灵"与"剑灵"注册商标进行比对,前者系汉字与日文组合,其中日文"の"与中文"的"含义相似,是助词。两者的汉字部分完全相同,整体进行观察,两者的读音、排列、含义等构成近似。因此,被诉侵权游戏使用"剑の灵",属于在类似商品上使用与"剑灵"注册商标近似的商标。由于腾讯公司、腾讯计算机公司在提供在线游戏行业的知名度较高,其运营的《剑灵》游戏亦为网络角色游戏,对于普通游戏玩家等相关公众的一般注意力来说,容易产生混淆,误认为其存在特定联系。综上,原审法院认定,被诉侵权游戏使用"剑の灵"字样的行为,已经构成对"剑灵"注册商标专用权的侵犯。

2. 被诉侵权游戏使用"剑の灵"字样是否构成对腾讯公司主张的知名商品特有名称、特有服务的侵犯?

法院认定知名商品,应当考虑该商品的销售时间、销售区域、销售额和销售对象,进行任何宣传的持续时间、程度和地域范围,作为知名商品受保护的情况等因素,进行综合判断。腾讯公司应当对其商品的市场知名度负举证责任。在该案中,腾讯公司证明《剑灵》游戏商品知名度的证据主要是各类网站上的相关报道,包括对该游戏获得奖项的报道。由于该类报道只是一种第三方陈述,且《剑灵》游戏属于道具收费游戏,下载并不需要付费,故上述网站报道中所述的该游戏的网络关注人数及在线人数以及所获奖项,并不能直接证明该游戏的知名度。腾讯公司并未就《剑灵》游戏商品的销售时间、销售区域、销售额和销售对象,进行任何宣传的持续时间、程度和地域范围,作为知名商品受保护的情况等因素进一步提交直接证据,无法证明其具有较高的市场知名度,并为相关公众所知悉的事实,因此腾讯公司应承担举证不能的法律后果。根据现有证据,原审法院对腾讯公司主张《剑灵》游戏为知名商品的意见不予支持。

3. 有米公司、淮安有米公司关于其仅是网络游戏平台服务方,应免于赔偿责任的抗辩是否成立?

由于涉案网络侵权行为并非网络用户实施,且有米公司、淮安有米公司在其偶玩网上提供被诉侵权游戏供用户下载和安装,可以认定有米公司、淮安有米公司并非仅是网络游戏平台服务方,其实际向用户提供被诉游戏,并在游戏过程中通过道具获利,因此原审法院认定其应承担侵权责任并无不当。有米公司、淮安有米公司以其是网络服务提供者为由,主张依据《侵权责任法》第三十六条的规定可免于承担赔偿责任,此意见依据不足,法院对此不予采纳。

4. 有米公司、淮安有米公司关于其取得诉证游戏合法的抗辩是否成立?

关于有米公司、淮安有米公司以合法来源抗辩其可免于赔偿责任的问题,由于有米公司、淮安有米公司不仅在其偶玩网上提供被诉侵权游戏,且根据公证书的记载,其在游戏介绍及宣传画面、文字中均使用了"剑の灵"字样,可见其并非仅是提供被诉侵权游戏,亦存在宣传被诉侵权游戏的行为,故有米公司、淮安有米公司以其销售不知道是侵犯商标权的商品且能证明该商品是自己合法取得并说明提供者为由主张免除赔偿责任的意见缺乏依据,法院对此不予采纳。

【律师评注】

本案系游戏联运合作过程中产生的商标权侵权案件,涉及因游戏

研发方提供的游戏产品侵权,游戏联运平台方是否需要承担侵权责任的问题。本案具有启示意义的内容主要为以下几点:

（一）在游戏侵权案件中,可以通过申请证据保全、行为保全的方式及时维权

根据《民事诉讼法》等相关法律规定,在诉讼过程中,权利人可以申请法院采取财产保全、证据保全、行为保全三种诉讼保全措施,而其中的证据保全和行为保全在知识产权领域尤为常见。

首先,证据保全是指在证据可能灭失或者以后难以取得的情况下,当事人可以在诉讼过程中向人民法院申请保全证据,人民法院也可以主动采取保全措施。在游戏侵权案件中,涉嫌侵权游戏的下载次数、充值、流水记录等数据掌控在被告手中,原告因客观原因难以自行收集,且被告具有修改或删除数据的可能。因此,此种情况符合法院启动证据保全的先决条件,权利人可以申请法院进行证据保全。

其次,行为保全又称临时禁令,是指为了避免当事人或者利害关系人的利益受到不应有的损害或进一步的损害,法院有权根据申请,对相关当事人的行为采取强制措施。在游戏侵权案件中,涉嫌侵权游戏具有易传播、易复制、传播速度快、影响范围大等特点,权利人维权时往往有要求对方立即停止侵权行为的急迫需求,以减轻对自身的影响和损害。此种情况下,权利人可以向法院申请行为保全,由法院责令对方停止涉嫌侵权行为。但是,获准行为保全一般需要满足四个条件:第一,申请人权利稳定,其请求具有事实基础和法律依据;第二,如不采取保全措施,将对申请人造成难以弥补的损害或使案件难以执行;第三,比较行为保全对申请人与被申请人的影响,考虑二者利益平衡;第四,采取行为保全不会损害公共利益。同时,为避免保全错误对被申请人造成损害,在采取行为保全时,法院会要求申请人提供现金或保函担保。因此,虽然行为保全便于权利人及时维权,且目前权利人提起行为保全申请的案件也越来越多,但是权利人同时需注意因保全错误而需承担赔偿责任的风险。

（二）仅有第三方报道不足以证明涉案商品是知名商品

在本案中,原告除主张商标侵权外,还主张了其游戏名称"剑灵"构

成知名商品的特有名称,以寻求反不正当竞争法的保护。但是,由于原告证明其游戏知名度的证据主要是各类网站上的第三方报道,法院认为原告举证不足,从而未认定其商品构成知名商品。由此看出,在以"知名商品的特有名称"作为权利基础寻求保护时,法院对"知名度"的举证要求比较高。对于游戏权利人来说,在证明其游戏知名度时,不仅需要提供第三方报道、所获得的奖项,还应尽量提供推广宣传合同、推广宣传支出发票、持续宣传时间、游戏流水记录、游戏跨领域改编或对外授权开发衍生品等相关材料。另外,提请注意,从司法审判的角度看,关于游戏测评的软文,一般不能直接用于证明涉案游戏获得了市场认可;同时,缺乏权威性的企业、机构颁发的各类奖项因缺乏客观性,可参考性也较低。因此,在举证证明知名度时,对第三方报道和奖项应予以筛选。

(三)游戏联运平台方难以适用"通知删除规则"主张免责

本案中,被告以其仅为网络游戏平台服务方,诉争游戏名称系由第三人提供为由,主张适用《侵权责任法》第三十六条所规定的"通知删除规则",免于承担赔偿责任。但事实上,在游戏联运合作过程中,联运平台方并非仅是网络游戏平台服务方,其实际会向用户提供游戏并在游戏过程中通过用户充值、购买道具等行为获利。因此,联运平台方并非只是单纯的网络平台服务提供者,其实际上是游戏的运营商,对游戏的相关内容负有先行审查的权利与义务。也因此,联运平台方难以适用"通知删除规则"来主张免责。对于游戏联运平台来说,一方面,其在发行、运营游戏前,应提前审慎审查游戏的商标、宣传等相关内容;另一方面,与游戏研发方签订的合同中应明确约定知识产权保证条款,由游戏研发方对合作游戏的合法、合规、不侵犯他人权利承担保证责任,以便自身因此遭受损失时可以向游戏研发方追偿。

判决书整理人:金典

评注人:李淑惠

『游例知产 &08』
游戏商标申请，知名度与显著性不可少

腾讯公司与商标评审委员会商标驳回复审行政案

【关键词】

网游商标申请、知名度、显著性

【案例来源】

北京知识产权法院(2015)京知行初字第 3097 号行政判决

北京市高级人民法院(2016)京行终 613 号行政判决书

【权利作品名称】

"全民飞机大战"商标

【案情简介】

腾讯公司于 2013 年 10 月 30 日向商标局提出第 13456825 号"全民飞机大战"商标(申请商标)注册申请,指定使用在教育信息、组织教育或娱乐竞赛、(在计算机网络上)提供在线游戏等服务上。2014 年 1 月 13 日,商标局作出驳回申请商标注册的决定。腾讯公司不服,向商标评审委员会提出复审申请。2015 年 4 月 8 日,商标评审委员会作出商标驳回复审决定书(被诉决定),决定驳回申请商标的注册申请。腾讯公司不服被诉决定,向北京知识产权法院提起行政诉讼。北京知识产权法院判决驳回腾讯公司的诉讼请求。腾讯公司不服北京知识产权法院作出的行政判决,向北京市高级人民法院提出上诉。

【要点提炼】

1. 游戏商标指定使用在"（在计算机网络上）提供在线游戏"等服务上，是否直接表示服务的特征？

法院认为，本案中的"全民飞机大战"是腾讯公司开发的一款网络游戏的名称，网络游戏的名称并非仅直接表示服务的内容及其他特点。

2. 游戏商标的知名度如何体现？

本案中，腾讯公司提交了有关游戏注册人数、新闻报道、行业报告等证据，证明该游戏经过宣传有一定的知名度。法院认为，经过这些宣传并使用，可以认定该游戏取得较高的知名度，相关公众能够将该游戏与腾讯公司联系起来。

3. 游戏名称的显著性如何体现？

法院认为，虽然"飞机大战"有可能被相关公众认为是一类游戏的通称，但是"全民飞机大战"整体上具有商标的识别作用。因此，应当认定"全民飞机大战"注册在第 41 类服务上具有显著性，作为商标使用亦不会侵害他人及公众利益，予以核准注册更为妥当。

【律师评注】

许多游戏开发商喜欢起一个直白简单的游戏名称，以吸引对这一类型游戏有兴趣的玩家。但是，在游戏名称需要获得商标保护的时候，却往往会被以缺乏显著性而驳回。"全民飞机大战"这个商标在评审阶段以及一审中，就因指定使用在"（在计算机网络上）提供在线游戏"等服务上，直接表示了服务的内容或服务的特点，容易使相关公众认为其是对服务内容的描述，无法起到商标应具有的区分商品或服务来源的识别作用，故被认定不具有应有的显著特征。

最后，腾讯公司通过提交 2014 年中国游戏风云榜、《全民飞机大战》注册用户数量超过一亿的报道和分析、2014 年第二季度中国手游市场报告、关于《中国移动游戏产业报告》的报道、在各大娱乐游戏网站中有关《全民飞机大战》广告及新闻网页截屏、《全民飞机大战》游戏使用截屏、有关《全民飞机大战》在手机 APP 中的使用截屏、国家图书馆检索报告等证据证明,《全民飞机大战》已经通过使用具有了较高的知名度,并且能够和腾讯联系起来,因而具有显著性。

但是,不是每一款游戏都能有如此高的知名度,也不是每一个案子都能有幸翻案。因此,若有可能,在申请时即增强商标的显著性则再好不过。

(一)避免使用直接表述游戏规则、游戏内容或游戏题材的游戏名称

直接表示游戏规则的名称如"别踩白块儿"。"别踩白块儿"直接表述了该游戏的规则——不要踩白色方块,法院认为相关公众会将其视为游戏名称或者提示语,不会将其作为商标认知,无法起到识别商品或服务来源的作用,不具有商标的固有显著特征。"坦克大战""赛车""谁是卧底"等名称直接反映了游戏的内容,也难以具有显著性;"倩女幽魂ONLINE及图"驳回复审案中,法院认为该名称易被理解为古典小说,显著性较弱,等等。

当然,若选择这种显著性较弱的名称,建议游戏公司增加一个与之关联性不强的词语前缀或后缀,因为商标标识中若同时包含具有显著性和不具有显著性的部分,法院一般情况下仍会从商标整体上认定为具有显著特征。如"全民飞机大战","飞机大战"有可能被相关公众认为是一类游戏的通称,但是"全民飞机大战"整体上还是被认为具有商标的识别作用;赛车游戏仅以"赛车"为名不具有显著性,但"跑跑卡丁车""QQ飞车"等名称却可以具有显著性;"三国"题材本身因是古典小说,仅以"三国演义""三国志"为名可能因与小说重名而缺少显著性,但"梦幻三国""三国群英传"依然可以获得显著性。

(二)游戏名称若本身显著性不强,可能会导致维权困难

典型案例如"大富翁"。《大富翁》本身是一类靠掷骰子模拟现实经商的游戏,也有大量证据能够证明"大富翁"已经是这一类模拟现实经商游戏的通用名称,这导致"大富翁"不再具有显著性,消费者无法通过"大富翁"来识别产品或服务的来源。这一方面可能导致"大富翁"商标被撤销,另一方面会导致针对"大富翁"三字的保护减弱。其他市场主体如果同样开发这类模拟现实经商游戏,那么"大富翁"的权利人无权

禁止他人对"大富翁"三字的正当使用。

这也正是我们前文提到的,具有显著性部分和不具有显著性部分应当结合使用。即使商标整体最终获得保护,商标专用权保护的也仅是具有显著性的部分,权利人并无权禁止他人正当使用不具有显著性的部分。因此,一个游戏名称越是缺乏显著性,就越是容易被驳回,也越容易减弱其受保护的力度。

判决书整理人:许红

评注人:林迅

『游例知产 &09』
使用行为的合法性，影响对商标知名度的判断

广州市 X 电子科技有限公司、济南 Q 信息科技有限公司与上海 B 网络科技股份有限公司、国家工商行政管理总局商标评审委员会商标异议复审行政纠纷案

【关键词】

"捕鱼达人"商标、非法商品、未注册商标、在先保护、合法权益

【案例来源】

北京市第一中级人民法院(2014)一中行(知)初字第 9065 号行政判决书

北京市高级人民法院(2015)高行(知)终字第 2075 号行政判决书

最高人民法院(2016)最高法行再 96 号行政判决书

【权利作品名称】

《捕鱼达人》

【案情简介】

2011 年 3 月 29 日,B 公司向国家工商行政管理总局商标局(以下简称商标局)提出第 9274903 号"捕鱼达人"商标(以下简称被异议商标)的注册申请,指定使用在第 42 类"计算机软件设计、计算机软件更新、技术研究、包装设计、室内装饰设计、服装设计、书画刻印艺术设计、无形资产评估、气象信息、质量体系认证"等服务上,并于 2012 年 1 月

6 日获得初步审定并公告。

在法定期限内，X 公司和 Q 公司针对被异议商标的注册申请，向商标局提出异议。2013 年 6 月 18 日，商标局作出（2013）商标异字第 17885 号"捕鱼达人"商标异议裁定书（以下简称第 17885 号裁定），以 X 公司和 Q 公司提出的证据材料不足以证明其已经在先使用"捕鱼达人"商标并使之具有一定影响为由，裁定被异议商标予以核准注册。

X 公司和 Q 公司不服第 17885 号裁定，分别于 2013 年 7 月 15 日和 2013 年 7 月 9 日向商标评审委员会提起异议复审申请，主要理由为：X 公司和 Q 公司在网络游戏领域具有较高的知名度和影响力，"捕鱼达人"游戏系由 X 公司和 Q 公司独创并在先使用，并且进行了著作权登记，在相关公众中具有较高的知名度，被异议商标的申请注册是对两公司在先使用并有一定影响的"捕鱼达人"商标之恶意抢注。

【要点提炼】

1. "不得以不正当手段抢先注册他人已经使用并有一定影响的商标"的判断标准

被异议商标的申请注册构成"以不正当手段抢先注册他人在先使用并有一定影响的商标"需要同时满足下列要件：一是在先使用商标具有一定影响；二是被异议商标构成以不正当手段抢先注册，即被异议商标申请人具有主观恶意，其明知或者应知注册的商标为在先使用并有一定影响的商标而予以抢注，但其举证证明没有利用在先使用商标商誉的除外；三是对在先使用并有一定影响的商标的保护限于相同或者类似商品或服务。

2. 被异议商标的申请注册是否违反《商标法》关于"申请商标注册不得损害他人现有的在先权利"之规定？

被异议商标显然并不侵犯 X 公司主张的"捕鱼达人"美术作品的著作权和外观设计专利权。"捕鱼达人"作为 X 公司计算机软件名称的组成部分，不具备法律意义上作品的构成要素，不应脱离作品整体而单独作为作品受到著作权法的保护。因此,被异议商标的申请和注册不违反《商标法》第三十一条关于"申请商标注册不得损害他人现有的在先权利"之规定。

3. 对涉案标识所主张的在先使用是在赌博工具上的使用,能否产生合法在先商誉?

法谚有云:"任何人不得从自己的违法行为中获利。"即便是在依照《伯尔尼公约》采取自动产生原则的著作权法领域,各个国家也都对内容违禁(涉黄赌毒、暴力和封建迷信等)的作品采取不支持其损害赔偿请求权之做法,更何况是在由各国商标主管机关授权确权的商标领域。从商标法的性质来看,商标法是民法的特别法,即便是《民法通则》,其立法宗旨中强调的也是保障民事主体的合法民事权益。旨在解决未注册商标权益保护的反不正当竞争法,保护的也只是"经营者和消费者的合法权益"。对于那些非法的权益,当然不能置于商标法的保护范畴;如果将商标法看作是包含公法成分的法律,商标法通过规定商标确权程序来规范商标主管机关的确权授权,那么商标法不应沦为违法犯罪行为的保护伞就更是应有之义。将系争标志用于违法犯罪的产品、内容违禁的产品上,已经不是商标法之外的其他法律领域的问题,而是商标法在决定一项未注册商标权益是否应该得到保护时必须考量的问题。

【律师评注】

该案双方的涉案商标涉及几十亿的市场价值,且因涉及"使用在具有赌博功能的游戏机上的商标能否作为在先权益进而阻止他人注册商标"这一疑难问题,引起了实务界与理论界的一场大讨论,具有巨大的影响力。该再审判决书特别认定了法院不保护具有赌博功能的游戏机及赌博机上在先使用的商标,该认定相当于指明对 2013 年《商标法》第三十二条(原 2001 年《商标法》第三十一条)所保护的商誉,应根据其违法程度的轻重进行分门别类的保护,这与之前最高院指导案例的观点相比有较大变化,会为商标行政案件的司法实践带来一场大的变革,具有深远意义。也因此,该案入选了最高院发布的"2018 年度全国知识产权司法保护五十件典型案件"。

作为该案代理人,笔者主要有以下两点心得分享:

第一,一般而言,作为审判监督程序的再审,特别是最高人民法院作出提审裁定或指定再审的,往往意味着其初步认定前面的终审判决存在一定的改判空间。但这只是一般情况,并非绝对。特别是针对一些司法实践中争议较大的、疑难复杂的典型案件,不排除法院为了在某一问题上作出盖棺定论的回答而作出提审裁定的可能。面对这种已经二审胜诉但是被申请再审的案件,代理律师要有迎难而上的勇气,只要当事人的主张有事实和法律上的依据,就应当据理力争和坚持。特别是针对前面程序中已经固定的证据,代理律师要抽丝剥茧,挖掘出有利于己方当事人的事实,这对于再审这类纠纷的处理显得尤其重要。有时候,关键的证据不在于多,而在于质量。

第二,商标法作为私法的有机组成部分,诚实信用、不洁之手等基本理论与原则,都应该被融会贯通。针对违法使用是否产生在先权益的问题,虽然最高人民法院曾有过典型案例表明"经营者是否具有超越法定经营范围而违反行政许可法律法规的行为,不影响其依法行使制止商标侵权和不正当竞争的民事权利""商标法上要求的'合法使用'的'合法'所合的'法'仅限于商标法,如果没有违反商标法的规定,而仅仅是违反其他法律法规的规定,则不影响合法使用的认定"等看似对我方当事人不利的指导意见,但是需要谨记的是,万事皆有边界,矫枉过正也会导致新的不公。因此,在本案中,代理律师结合了"不洁之手"的法谚,提出"违法使用"的分层学说,即违反行政规章或者经营范围,与违反刑法和公共利益的违法,存在本质的不同。最高人民法院的在先指导案例关于"超越经营范围的商标使用不影响其行使商标权"之观点,对于本案而言并无参考力。相反,代理人将"任何人不得从自己的违法行为中获利"这一理论适用到商标法,提出被保护的权益必须是合法的民事权益,将系争标志用于违法犯罪的产品、内容违禁的产品上,已经不是商标法之外的其他法律领域的问题,而是商标法在决定一项未注册商标权益是否应该得到保护时必须考量的问题,故在赌博机这种违禁品上的商标使用并非合法使用,不能产生在先使用权益。这一观点最终得到法院的采纳。

判决书整理人：张立峰

评注人：傅钢

『游例知产 & 10』

游戏商品商标，警惕不良影响元素

暴雪公司、商标评审委员会商标驳回复审行政纠纷案

【关键词】

"夺魂之镰"、游戏商品商标、不良影响

【案例来源】

北京知识产权法院(2015)京知行初字3471号行政判决

北京市高级人民法院(2016)京行终121号行政判决书

【权利作品名称】

"夺魂之镰"商标、《暗黑破坏神3》

【案情简介】

暴雪公司于2013年9月2日向商标局注册申请第13172795号"夺魂之镰"商标，指定使用于国际分类第9类的计算机游戏软件(已录制)、计算机游戏光盘、可下载计算机游戏软件、通过互联网和无线设备下载的电子游戏、交互式多媒体计算机游戏程序(已录制)商品上。2014年9月23日，商标局发出商标驳回通知书，认为申请商标文字作为商标使用于指定商品上，易产生不良社会影响，决定驳回申请商标的注册申请。

暴雪公司不服商标局的驳回通知书，向商标评审委员会申请复审。商标评审委员会经过审查，于2015年2月28日作出第21153号商标

112

驳回复审决定书。暴雪公司不服,向北京知识产权法院提起诉讼。北京知识产权法院判决如下:一、撤销商标评审委员会作出的第 21153 号决定;二、商标评审委员会就暴雪公司针对申请商标所提驳回复审申请重新作出决定。

商标评审委员会不服北京知识产权法院(2015)京知行初字第 3471 号行政判决,向北京市高级人民法院提起上诉。

【要点提炼】

1. 游戏商品商标产生不良影响应如何认定?

本案中,申请商标指定使用的商品均与计算机游戏相关,法院结合计算机游戏类商品名称、画面和内容情节设置上通常具有的特点,认定申请商标的含义并未超过相关公众的接受和容忍标准。游戏商品商标与游戏形成稳定、唯一对应的关系,不会导致公众的误认。此外,暴雪公司运营的包含申请商标文字的游戏已通过国家新闻出版广电总局的审批,暴雪公司对该游戏进行的商业宣传和市场表现可以表明,申请商标使用在计算机游戏光盘等商品上,不会对相关公众产生不良的社会影响。

【律师评注】

《商标法》第十条第一款第(八)项规定,有害于社会主义道德风尚或者具有其他不良影响的标志不得作为商标使用。网络游戏因题材多样、风格不同,虽然整体踩中不良影响这一雷区的游戏较少,但是仍是商标权利人需要重视的一个点。

本案涉及暴雪公司的游戏《暗黑破坏神 3》,暴雪公司在第 9 类上申请了"夺魂之镰"商标。商标局认为,申请商标文字作为商标使用于指定商品上,易产生不良社会影响,决定驳回申请商标的注册申请。一审与二审法院认为,"夺魂之镰"的含义尚未超过公众的接受和容忍标准,结合暴雪公司运营的包含申请商标文字的游戏已经由中华人民共和国国家新闻出版广电总局审批通过的事实以及暴雪公司对该游戏进行的商业宣传和市场表现,可以认定申请商标使用在计算机游戏光盘等商品上,不会对相关公众产生不良的社会影响。

(一)进行商标申请时须谨慎选择组成元素

最高人民法院印发的《关于审理商标授权确权行政案件若干问题的意见》第三条提到,人民法院在审查判断有关标志是否构成具有其他不良影响的情形时,应当考虑该标志或者其构成要素是否可能对我国政治、经济、文化、宗教、民族等社会公共利益和公共秩序产生消极、负面影响。按照《最高人民法院关于审理商标授权确权行政案件若干问题的规定》第五条,商标标志或者其构成要素可能对我国社会公共利益和公共秩序产生消极、负面影响的,人民法院可以认定其属于《商标法》第十条第一款第(八)项规定的"其他不良影响"。将政治、经济、文化、宗教、民族等领域的公众人物姓名等申请注册为商标的,属于前款所指的"其他不良影响"。在网络游戏名称的申请上,不良影响主要表现在可能存在对宗教、民族情感的伤害,传播封建迷信、暴力色情的词汇元素等,如"神龙道书""骷髅战士""SF 特种部队""CLASH OF CLANS(可译为部落冲突、种族冲突)"。

判断是否违反《商标法》第十条第一款第(八)项的规定时,其实并不区分商标或服务类别,只要触及这个雷区,无论注册申请于哪一类别,均可能被驳回。如"SF 特种部队"案件中,法院认为"特种部队"是指经过特种训练,装备和战斗力通常超出常规部队,且用于执行特殊任务的部队编制。特种部队作为当代军事大国中普遍存在的部队编制,因其装备、战力和在当前国际政治军事大环境下所执行的特别任务,正得到社会公众越来越多的关注。在此政治背景下,将"特种部队"作为商标的组成部分,容易使社会公众联想到国内外有关政治军事的敏感问题,不宜作为商标使用,因此法院不认可商标权利人主张的"特种部队"符合网络游戏特点之抗辩。

可见,如果游戏开发商开发的是战争类游戏,不论是射击还是对战,不论人物角色是正规军人形象还是雇佣兵,最好是回避有关部队名称、军衔、兵种相关的词汇,避免踩中政治不良影响的雷。

当然,不仅仅中文商标会触雷,英文商标同样存在这个问题,而且通常都出现在多种翻译结果的问题上。例如,"CLASH OF CLANS"

因为其英文名称的中文翻译可能为"部落冲突""宗族冲突",法院认为如果商标标志具有多个含义,只要有一个含义可能对我国公共秩序等产生不良影响,就应当认定该商标具有"不良影响",因此最终认定"CLASH OF CLANS"商标使用在玩具等商品上,易对我国文化、宗教、民族等社会公共利益和公共秩序产生消极、负面影响。

（二）商标审理以个案审理为准,其他证据的辅佐并不具有确定性

本案中,暴雪公司举证其包含申请商标文字的游戏《暗黑破坏神3:夺魂之镰》已经由中华人民共和国国家新闻出版广电总局审批通过,并未被认定为游戏名称有所不妥,并且实际的游戏宣传中也未散布恐怖、迷信色彩,市场表现也是良性反应,再加上"夺魂之镰"本身虽有一丝惊悚色彩,但其含义尚未超出公众的接受和容忍标准(没有明确说出"死神""亡灵"之类的词语)。在种种佐证之下,法院最终认可"夺魂之镰"商标的注册申请。

但是,作为同样提交了游戏宣传和市场表现证据的"植物大战僵尸"案中,一审法院认可了原告提出的"游戏设计风格""游戏类型""游戏周边"等证据,但二审法院又再次认定含有"僵尸"二字具有不良影响。虽然最高院最终认定"植物大战僵尸"不具有不良影响,但是这也证明在涉及"不良影响"的认定时,不同案件的同类型证据材料并非都一定能奏效,最佳办法还是避开禁用词。

判决书整理人:许红

评注人:林迅

『游例知产 &11』
游戏名称商标注册需谨慎，谨防有害社会主义道德风尚

电子艺界有限公司与国家知识产权局商标驳回复审行政案

【关键词】

"植物大战僵尸"商标、公平原则、不良影响

【案例来源】

北京知识产权法院（2016）京 73 行初 3743 号行政判决书

北京市高级人民法院（2018）京行终 624 号行政判决书

【权利作品名称】

"植物大战僵尸"商标

【案情简介】

电子艺界有限公司于 2011 年 7 月 29 日向商标局提出第 9781702 号"植物大战僵尸"商标注册申请，指定使用在第 28 类、类似群 2801—2803 及 2805—2812 的塑料人物玩具、可收集的人形玩具、长毛绒玩具等商品上。2016 年 3 月 10 日，商标评审委员会作出商标驳回复审决定书（以下简称被诉决定），驳回申请商标在复审商品上的注册申请。电子艺界有限公司不服被诉决定，向北京知识产权法院提起行政诉讼。北京知识产权法院判决驳回电子艺界有限公司的诉讼请求。

电子艺界有限公司不服北京知识产权法院所作判决，向北京市高级人民法院提起上诉。

【要点提炼】

1. 游戏商标是否存在危害社会主义德道风尚的问题？

本案中,法院认为申请商标由中文"植物大战僵尸"组成。参照最高人民法院的在先生效判决,无论是从申请商标标志本身来看,还是结合其实际使用的情况看,申请商标均不存在对我国社会公共利益和公共秩序产生消极、负面影响的问题,不属于商标法规范和禁止的对象。

2. 商标评审委员会对申请商标的审查是否违背审查标准一致性原则及同案同判的公平原则？

法院认为,商标评审委员会对申请商标是否违反《商标法》第十条第一款第(八)项规定的审查,有违审查标准一致性原则及同案同判的公平原则,损害了电子艺界有限公司作为行政相对人合理的期待利益,应当予以纠正,申请商标在相关类别上的注册亦不存在误导公众的问题。

【律师评注】

同"SF特种部队""夺魂之镰"一样,本案的"植物大战僵尸"也是不幸踩中"僵尸"这个禁用词,导致在商标评审阶段被商评委以不良影响为由驳回。

商评委认为,申请商标中的"僵尸"是封建迷信中的一种鬼怪,作为商标使用易产生不良影响,已构成2001年《商标法》第十条第一款第(八)项规定之情形。一审法院则认为,虽然"僵尸"为传说中的一种身体僵硬的尸体,带有一定的迷信、恐怖色彩,但是申请商标的整体为"植物大战僵尸",该词组本身并非固定搭配,也不具有固有含义,按照字面意思可以理解为"植物与僵尸的斗争或战争",带有中性色彩;此外,"植物大战僵尸"的游戏风格为卡通休闲可爱,是一款攻防策略游戏,而不是涉及恐怖色彩的角色扮演游戏,相关公众看到"植物大战僵尸"文字时,更多的会将其与"植物大战僵尸"系列游戏相联系,而不会与恐怖、迷信色彩相联系,故申请商标整体含义上并不具有宣传迷信、恐怖色彩的客观效果。此外,证据显示,"植物大战僵尸"系列游戏具有一定知名度,且有大量游戏主题的周边产品,如图书、画报、服饰、日用品等,并无证据证明这些产品的传播会对儿童、成人产生不良影响,因此撤销了商评委的裁定。

虽然二审法院再次以"僵尸"具有迷信色彩为由撤销了一审判决,但是最高院仍最终认定该商标不具有不良影响。

首先,就申请商标本身来看,"植物大战僵尸"作为一个整体,应该围绕该词组的表达进行分析,而不是单纯地看"僵尸"两个字。该词组的主语是"植物",并未刻意强调"僵尸",在词义上属于中性表达。同时,从延伸含义来看,该词语是指具有生命力的事物与腐朽事物之间的战争,不具有宣扬迷信思想和做法的含义。

其次,从商标使用来看,判断商标标志是否具有不良影响,不仅应当从静态标志的含义予以考察,还应当从商标标志动态的使用情况来认定,一是标志的实际使用情况,二是标志使用在指定商品上的情况。在商标标志经过长期或者大量使用,实际上已经具有一定知名度或者较高知名度的情况下,对商标使用状态中承载含义或信息的考察,对于判断商标是否存在或可能存在不符合公序良俗的情况而言具有不可忽略的参考意义。

从一审及再审的说理部分可以看出,"游戏风格""游戏类型""游戏周边产品"等商标使用情况的展现,属于判断商标是否具有不良影响的参考因素。

（一）即使商标文字中含有某些词汇,也需使商标整体含义至少为中性

结合"夺魂之镰"案中"游戏经过广电总局批准""游戏宣传和市场表现"等参考因素,游戏名称中能不含有"死神""僵尸""骷髅"这些富含恐怖色彩或迷信色彩的词语就不要含有。即使可能会间接联想到这些敏感词,但只要还不是直观的,就仍有一争之力。如果因题材所需,必然含有这些敏感词,那么就尽量通过商标中的其他部分来抵消敏感词的负面含义,至少让商标整体含义为中性的或积极的。

（二）商标所涵盖的敏感词有可能在实际使用中被冲淡

商标申请人在遭遇"不良影响"障碍时,可以通过变更商标的组成

元素或增强使用消除不良影响的方式来规避这一障碍。在"夺魂之镰"和"植物大战僵尸"案中,法院都对商标的商业宣传和市场表现证据进行了审查。在申请人能够证明商标已经通过使用具有一定知名度,与申请人产生了稳定的对应关系,且实际使用和宣传中并无故意传播封建迷信思想的行为,相关消费者的市场反馈也并不含负面、消极影响时,这种"消除不良影响"的要素可以被纳入商标标志的动态使用予以考察,从而为申请商标的核准注册增加筹码。

判决书整理人:许红

评注人:林迅

『游例知产&12』
恶意抢注并诉讼，谋取不当利益是滥诉

广州市花亦浓贸易有限公司与义乌市拾乐贸易有限公司商标权纠纷一案

【关键词】

恶意抢注、在先权利、恶意诉讼、权利滥用

【案例来源】

浙江省义乌市人民法院(2019)浙 0782 民初 3069 号民事判决书

浙江省金华市中级人民法院(2019)浙 07 民终 2958 号民事判决书

【权利作品名称】

《刺客信条》

【案情简介】

涉案第 7733151 号"ASSASSIN'S"商标于 2009 年 9 月申请注册,有效期至 2021 年 4 月 6 日,核定使用商品为第 18 类的背包等。2018 年 8 月 17 日,狮子山(香港)实业有限公司授权花亦浓公司为涉案商标中国地区唯一总代理,并可以进行维权打假和授权许可等。该公司从 2009 年开始,以涉案商标图形为基础,在诸多商品、服务上分别注册了"ASSASSIN'S""△""刺""刺 客 信 条"等单独或组合商标近 160 枚。"ASSASSIN'S"标识为《刺客信条》游戏最具代表性的图标,而该系列游戏的

发行商为案外人法国育碧公司。被告拾乐公司经营一家箱包网店,并售卖一款"刺客信条黑旗大革命叛变枭雄动漫游戏周边钱包长横款皮夹",该皮夹上使用的图案标识与涉案商标完全相同。据此,花亦浓公司以拾乐公司侵害其商标权为由诉至法院。

【要点提炼】

1. 商标性使用如何认定?如何区分商标性使用与描述性使用?

该案中,被诉侵权产品为皮夹,涉案标识占据皮夹大部分版面,且产品上没有其他任何可以标示产品来源的信息。对于普通消费者而言,该标识具有识别和区分皮夹提供者的功能,属于商标性使用。针对涉案标识是否为引用和介绍《刺客信条》游戏的描述性使用行为,法院认为,涉案标识中的文字"'ASSASSIN'SCREEDIII"对于一般消费者而言并不具有介绍商品或指代游戏的明确含义,也没有证据表明被诉侵权产品在《刺客信条》系列游戏中作为道具或场景出现过,因此法院否定了涉案标识为描述性使用的主张。

2. 抢注商标的权利基础是否还受到法律的保护?

根据《商标法》的规定,申请注册和适用商标,应当遵循诚实信用原则。该案中,狮子山实业公司从2016年开始,大量注册与《刺客信条》后续游戏名称相同的商标,并注册在服饰、箱包等产品上。法院认为,狮子山实业公司明显具有攀附《刺客信条》知名度的故意,且花亦浓公司与狮子山实业公司实则存在关联。这种企图攀附他人知名度,垄断《刺客信条》文字、图标的商标权之行为有违诚实信用、公平竞争原则,不应予以鼓励,依法不予保护。

3. 侵权产品上使用涉案标识是否侵犯抢注商标的注册商标专用权?

该案中,花亦浓公司于2018年取得涉案商标的专用权后,没有形成充分的商标宣传或实体销售的依据,而是利用商标禁用权及损害赔偿制度,针对广大游戏周边产品卖家提起了大规模侵权诉讼,具有明显的主观恶意,其借用司法资源谋取不正当利益的行为,属于权利滥用。因此,拾乐公司不构成对涉案商标的侵权。但需要注意的是,拾乐公司的行为虽未在本案中构成商标侵权,但其未经许可使用相关标识,仍可能构成对他人的相关著作权利的侵犯,其在今后的经营活动中应当予以审慎避让。

【律师评注】

从《刺客信条》到《守望先锋》,一款优秀的游戏往往会设计标志性的图标和具有辨识度的名称,让玩家一眼就能认出自己喜爱的游戏。而玩家对游戏的喜爱,往往也会及于对游戏图标和名称的喜爱。印有游戏图标和名称的联名款商品,会吸引游戏爱好者购买。具有较大商业价值的图标引来的不仅有玩家的购买,还有不良商家的觊觎。

(一)商标恶意注册维权问题由来已久

有的商家选择不经游戏权利人的许可,将商标用于自家产品之上,以吸引游戏爱好者购买;有的商家选择抓住权利人未及时在国内注册商标的漏洞,将游戏的图标和名称恶意注册为自家商标,从而据为己有。

部分恶意注册者甚至会通过注册商标,干扰原权利人在国内对图标和名称的正当使用。2019 年引发社会广泛关注的"敬汉卿"商标被抢注事件,就是恶意注册商标的权利人试图以商标维权为由,要挟勒索原权利人。

(二)过往判例确定基本规则

商标的恶意注册及恶意维权不仅是将他人的经营成果据为己有,更是在不劳而获的基础上巧取豪夺,性质极为恶劣。也因此,最高院早在 2009 年就明确指出,"注册人或者受让人并无实际使用意图,仅将注册商标作为索赔工具的,可以不予赔偿"。随着 2017 年"歌力思案"、2018 年"优衣库案"的再审改判之作出,"对原告恶意注册侵害被告在先权利的商标不予保护"已渐成共识。

(三)当无权使用遭遇恶意维权

回到案件,本案系未经许可使用人遭遇到恶意注册人维权的特殊情况,为我们带来了一个新问题,即在原告商标虽未侵害被告的在先权利,却侵害了案外人的在先权利之情况下,法院应当如何裁判?

本案中,案外人广州玖峰贸易有限公司通过注册程序形式,合法地取得了注册商标,并通过一系列的授权程序,将专用权及诉权授权给了原告。另一方面,被告对其所使用的标识也没有在先权利。当无权使用遭遇恶意维权,若要对该案作出公正的判决,法院势必要对商标的核准和注册进行实质性审查。这极大地干扰了法院对该案性质的判断和判决的作出,导致本案原告在各地提起的诉讼处理结果不一,需要典型案例加以明确。

(四)法院通过对商标进行实质性审查来确保公平裁判

面对上述事实,法院对商标核准与注册进行了实质性审查,并从四个方面对商标权人滥用商标权的行为进行了阐释:《刺客信条》游戏在业内的知名度及商标要素为复制游戏的图标;商标权人在游戏周边产业抢注商标,反映其"傍名牌""搭便车"的故意;商标权人不以使用为目的囤积商标,企图垄断该标识的商标权利;商标权人通过关联企业向淘宝卖家批量提起侵权诉讼,以谋求不当利益,反映其主观恶意。上述行为系典型的利用制度漏洞谋求不当利益的行为,违反了民法的诚实信用原则和公认的商业道德,依法不予保护。最终,金华市两级法院以滥用权利、违反诚实信用原则为由,对权利人的注册商标予以否定性评价,驳回了原告的诉讼请求。

另外,值得一提的是,考虑到本案原告在各地提起大批诉讼的处理结果不一,浙江高院在本案判决生效后,就将其作为典型案例向全省法院公布,及时统一了裁判标准,有效遏制了原告滥用权利的行为,也为后续游戏相关企业在面对恶意注册进行维权时如何保障自己的合法权益提供了较好的范例。

判决书整理人:张雨婷

评注人:曾祥欣

著作权及不正当竞争案例

『游例知产 &01』

《泡泡堂》诉《QQ堂》，究竟多像才算抄？

NEXONHOLDINGS 株式会社、NEXON 株式会社与腾讯公司、万众合力公司侵犯著作权、不正当竞争纠纷案

【关键词】

侵权比对、游戏充值服务、共同侵权

【案例来源】

北京市第一中级人民法院（2006）一中民初字第 8564 号民事判决书

【权利作品名称】

《泡泡堂》

【案情简介】

原告 NEXON 株式会社于 2001 年开发了休闲网络游戏 BNB 并于韩国运营至今，其在 2002 年与盛大公司进行合作，由盛大代理原告于 2003 年以"泡泡堂"之名在中国运营该游戏。被告腾讯公司于 2004 年底开始运营一款名为"QQ 堂"的网络游戏。原告认为，经对比，《QQ 堂》在游戏形式、内容、美术编辑等诸多方面抄袭了《泡泡堂》，不仅侵犯了原告对《泡泡堂》作为整体作品所享有的著作权，而且侵犯了原告对该游戏中独立存在的文字作品、美术作品和操作方式等多种作品的著作权。此外，"泡泡堂"这一游戏名称在中国也享有很高的知名度，而且

"堂"这个字形象地结合了游戏自身的特点,使游戏更加吸引人。腾讯公司将侵权游戏命名为"QQ 堂",同样是"某某堂"的形式,很明显利用了"泡泡堂"在中国市场上的成功影响力,以不正当的竞争方式使公众误认为二者之间存在一定的联系,而被告万众合力公司为公众提供了《QQ 堂》游戏的充值卡销售服务,应属被控侵权行为的一部分,故原告向北京市第一中级人民法院提起诉讼。

【要点提炼】

1. 进入游戏前的登陆、等待等页面,是否构成实质性相似?

对于 9 个进入游戏前的登陆、等待等页面,原告强调的相似有背景基于蓝色、以水泡形象为主、相关窗口位置及排列方式等。法院认为,以登陆主页面为例,《泡泡堂》的背景主体为深蓝色,画面中间有醒目的蓝色泡泡里的"泡泡堂"三字,泡泡两侧各有若干人物头像,下方为玩家输入帐号和密码的长方形登陆窗口;而《QQ 堂》为橙黄、绿色及较浅的蓝色等多重色彩背景,整体上与原告页面不同,且其中的人物形象也有较大区别。至于均采用长方形的登陆窗口且该窗口均位于画面下方的正中位置,法院认为属于通用的表达形式,原告无权就其主张著作权。在其他页面中,以倒计时读秒的方式显示等待时间、游戏公告和选择游戏频道分别置于画面左右两侧并通过色彩明暗进行区分、聊天窗口置于画面左下方、键盘上采用突出颜色说明操作方法、画面图形采用圆角的长方形、画面右侧显示玩家的帐号及胜败信息、选择角色时 3×3 的排列方式、进入游戏房间是画面中央分割且左边陈列道具而右边显示被选择道具的详细介绍并有购买道具按钮、玩家个人资料出现在页面正中等原告主张构成实质性相似的内容,法院认为从美术作品的角度而言,《QQ 堂》与《泡泡堂》的上述页面从整体上看均不相似;而画面中的文字部分,只有关于两款游戏的介绍(《QQ 堂》称为"游戏公告")可以构成作品,但二者并不同,其余出现的文字或为玩家可选择的小区/频道,或为玩家信息、道具名称等,原告对该内容并不享有著作权。综上,原告对该部分所主张的抄袭没有事实依据,法院不予支持。

2. 7个游戏实战画面是否构成实质性相似?

对于7个游戏实战画面,原告主张抄袭的内容包括:立方体短草块,短草块之间设置灰色石块并搭配黄色和橘色的花朵,整体上构成树林的感觉;提供道具的航空器;把8个玩家竖着排列在画面右侧;以笑的画面显示获胜的玩家,哭的画面显示失败的玩家并按顺序显示其胜败信息;冰块小村的地图背景;以正方形方块间插入圆锥形的地图等。法院认为,上述7幅画面中,并没有原告所主张的文字作品存在;对于原告所主张的美术作品来说,两款游戏的上述画面整体上均不相似,不构成抄袭。其中,"以笑表示获胜、哭表示失败"属于思想的范畴,只要原被告双方表达方式不同,就不视为著作权方面的侵权。

3. 21种游戏道具的画面是否构成实质性相似?

关于21种游戏道具的画面,首先,从美术作品的角度而言,法院认为整体上并不相似,不构成侵权;其次,对于其中的文字部分,虽然若干道具名称具有相似之处,但是原告并不能对诸如"太阳帽""天使之环""天使之翼"等名称享有著作权,故其主张被告构成抄袭缺乏事实和法律依据,法院不予支持。

4. 被告腾讯公司是否构成不正当竞争?

原告主张《泡泡堂》在中国享有较高的知名度,且"堂"这个字巧妙地结合了游戏的特点,把"堂"字用于网络游戏是原告首创。原告提出,被告将其游戏命名为"QQ堂",同样是"某某堂"的形式,容易给玩家造成误导,构成不正当竞争。法院认为,"堂"字作为汉语中固有的语汇,即使原告将其运用于网络游戏领域作为名称使用确有一定的独创性,也不能借此取得对"堂"字独占使用的权利。《QQ堂》与《泡泡堂》相比,除了共有一个"堂"字外,无论从读音、字形还是含义上,均不具有相同或相似之处,游戏玩家不会因为二者共有一个"堂"字而将二者混淆,原告所诉称的不正当竞争事项不具有事实依据和法律依据,法院不予支持。

5. 提供游戏充值服务是否构成共同侵权?

万众合力公司代理腾讯公司Q币的买卖业务,Q币作为腾讯公司发行的一种统计代码,适用于腾讯网站各种增值服务项目,包括为

《QQ堂》充值。因原告诉称《QQ堂》对《泡泡堂》构成抄袭并构成不正当竞争的理由不成立,故其关于万众合力公司销售 Q 币同样构成侵权行为的主张自然亦不成立。

即使原告关于《QQ堂》构成侵权的主张成立,因 Q 币不仅限于为《QQ堂》充值,并非专用于所称侵权游戏的充值,故《QQ堂》侵权与否与万众合力公司销售 Q 币是否构成侵权亦无直接的因果关系。

【律师评注】

本案系网游发展初期较为典型的案例,受到广泛的关注。本案的判决审理思路对后续产生的网游侵权案件均具有指导参考价值,且在近期关于游戏规则是否可以获得著作权法保护的讨论中常被引用。本案具有启示意义的内容主要为以下几点:

(一)神似而形不似,难以构成著作权法上的"实质性相似"

在著作权侵权案件中,"接触 + 实质性相似"标准系一项基本的侵权认定规则。在判断被控侵权内容与权利作品是否构成实质性相似时,首先需要明确其对比判断的基础为呈现在外的表达,其次在对比判断时一般采用的是综合判断的方法。比如,在文字作品的相似度判断中,一般会考虑文字用词、人物设置、人物关系、情节编排等因素来进行综合认定;而在美术作品的相似度判断中,一般会考虑画面布局、具体造型、角色形象、背景、线条、色彩等元素来进行综合认定。在本案中,法院就是在综合对比的基础上,判定涉案游戏的画面整体上并不相似。由此可以看出,在两款游戏的页面给人的感觉神似,但通过对其布局、颜色、线条等元素进行对比后发现具体的表达呈现上并不相似时,难以认定著作权侵权。

(二)以新版本游戏作为权利证据,难以证明内容产生在先

按照上述"接触 + 实质性相似"标准,本案原告需要举证证明《泡泡堂》的产生时间早于《QQ堂》,且被告有机会接触原告的游戏。但在本案中,原告主张的 37 幅美术作品及其中的文字作品均被公证为来自于"2005 年 10 月 10 日起可下载的泡泡堂最新版本——金银岛之梦",被告对此认为无法确认原告当日下载的 37 个画面,其产生时间早于被告

游戏中的相应内容。法院考虑到网络游戏确实经常产生变动,而原告又无其他证据证明新版本与在先版本的关系,因此其认可了被告的抗辩主张。

该抗辩理由提醒我们,对于经常更新版本、变动内容的网络游戏来说,权利人在侵权案件中不仅需要举证证明权利游戏的最早发表时间,而且需要举证证明其主张的权利内容在最早版本的游戏中就已存在。仅以起诉时的新版本游戏内容作为权利基础,不足以证明其主张的游戏内容产生在先。因此,游戏研发企业应注意对各个更新版本的游戏元素、内容及时进行存证或及时申请著作权登记。

(三)著作权法仅保护"表达",游戏中的"思想"无法获得保护

著作权法只保护表达,不保护思想,而思想与表达的界限一直是实务界及学术界讨论的问题。在本案中,原告主张的抄袭内容包括"以笑的画面显示获胜的玩家,哭的画面显示失败的玩家"。对此,法院认为,该内容属于思想的范畴,只要原被告双方表达方式不同,就不视为著作权方面的侵权。类似地,虽然"俄罗斯方块""连连看""消消乐"等消除型休闲小游戏均含有"在满足特定条件下即可整行或相邻消除"的内容,但是并不会因该内容相似而被认定为著作权侵权。本案的认定对类似案件具有参考意义,且因其涉及游戏规则设计,在探讨游戏规则是否可以获得著作权法保护的争论中亦具有重要意义。

(四)游戏的通用表达形式、道具名称等不具有独创性的部分,无法获得著作权法保护

我国著作权法所保护的作品必须具有独创性,即不仅要求该作品是作者独立创作完成,还要求该作品体现了作者的思想和选择,达到了一定的创作高度。在本案中,法院明确了"长方形的登陆窗口"等界面设计属于通用的表达形式,该部分内容已经属于公有领域,不再具有独创性,权利人不可就此主张著作权保护。另外,由于玩家可选择的小区/频道及"太阳帽""天使之环"等道具名称无法完整表达作者的思想和选择,缺乏必要的长度和创作性,不符合作品的独创性要求,因此同样无法获得我国著作权法的保护。

除上述内容外,还可以看到在本案的诉请中,原告主张被告的

《QQ 堂》不仅侵犯了其对《泡泡堂》作为整体作品所享有的著作权,而侵犯了原告对该游戏中独立存在的文字作品、美术作品和操作方式等多种作品的著作权,即原告在本案中不仅主张了对游戏的整体保护,还主张了拆分保护游戏内容,此种诉讼主张在当时应属开创性之举,具有重要的探索、推动意义。

判决书整理人:金典

评注人:李淑惠

『游例知产 &02』
相关公众认知有限，不正当竞争难认定

某某科技(北京)有限公司与上海某某网络科技有限公司著作权侵权、不正当竞争纠纷案

【关键词】

知名商品、虚假宣传、美术作品

【案例来源】

上海市徐汇区人民法院(2012)徐民三(知)初字第 293 号民事判决书

【权利作品名称】

《仙剑奇侠传》

【案情简介】

两原告系《仙剑奇侠传五》计算机软件著作权人及游戏人物形象美术作品的著作权人。两原告于 2011 年发现，被告为了达到吸引《仙剑奇侠传》系列游戏客户群之目的，联合众多合作运营商在推广宣传中使用《仙剑奇侠传五》的游戏人物形象与原告的注册商标，并以"仙剑奇侠传网页版"名义进行虚假宣传，造成了相关社会公众混淆。

三被告于 www.175ha.com 网站中联合运营《神仙道》网页游戏，在游戏中未经两原告授权许可，擅自使用两原告享有著作权的《仙剑奇侠传五》中的游戏角色姜云凡、唐雨柔人物形象美术作品，侵害了原告享有的作品复制权、信息网络传播权。而且，三被告使用上述人物形象

进行宣传,与原告发行《仙剑奇侠传五》计算机游戏时使用的包装、装潢相近似,足以造成社会公众混淆,误认被告运营的游戏系原告制作发行,故三被告的行为亦构成擅自使用知名商品特有包装、装潢及虚假宣传不正当竞争。两原告遂起诉至上海市徐汇区人民法院。

【要点提炼】

1. 涉案页面的人物形象是否侵害了两原告享有的著作权?

该案中,将涉案页面的人物形象与两原告享有著作权的姜云凡、唐雨柔人物形象美术作品进行比对,可见涉案页面的人物形象只是截取了原告相应作品的部分内容,从人物造型、人物表情、穿着的服装、佩戴的饰品到持有的道具均相同,故法院认定涉案页面的人物系使用了原告享有著作权的姜云凡、唐雨柔人物形象美术作品。根据两原告的举证,不迟于 2010 年 11 月 26 日与 2011 年 1 月 28 日,被告对涉案的唐雨柔、姜云凡人物形象进行了宣传,这也就意味着在运营《神仙道》网页游戏前,被告已经能通过公开渠道接触到上述人物形象的美术作品。在该案审理期间,被告明确涉案页面是从互联网中直接搜索的资源,但无法向法院说明该资源的制作者及相关网页的链接,故被告在涉案页面中使用的人物形象不存在合法来源。综上所述,法院认定涉案页面中的人物形象侵害了两原告享有的唐雨柔、姜云凡人物形象美术作品的著作权。

2. 《神仙道》的涉案侵权页面是否构成擅自使用知名商品特有包装、装潢?

知名商品应是在我国相应市场具有一定知名度,为相关公众所知悉的商品,而对此应从商品的销售时间、区域、销售额、持续宣传的时间以及受相关公众的关注度等角度予以综合判断。《仙剑奇侠传五》自2011 年 7 月上市,距被告某某公司设置涉案侵权页面不足 4 个月。在如此短的时间内,《仙剑奇侠传五》尚未被相关公众熟知,未达到知名商品所需要的市场知名度。此外,《仙剑奇侠传五》计算机软件的包装正面为包含姜云凡、唐雨柔在内的四位人物形象,左下侧为《仙剑奇侠传五》的图文标记;背面为剧情介绍、游戏画面截图、运行环境、制作、代理及出版声明等;两侧为《仙剑奇侠传五》的图文标记。相比之下,涉案侵权页面只是非同时出现的其中两位人物的半身像,并且侵权人物形象只占据页面中央部分,页面两侧尚有其他构图要素。即使如两原告主张,将涉案侵权页面视作《神仙道》网页游戏的包装、装潢,与原告提供的《仙剑奇侠传五》包装相比,不论从整个包装整体来看,还是从包装的主要部分来看,两者均存在明显差异,不构成相同或相似,不会造成社会公众对两者的混淆、误认。

3.《神仙道》的涉案侵权页面是否构成虚假宣传?

《反不正当竞争法》规制虚假宣传行为是为了禁止经营者利用广告或者其他方法,对商品的质量、制作成分、性能、用途、生产者、有效期限、产地等作引人误解的虚假宣传。该案中,被告只是在涉案侵权页面使用了两原告享有著作权的人物形象美术作品,未对其运营的《神仙道》网页游戏或上述人物与《仙剑奇侠传五》存在关联进行宣传,而且侵权时的《仙剑奇侠传五》知名度有限,相关公众对上述人物的认知度亦有限,不会对两游戏产生混淆、误认。

【律师评注】

本案为因在游戏推广宣传中使用他人作品元素而引发的著作权侵权及不正当竞争案。该案关于著作权侵权及知名商品特有包装、装潢的判决审理思路体现了类似案件的常规认定方式。本案具有启示意义的内容主要为以下几点:

（一）"接触＋实质性相似"为著作权侵权认定的基本规则

虽然我国著作权法对著作权侵权的判定规则未予明文规定,但在司法实践中,"接触＋实质性相似"为一般通用的认定规则。所谓"接触",就是指被告应有合理的机会或可能接触过原告作品。因直接举证证明接触事实较为困难,在司法实践中通常会结合相关证据,对接触的可能性事实作出推定。比如,原告如能举证证明其作品在先发表过,则可推定被告具有接触的可能性。再比如,原被告双方所使用的作品内容中存在相同的笔误、错误等,也可以证明存在接触。所谓"实质性相似",就是指以普通公众的认知水平来看,案涉两作品的基本表达近似。

例如,在游戏美术形象侵权对比中,法院一般会比较涉案美术形象的人物造型、人物表情、发型、服装、配饰、道具等基本表达。如以普通公众的眼光来看,两作品的基本表达与整体视觉效果一致或近似,则构成实质性相似。

(二)在著作权侵权纠纷中,可适用合法来源抗辩

合法来源抗辩是指在著作权侵权纠纷中,如被告能够举证证明其使用的作品内容源于在先的其他作品、源于公有领域或能够举证证明其已获得合法授权,即可以被认定为抗辩成立,从而免受侵权索赔。在本案中,被告主张了合法来源抗辩,但因举证不能而未被认可。根据北京高院发布的《侵害著作权案件审理指南》第7.1条,在著作权侵权案件中,除合法来源抗辩外,其他被告常用抗辩事由可以总结概括为权利基础抗辩(原告不享有著作权)、趋同抗辩(作品相似系由于必要场景、有限表达、创作巧合等情形导致)、合理使用抗辩及法定许可抗辩。对于被控侵权的企业来说,可以考虑自身所涉案件是否存在上述抗辩情形,并选择适用抗辩理由。

(三)知名商品特有包装、装潢的侵权认定规则

从司法实践来看,在涉及知名商品特有包装、装潢的不正当竞争案件中,法院的审理判定思路通常为:首先,判断涉案商品是否构成"知名商品";其次,判断是否构成"特有的包装、装潢";再次,对原被告的包装、装潢内容进行比较,以判定是否近似、是否足以致人混淆。关于知名度的认定,根据相关司法解释的规定,人民法院认定知名商品时,应当考虑该商品的销售时间、销售区域、销售额和销售对象,进行任何宣传的持续时间、程度和地域范围,作为知名商品受保护的情况等因素,进行综合判断。关于特有性的认定,主要考虑该商品包装、装潢是否通过使用而起到了区别商品来源的作用。关于是否近似的认定,法院在进行比较时会从一般社会公众的角度出发,就包装的整体或主要部分去观察二者的相似性,判定其是否足以使相关公众发生混淆或误认。

判决书整理人:金典

评注人:李淑惠

『游例知产 &03』
北知法院第一案，动画改编游戏需谨慎

乐动卓越公司与昆仑乐享公司、昆仑在线公司、昆仑万维公司侵犯著作权及不正当竞争纠纷案

【关键词】

改编作品、游戏角色、知名商品名称

【案例来源】

北京知识产权法院（2014）京知民初字第 1 号民事判决书

【权利作品名称】

《我叫 MT online》《我叫 MT2》

【案情简介】

原告乐动卓越公司是移动终端游戏《我叫 MT online》《我叫 MT2》（统称《我叫 MT》）的著作权人。前述游戏改编自系列 3D 动漫《我叫 MT》，该动漫的著作权人为七彩公司。该公司将把该作品改编成游戏的权利，以及对该作品及其要素独占使用的权利均授予乐动卓越公司。基于七彩公司的授权，乐动卓越公司对《我叫 MT》的动漫名称以及其中的"哀木涕、傻馒、劣人、呆贼、神棍德"五个人物名称等享有文字作品的独占被许可使用权。

三被告（统称北京昆仑公司）开发并运营网络游戏《超级 MT》，并将相应人物命名为"小 T、小德、小劣、小呆、小馒"。同时，北京昆仑公

司在对其游戏的宣传中,使用了与乐动卓越公司游戏人物相似的形象及含有乐动卓越公司游戏名称"我叫 MT"的宣传用语,且其游戏的 APP 头像抄袭了乐动卓越公司游戏"我叫 MT"中的呆贼形象。乐动卓越公司发现前述事实后,向北京知识产权法院提起诉讼。

【要点提炼】

1. 名称、标题等词组或短语是否可能具有独创性?

该案中,法院认定该问题的判断应考虑其是否同时具有以下特征:该词组或短语是否存在作者的取舍、选择、安排,以及该词组或短语能否相对完整地表达或反映出作者的思想情感,并传达一定的信息。具体至本案,对于"我叫 MT"这一动漫名称而言,因"我叫……"这一表述方式是现有表述方式,而"MT"亦属于常见的字母组合,因此"我叫 MT"整体属于现有常用表达,并非涉案动漫作者独创,不具有独创性。

2. 以改编作品主张权利时,是否仅保护改编产生的独创性表达?

该案中,法院认为就本案而言,因乐动卓越公司的五个游戏人物形象系以原有动漫形象为基础而创作的改编作品,故只有被诉游戏中的人物形象使用了乐动卓越公司游戏中对应人物形象不同于原有动漫形象的独创性表达时,该使用才可能构成对乐动卓越公司改编作品著作权的侵犯。因乐动卓越公司五个游戏人物形象的独创性部分体现在人物的武器及服装上,而非人物面部形象上,因此法院仅将乐动卓越公司五个游戏人物形象的武器及服装与被诉游戏中对应五个人物形象的相应部分进行对比。

3. 游戏名称及角色名称是否可能构成知名商品或服务的特有名称?

该案中,法院认为,知名商品或服务的特有名称、包装或装潢的实质为未注册商标。通常情况下,能够起到区分商品或服务来源作用的标志,均可受到上述规定的保护。可见,虽然本案所涉游戏名称及人物名称并不属于严格意义上的服务名称,但是如果其足以起到区分来源的作用,亦可以依据上述规定获得保护。就本案而言,乐动卓越公司的《我叫 MT》游戏至少已经上线一年多时间,这一持续时间已足以吸收到相当多的游戏玩家。因对于手机游戏而言,游戏玩家的数量在相当程度上可以证明该游戏在相关公众中的知名度,故在结合考虑该游戏已获得数十奖项,且颁奖方包括协会及众多的游戏网站等因素的情况下,法院认定相关公众足以依据乐动卓越公司的"我叫MT"游戏名称及涉案五个人物名称来识别该游戏的来源,上述名称已构成乐动卓越公司在手机游戏类服务上的知名服务特有名称。

4. 在游戏侵权案件中,如何认定虚假宣传行为?

该案中,法院认为虚假宣传条款禁止经营者在对其服务进行宣传时采用虚假描述,从而获得本不应由其获得的经营利益。就本案而言,对于APP头像的使用行为,虽然被诉游戏的APP头像与乐动卓越公司游戏中的"呆贼"形象相近,但是北京昆仑公司对头像的使用行为并不属于通常意义上的宣传行为,因此乐动卓越公司认为上述行为构成虚假宣传行为的主张不能成立。对于北京昆仑公司"《我叫MT》原班人马配音"这一宣传用语的使用,因北京昆仑公司提交的与配音人员的合同以及配音人员的微博可以初步证明被诉游戏确与动画《我叫MT》配音人员就游戏配音的事宜进行合作,故在乐动卓越公司未提交反证的情况下,法院对上述事实予以确认,北京昆仑公司所作上述宣传未构成虚假宣传。北京昆仑公司的"《我叫MT》原班人马打造/加盟"等宣传用语,会使用户认为被诉游戏系源于《我叫MT》动漫或游戏,因此北京昆仑公司的上述宣传构成虚假宣传行为。

【律师评注】

本案是一起涉及移动终端游戏的著作权侵权及不正当竞争的纠纷。乍看之下,本案似乎并不复杂,但随着分析的步步深入,笔者发现这个案件无论是证据挖掘还是法律适用方面均有很多可做工作的空间,具有鲜明的特殊性和可挖掘的点。

(一)具有独创性的非法演绎作品也应当受到法律保护

在本案中,有一个被原告及部分学者质疑的点,即原被告五个主要人物形象的对比范围问题。原告认为,原告获得的是动漫作品改编成游戏的独占性授权,被告未经授权将动漫改编成游戏,侵犯了原告的独占改编权;美术作品是以整体形象展示给受众的,在比对时也应该以整体进行比对,而不是拆分成武器和服装分别比对。而本案中,法庭先是用动漫作品和原告游戏进行比对,找出独创性的差异,认为原告拥有差异部分的著作权;再用差异部分和被告游戏进行比对,而被告游戏正是在差异部分和原告游戏有差异,从而未被认定侵权。这种认定方式是不是限缩了原告的权利范围?

笔者认为,本案合议庭正是基于被告充分的举证及说理,全面把握原告权利基础的特殊性,即原告的作品实际上是一个非法演绎作品,进而针对该非法演绎作品的特点,选了正确的对比方式和对比范围,从而得出了正确的结论。所谓非法演绎作品,就是指演绎人在改编、翻译、注释、整理已有作品或者其他材料而产生新作品的过程中,没有经原作品著作权人的许可。在没有原著作权人许可的情况下,这种非法演绎的行为可能就会对原作品的收益造成一定的冲击。在民法公平原则的基础上,理应认为非法演绎作品属于侵权的产物。

对于非法演绎作品是否受法律保护,目前未有明确规定,一直存有争议。笔者认为,首先,非法演绎作品之中也有一定的原创部分,一味否认非法演绎作品的著作权不存在也是不合理的。从有利于文艺繁荣的角度出发,应当给予这部分独创性的内容一定程度的著作权保护。其次,通过梳理我国相关的司法实践,有多数判决认为非法演绎作品应该受法律保护,只是有一个保护程度的问题。所以,非法演绎作品本身具有独创性,且我国法律未明确表示不予保护。综上,应当对非法演绎作品予以保护,但应该只保护非法演绎作品具有独创性的部分。

(二) 本案诉权的举证责任分配问题的尺度有待商榷

在本案中,法庭认为"原告只要举出能证明自己是权利人的初步证据即完成证明责任,被告提出异议的,应举证证明;被告不能提供证据或者提供的证据不充分的,确认原告享有权利"。单独看这句话,本身似乎没错,但问题在于,原告举出的能证明自己是权利人的初步证据要初步到什么程度。在本案中,原告的现有证据未能证明该动画著作权的归属,出现了如转让协议中签字权利人缺失、关键证据无原件、授权协议本身条款已经载明了该授权仅仅是普通授权而非独占性授权等情况。此时,原告举证的权利证据并未形成一个有效的链条。虽然法庭也给予原告充分的时间去补充证据,但是一直到判决,原告都无法补充。最终,法庭只能对原告的权利证据作了诸多的推论并忽视被告的质疑,这不能说不是本案的一个遗憾。

对此,笔者认为,若原告举出的证据并不能证明自己就是有效的独占性改编权的权利人,并且原告不能就被告的上述有力质疑进行补充举证时,应该判决驳回原告的起诉。待原告获得充分的权利证据后,可以另行起诉。法庭不应将举证责任轻率地转移给被告,由并非合同当事人的被告来举反证。或者换一个角度讲,就距离权利证据的远近来说,由原告进行充分的举证确有必要性和现实性,而被告如果能从原告举证的证据中发现其自相矛盾或权利链条缺失的内容,这本身就应该算作被告尽到了举证义务。此时,如果原告不能补充证据来弥补上述缺失,就应当承担举证不能的不利后果,否则很可能使得原告获得不当的诉讼利益,从而造成事实上的不公平及其他严重后果。

诚然,不能说本案的判决尽善尽美或者毫无争议,但判词分析详尽,论述清晰。对于《著作权法》和《反不正当竞争法》的司法适用而言,该判决皆有非常重要的典型性和示范意义。本案是一起涉及移动终端游戏的著作权侵权及不正当竞争的纠纷。被控侵权游戏《超级MT》在游戏名称、人物名称、游戏的宣传、APP头像等多方面均存在与《我叫MT》游戏相似的情形,导致本案的事实细碎且复杂,涉及的法律问题繁多且疑难。本案对移动终端游戏著作权权属证明责任的分配、游戏名称及人物名称等简短词组能否构成文字作品、改编作品的著作权保护、存在瑕疵的公证书效力的认定、移动终端游戏名称是否能够构成知名商品特有名称、虚假宣传行为的认定等诸多法律问题,均作了详尽、细致的分析阐述。在民事责任承担上,法庭充分考虑了权利游戏的市场份额、被控侵权人的主观过错等因素,最大程度地保护了游戏权利人的利益。本案明确了对移动终端游戏知识产权法律保护的思路和方向,对通过司法保护推动移动终端游戏产业的健康有序发展,起到了重要影响和示范作用。本案一审判决后,原被告胜负皆服,均未提起上诉。本案入选北京市高院发布的"2015 年度北京法院知识产权司法保护十大典型案例",并入选《最高人民法院公报》。

判决书整理人：李浩

评注人：傅钢

『游例知产 &04』
游戏直播第一案，合理使用有争论

耀宇公司与斗鱼公司著作权侵权及不正当竞争纠纷案

【关键词】

电竞赛事转播、转播权、信息网络传播权

【案例来源】

上海市杨浦区法院(2015)浦民三(知)初字第 191 号民事判决书

【权利作品名称】

《DOTA2》

【案情简介】

原告耀宇公司经游戏权利人的合法授权，承办了于 2015 年 1 月 5 日至 2 月 9 日举行的《DOTA2》亚洲杯赛事(即亚洲邀请赛)，在中国大陆地区对上述赛事享有独家的视频转播权等权利。对于上述赛事，原告通过计算机软件截取了游戏自带的比赛画面，在比赛画面中加入了对游戏主播(即解说员)和直播间的摄像画面、解说内容以及字幕、灯光、照明、音效等内容，并插入慢镜头回放及各种摄像角度的选择。原告通过自己经营的电子竞技游戏直播网站(即"火猫 TV"网站)对该赛事以上述音像视频为内容，向网络用户进行了全程、实时的网络直播。

被告经营的"斗鱼"网站系电子竞技游戏直播网站。被告未经授权，通过其网站全程、实时直播了涉案《DOTA2》亚洲邀请赛，直播内容为原告制作的上述音像视频（解说内容和拍摄的画面除外），直播时间持续近 1 个月，直播比赛共 80 场。被告在直播时还擅自使用原告的标识，并向游戏主播散播其拥有涉案赛事的版权、有权进行直播等不实消息，其负责人在与原告负责人沟通时还声称其拥有转播涉案赛事的授权等。耀宇公司在发现上述事实后，向上海市浦东新区人民法院提起诉讼。

【要点提炼】

1. 未经授权转播电竞赛事是否侵害信息网络传播权或其他著作权？

首先，《著作权法》规定的信息网络传播权是指以有线或者无线的方式向公众提供作品，使公众可以在其个人选定的时间、地点获得作品的权利。该案中，根据查明的事实，被告对正在进行的涉案赛事进行了实时的视频直播，在直播结束后不提供涉案赛事录播内容的点播观看等服务，网络用户仅能够在被告直播的特定时间段内观看正在进行的涉案赛事，该直播的时间段不受网络用户的控制，网络用户不能够在其个人任意选定的时间观看涉案赛事，故被告直播涉案赛事的行为不落入信息网络传播权的控制范围。因此，无论原告就涉案赛事的直播所形成的音像视频内容是否构成作品，也无论被告的直播内容是否与原告的直播内容相同或者实质性相同，被告的直播行为均与侵害信息网络传播权无关，原告关于被告侵害信息网络传播权的主张不能成立。

其次，法院认为，第一，由于《著作权法》等法律法规对赛事等活动的转播权并未作出规定，故不能基于所谓的视频转播权，直接给予原告著作权方面的保护。第二，由于涉案赛事的比赛本身并无剧本之类的事先设计，比赛画面是由参加比赛的双方多位选手按照游戏规则，通过各自操作所形成的动态画面，系进行中的比赛情况的一种客观、直观的表现形式，比赛过程具有随机性和不可复制性，比赛结果具有不确定性，故比赛画面并不属于《著作权法》规定的作品，被告使用涉案赛事比赛画面的行为不构成侵害著作权。第三，由于原告向网络用户提供的直播内容不仅仅为软件截取的单纯的比赛画面，还包括了原告对比赛的解说内容、拍摄的直播间等相关画面以及字幕、音效等,故原告的涉案赛事直播内容属于由图像、声音等多种元素组成的一种比赛类型的音像视频节目。上述节目可以被复制在一定的载体上,根据其解说内容、拍摄的画面等组成元素及其组合等方面的独创性有无等情况,有可能构成作品,从而受到著作权法的保护。但根据查明的事实,由于原告确认被告并未使用有可能属于作品的涉案赛事节目中的解说内容、拍摄的画面,原告也无充分证据证明被告使用了有可能属于作品的涉案赛事节目的字幕、音效等组成元素及其组合,故无论原告制作、播出的涉案赛事节目是否构成作品,被告的行为均不构成侵害原告有可能享有的著作权。

2. 未经授权转播电竞赛事是否构成不正当竞争?

首先,原告主张被告直播涉案赛事的行为违反了诚实信用原则和公认的商业道德,构成对原告的不正当竞争。法院认为,我国法律法规虽然没有明文规定转播权为一种民事权利,但是体育比赛的组织方、主办方,包括类似于体育比赛的电子竞技网络游戏比赛的开发商、运营商等,对他人转播比赛的行为进行相关授权许可系国际国内较长时期以来的通常做法与商业惯例。由于原告投入较多财力、人力等成本举办了涉案赛事,其可以获得的对价之一是行使涉案赛事的独家视频转播权,故涉案转播权无疑具有强烈的商业属性,承载着原告可以由此获得的商誉以及一定的经济利益,该种利益属于《侵权责任法》保护的一种财产性的民事利益。根据《反不正当竞争法》第二条的规定,结合原告的诉讼主张,可以依法给予制止不正当竞争的保护。

根据查明的事实,原被告均系专业的网络游戏视频直播网站经营者,双方具有同业竞争关系,被告明知涉案赛事由原告举办、原告享有涉案赛事的独家视频转播权、原告付出了较大的办赛成本,明知转播他人举办的游戏比赛须获得相关授权许可系视频网站行业的商业惯例,仍在未取得任何授权许可的情况下,向其用户提供了涉案赛事的部分场次比赛的视频直播。因此,法院认定,被告直播涉案赛事的行为严重违反了诚实信用原则和公认的商业道德,具有主观恶意,构成对原告的不正当竞争。

其次,原告主张被告构成虚假宣传的不正当竞争。该案中,第一,被告在直播涉案赛事时,在网站页面显著位置,即视频播放框的上方,突出使用了涉案赛事举办方、独家视频转播方的品牌标识,即原告的"火猫 TV""MarsTV"标识。被告使用上述标识的行为与被告是否能够实施涉案直播行为之间没有关联,使用标识行为并非直播行为不可分割的组成部分,故应当依法单独判定使用标识行为是否构成不正当竞争。第二,被告使用上述标识的行为属于对其直播行为的授权来源、直播内容的品牌来源方面的宣传。被告就涉案赛事并未获得任何授权许可,上述宣传内容无任何事实依据,易使网络用户产生被告与涉案赛事及原告具有合作关系、被告有权进行直播、被告播出的是正版的比赛内容、被告的直播内容与原告的直播内容相同等方面的错误认识,误导网络用户在被告网站观看比赛直播,同时还易使原告的被授权许可人华多公司产生原告违反合同约定对被告进行了相关授权等误解。因此,法院认定,被告的上述行为构成引人误解的虚假宣传的不正当竞争。

【律师评注】

网络游戏、体育赛事等互联网直播节目越来越普遍,其中也包含了非常多的商业元素,如网络游戏本身、游戏玩家和选手的表演、赛事 IP、赛事解说等,涉及大量的商业利益,也成了侵权的高风险区域。

本案系全国首例电竞游戏赛事直播纠纷案,主要涉及直播游戏赛事的转播权如何进行保护,以及擅自使用游戏赛事比赛画面本身是否构成"合理使用"的问题。在案件当时无法适用《著作权法》予以保护的前提下,法院选择适用《反不正当竞争法》为新类型产业的商业利益进行保护,这提供了一种新的思路。

新修改的《著作权法》引入了"视听作品"这一作品类型,同时明确将不属于"信息网络传播权"范畴的传播或广播行为纳入了"广播权"的范畴。至此,赛事画面就可以作为视听作品进行保护,因为赛事画面并不是单机位的固定录影,而是存在多机位切换、解说、特效效果等多项具有独创性的元素,这就可以成为受著作权法保护的作品。同样情况的还有目前在互联网比较流行的短视频以及"二次创作"的作品。

互联网发展至今,已经出现了许许多多的新类型产业和概念,如最近比较热门的区块链、元宇宙等。互联网新兴产业层出不穷,对于我们法律人来说意味着不断的挑战。一方面,法律的滞后性使其天然地落后于技术和产业的高速发展;另一方面,面对繁杂的新技术、新类型作品和产业,对法律的适用也必须加倍审慎。就如本案法官那样,需要既考虑到对商业模式和产业利益的保护,又不能超过法律规定的范畴。利益的平衡永远是知识产权法律绕不开的难题。

判决书整理人:金典

评注人:祝筱青

『游例知产 &05』

游戏改编纠纷多，判断改变原作品有标准

温瑞安与北京玩蟹科技有限公司侵害作品改编权纠纷案

【关键词】

改编权、独创性表达、知名小说特有名称、卡牌人物、不正当竞争

【案例来源】

北京市海淀区人民法院（2015）海民（知）初字第 32202 号一审民事判决书

【权利作品名称】

《四大名捕》系列小说、《大掌门》游戏软件

【案情简介】

温瑞安系知名武侠小说作者，创作了《四大名捕》系列小说，其中的"诸葛先生""无情""铁手""追命"及"冷血"是贯穿上述系列小说的灵魂人物。2012 年 10 月，玩蟹公司开发的网络游戏《大掌门》上线，该游戏趁 2014 年 8 月由温瑞安作品改编的电影《四大名捕大结局》上映之际，将上述人物改编成《大掌门》中的游戏人物，并进行宣传推广。

温瑞安认为，玩蟹公司未经其许可，将其文学作品人物改编为游戏人物，侵害了其享有的作品改编权。同时，玩蟹公司将其中四个人物注明为"四大神捕"，属于仿冒知名作品特有名称"四大名捕"。因此，请求判令玩蟹公司停止侵权、消除影响、赔偿损失及合理费用共计 500 万

元等。

【要点提炼】

1. 改编权中的"改变原作品"意味着必须改变完整的原作品吗？

本案中，法院认为温瑞安对涉案"无情"等五个人物享有著作权，玩蟹公司开发经营的《大掌门》游戏以卡牌类网络游戏的方式表达了温瑞安小说中的独创性武侠人物，侵害了温瑞安对其作品所享有的改编权。

改编权所涉及的"改变原作品"，不意味着必须改变完整的原作品，改变原作品中能体现作者创作思想的独创性表达部分，亦构成对原作品的改编，属于改编权的范畴。网络游戏界面以图文形式显示相关人物的身世、性格、外貌、武功、人物关系等特征，能充分还原小说人物，属于对小说独创性人物表达的改编。网络游戏开发经营者未经许可，改编小说独创性人物表达并用于商业运营，属于侵害了小说著作权人所享有的改编权。

2. 涉案游戏卡牌人物若与被侵权小说情节不符，是否可以构成否认使用小说内容的抗辩？

本案中，法院认为，温瑞安创作的小说《少年铁手》提及"铁手"有"一以贯之神功"，即使"一以贯之"为常用成语，与武侠小说人物"铁手"相关联也属温瑞安的独创性表达。另外，尽管根据现有证据可以认定，玩蟹公司为《大掌门》游戏中的"追命"设计了"凤翔九天"的武功名称，但是卡牌中对此人的武功介绍依然符合温瑞安小说中"追命"武功的特点。而且，结合《大掌门》游戏中该人物的身世介绍、性格禀赋、形象特征以及与"四大名捕"其他人物的关系等因素，可以唯一并准确地将该游戏人物指向温瑞安的小说人物"追命"。

因此，即使游戏中的人物新增了独创性，只要根据游戏中该人物的其他因素，可以唯一并准确地将该游戏人物指向温瑞安的小说人物，也无法构成抗辩。

3. 涉案游戏中的人物名称与被侵权作品中的人物存在对应，是否构成仿冒特有名称？是否构成不正当竞争？

根据我国《反不正当竞争法》第五条第（二）项的规定，经营者不得擅自使用他人知名商品特有名称、包装、装潢，或者使用与知名商品近似的名称、包装、装潢，造成和他人的知名商品相混淆，使购买者误认为是该知名商品。

本案中，《大掌门》游戏中的四个涉案人物名称为"神捕无情""神捕铁手""神捕追命"和"神捕冷血"，且对应温瑞安小说《四大名捕》中的人物，而玩蟹公司仅在这些人物卡牌中标注"四大神捕"，未以显著性字体予以展示，只是对这四个卡牌人物的身份进行了描述性使用。此标注会使用户对这四个卡牌人物与温瑞安小说中对应的四个人物发生联想，但不会使用户将网络游戏误认为《四大名捕》小说。因此，对于温瑞安提出玩蟹公司构成仿冒行为的主张，法院不予支持。

4. 侵害作品改编权的法律责任之衡量因素有哪些？

本案中，因为存在澄清事实的必要性，故法院判令支持原告消除影响的诉讼请求，消除影响的媒体范围以互联网媒体为宜。

但由于双方均未能提交充分证据证明涉案侵权行为给温瑞安造成的经济损失及玩蟹公司的违法所得，故法院根据温瑞安及其作品的知名度、被侵权内容的市场价值、《大掌门》游戏使用侵权内容的持续时间、该游戏的市场规模、玩蟹公司于 2014 年 8 月由温瑞安《四大名捕》系列小说改编的同名电影上映之际上线涉案游戏卡牌人物的主观故意等因素，酌情确定赔偿数额。

【律师评注】

"黄金 IP"因吸睛效果强、营销成本低、导入用户速度快、易获平台推荐等特点，成为游戏产业的热门焦点，有实力的游戏公司纷纷购买优质 IP。然而，随着手机游戏的迅猛发展，小说、动漫、电影、电视剧等热门 IP 都可以作为游戏改编来源，一些公司就想到了走捷径的方式，在未经授权的情况下，对相关元素进行改编，妄图一蹴而就。本案属于游戏改编知名小说，侵犯原作品改编权的典型案例。

判断涉案游戏是否构成对涉案小说的改编，首先，应判断涉案游戏中使用的涉案小说元素，是否属于著作权法保护的独创性表达；其次，应判断涉案游戏对涉案小说相关元素的使用，是否构成实质性相似；最后,应判断涉案游戏对涉案小说中独创性表达的使用,是否构成改编行为。

结合本案,其一,涉案小说中的人物名称、武功、围绕故事主题展开的特定情节、人物关系的具体化,能够达到反映作者独特选择、判断、取舍的程度,五个人物为温瑞安小说中独创性程度较高的组成部分,是承载了"温派"武侠思想的重要表达,具有独创性,应当受到著作权法的保护。

其二,判断涉案游戏对涉案小说相关元素的使用是否构成实质性相似时,不能仅以游戏使用小说文字数量的比重为标准,而是应综合判断其是否使用了小说中的人物、人物关系、技能、故事情节等体现独创性表达的元素,并考虑这些元素在该游戏中所占的比重。涉案游戏对涉案五个人物的身份、武功、性格等信息的介绍,相关人物形象特征的描绘以及与其他人物的关系等元素,都能与《四大名捕》系列小说中的对应人物产生唯一并准确的对应关系。因此,可以认定涉案游戏的相关元素与涉案小说实质性相似,与涉案小说具有高度的关联性及依存性,并非对涉案小说的单纯借鉴。

其三,判断是否改编时应当注意,改编是在原作品基础上进行的再创作;改编形式的再创作受制于原作品,改编形成的新作品不是完全独立于原作品的新作品,而是使用了原作品的表达;改编的形式不以作品体裁、类型的变化为要件。一方面,涉案游戏对涉案小说中元素的使用构成实质性相似;另一方面,涉案游戏是以卡牌类网络游戏的方式表达了涉案小说中的独创性武侠人物,属于对涉案小说中独创性人物表达的改编。该行为未经温瑞安许可,且用于游戏商业性运营活动,侵害了温瑞安对其作品所享有的改编权。

判决书整理人:陈馨文

评注人:张磊

『游例知产 &06』
网游类电作品第一案，维权模式影响深远

上海壮游信息科技有限公司与广州硕星信息科技股份有限公司著作权权属、侵权纠纷案

【关键词】

类电影作品、双向互动性、游戏版本、复制权、信息网络传播权

【案例来源】

上海市浦东新区人民法院（2015）浦民三（知）初字第 529 号民事判决书

上海知识产权法院〔2016〕沪 73 民终 190 号民事判决书

【权利作品名称】

《奇迹 MU》

【案情简介】

原告壮游公司诉称，网络游戏《奇迹 MU》是由韩国 Webzen 公司（网禅公司）创作的顶级网络在线游戏。该游戏自 2003 年在中国大陆地区运营，拥有数以千万计的粉丝玩家，其"MU"注册商标、游戏形象、美术作品、场景画面等因此而具有极高的知名度、美誉度。原告自 2012 年获得了该游戏在中国大陆地区的独家运营权。

2014 年，原告发现第一被告开发了一款网页游戏《奇迹神话》，并授权第二被告通过"91wan 网页游戏平台"进行运营和推广，还通过第

三被告的"99YOU"网站进行推广。《奇迹神话》完全抄袭了《奇迹MU》,在作品名称、故事情节、地图场景、角色、技能、怪物、装备等的名称、造型等多个方面与《奇迹MU》构成实质性相似。

原告认为,第一被告将原告游戏改编为网页游戏的行为侵犯了原告的改编权;第二被告与第一被告深度合作运营《奇迹神话》,共同侵犯了原告的复制权、信息网络传播权;第三被告为《奇迹神话》进行推广并提供链接,存在主观过错,构成对第一被告和第二被告上述侵权行为的帮助侵权。此外,第一被告和第二被告在页游网的宣传稿中使用了"MU"商标,构成侵害商标权。"奇迹"为原告游戏的特有名称,三被告的运营和推广行为构成擅自使用原告的知名商品特有名称。《奇迹神话》的地图、场景、怪物、NPC等抄袭了《奇迹MU》,构成擅自使用原告的知名商品特有装潢。三被告在游戏的宣传中使用了"十年奇迹""神话传奇"等用语攀附原告的游戏,构成虚假宣传。三被告的上述行为使得众多网友在识别《奇迹神话》及其所在网站与原告游戏时发生混淆,误以为被告的《奇迹神话》是原告游戏的页游版本,并且三被告的行为还违反了《反不正当竞争法》第二条。

【要点提炼】

1. 为什么可以将"游戏的整体画面"作为类电影作品进行主张?

该案中,就原告主张的游戏整体画面而言,《奇迹MU》作为一款角色扮演游戏,具有一定的故事情节,由游戏玩家操作游戏角色,遵循一定的游戏规则,在游戏场景中升级打怪,并可进行组队等互动性操作。当玩家开启操作时,屏幕终端呈现出文字、图片、声音等组合而成的画面,上述画面具有独创性,并能以有形形式复制,是应受著作权法保护的作品。根据《著作权法实施条例》的规定,电影作品和以类似摄制电影的方法创作的作品,是指摄制在一定介质上,由一系列有伴音或者无伴音的画面组成,并且借助适当装置放映或以其他方式传播的作品。从表现形式上看,随着玩家的操作,游戏人物在游戏场景中不断展开游戏剧情,所产生的游戏画面由图片、文字等多种内容集合而成,并随着玩家的不断操作而出现画面的连续变动。上述游戏画面由一系列有伴音或者无伴音的画面组成,通过电脑进行传播,具有和电影作品相似的表现形式。涉案游戏的整体画面是否构成类电影作品,取决于其表现形式是否与电影作品相似,故涉案游戏的整体画面可以作为类电影作品获得著作权法的保护。

2. "游戏的整体画面"构成作品的话,有玩家的"功劳"吗?

玩家操作的实质是在游戏开发商创作好的场景中,按照设计好的游戏规则进行娱乐。上述过程中,游戏画面由游戏引擎按照既定规则调取开发商预先创作的游戏素材自动生成,并无证据证明玩家在该游戏呈现的画面中增加了不属于开发商预设的内容。

3. 什么是游戏的"情节"?

游戏画面由游戏人物、怪物等通过在游戏场景中不断展开一系列情节而呈现的连续画面所构成,其中的情节表现为地图的等级设计、角色技能、武器、装备的属性、怪物的战斗力等,因此可以通过比对两款游戏的上述素材来认定二者游戏画面的相似度。

4. 权利作品中包含了公有领域元素,影响整体作品的独创性吗?

上诉人所提出的地图名称、个别角色名称等之前曾被使用的元素占《奇迹 MU》游戏的少部分,而且该游戏的等级设置、角色技能设计以及地图场景等的整合使用本身具有独创性,即使个别角色、地图名称之前曾被使用,亦不影响游戏整体画面的独创性。

5. 作品的分类应以表现形式为基础,制作方法并不重要

《著作权法》规定了电影作品和类似摄制电影的方法创作的作品。其中,"类似摄制电影的方法创作"应是对创作方法的规定,不应仅是制作技术的规定,其应包括对各文学艺术元素整合的创作方法。从此意义上来讲,网络游戏也是采用了对各文学艺术元素整合的创作方法。

【律师评注】

本案是有关网络游戏的热点知识产权案件。因本案首次将游戏画面认定为类电作品,故被业界称为"网络游戏类电作品第一案"。此外,本案还对网络游戏市场中的不正当竞争行为做出认定,具有重要的参考价值和借鉴意义。

针对有关著作权的诉讼主张,一审法院从《伯尔尼公约》中有关类电作品的规定出发,对我国著作权法规定的类电作品之内涵进行了分析和论述,认为类电作品的本质在于表现形式而非创作方法。我国作为《伯尔尼公约》的成员国,对类电作品的保护不应与该公约的精神相抵触。因此,涉案游戏的整体画面是否构成类电作品,取决于其表现形式是否与电影作品相似。通过对《奇迹MU》画面的表现形式进行分析,一审法院认定涉案游戏的整体画面可以作为类电作品获得著作权法的保护。

二审法院在论述游戏整体画面是否可以作为类电作品受到保护时,回归到《著作权法实施条例》有关电影作品和类电作品的定义进行分析,认为类电作品的特征性表现形式在于连续活动画面。虽然游戏作品的双向互动性与一般的类电作品不同,但是游戏中的连续活动画面不会超出设计者的总体设置,并不影响对其类电作品性质的认定。同时,二审法院进一步提出,"类似摄制电影的方法创作,应是对创作方法的规定,不应仅是对制作技术的规定,更应包括对各文学艺术元素整合的创作方法。从此意义上来讲,网络游戏也是采用了对各文学艺术元素整合的创作方法"。

针对被诉的不正当竞争行为,法院结合被告涉案宣传行为的内容及其主观意图,认为其"搭便车"的主观意思明显,不仅容易使相关公众对被诉侵权游戏与权利游戏形成关联关系产生误认,而且已经实际造成了误认后果,据此认定被告的行为构成虚假宣传的不正当竞争行为。

另外,由于原告在一审诉讼过程中还提出了损害知名商品特有名称的诉讼主张,一审法院经审理认为,通过原告多年的经营和媒体的广泛宣传,权利游戏在中国的网络游戏行业具有较高的知名度和美誉度,为固有词汇。作为网络游戏的名称,"奇迹"一词具有识别性、显著性,且经过宣传和使用,"奇迹"在网络游戏领域与权利游戏建立了稳定的关联,已经具备了区别于其字面含义的特定含义,包括游戏从业者及游戏玩家在内的相关公众亦能知悉"奇迹"即指权利游戏。据此,一审法院认为,可以将"奇迹"作为壮游公司的知名商品特有名称进行保护。但二审诉讼中,原告撤回了该项诉讼主张。这就为此案乃至其他的类似案件留下了一个伏笔,有待我们进一步研究探讨。

网络游戏遭受侵权的国内判例最早可以追溯到十几年前。十几年来,司法实践对网络游戏的作品定性及其保护路径进行了各种"探索"。其中,不乏通过认定为计算机软件加以保护,以及将构成网络游戏画面的各种元素按照美术作品、文字作品、音乐作品等类型单独予以保护的案例,也有认定被告的行为构成不正当竞争的生效判决。但随着网络游戏产业的发展,网络游戏的产业链不断丰富,侵权行为也不断多样化,仅仅依靠计算机软件已经无法有效禁止侵权行为,而通过构成元素予以单独保护,又肢解了网络游戏作为一个有机整体的价值,在赔偿数额方面难以对权利人实现充分的救济,也难以对侵权人形成有效的震慑。不正当竞争的保护路径更存在着诸多争议。

本案是我国司法实践中首次将游戏画面认定为类电作品的生效判决,故被业界称为"网络游戏类电作品第一案"。上海法院通过审理本案,在对游戏画面的保护众说纷纭的情况下,从类电作品的定义及其分类方法出发,首次确认具备一定独创性的游戏整体画面可以作为类电作品受到著作权法的保护。同时,本案对网络游戏市场中的虚假宣传的不正当竞争行为进行了界定,提出了主客观结合以及误认后果的认定思路。此外,本案还给我们提出了反不正当竞争法下网络游戏竞争的问题,以及游戏名称能否构成知名商品特有名称、游戏名称上承载的利益应由游戏开发者享有还是游戏运营者享有等问题,值得我们深思。

最后,本案还在综合考虑被告的主观故意、侵权获利、被诉侵权游戏的运营和开发状况、原告许可改编的授权费数额等因素的基础上,超出著作权法定赔偿最高限额,作出了 400 万元的判赔,体现了对网络游戏知识产权的保护力度。

总之,在网络游戏产业高速发展、各式各样的侵权诉讼层出不穷的背景下,本案的裁判不仅对该类案件具有重要的参考价值和借鉴意义,而且极大地鼓舞了网络游戏研发者的创作热情,提高了网络游戏权利人的维权信心,在一定程度上促进了整个游戏、娱乐、文化产业的健康发展。

判决书整理人:张立峰

评注人:傅钢

『游例知产 &07』
游戏 UI 界面要保护，是否构成装潢？

广州创娱网络科技有限公司与上海邑世网络科技有限公司、广东趣炫网络股份有限公司著作权侵权及不正当竞争纠纷案

【关键词】

知名商品特有装潢、著作权侵权、不正当竞争

【案例来源】

广东省广州市天河区人民法院（2017）粤 0106 民初 10491 号民事判决书

【权利作品名称】

《剑雨江湖》

【案情简介】

原告创娱公司自主研发网页游戏《剑雨江湖》并享有完整知识产权等合法权利及权益。被告邑世公司、趣炫公司研发、运营的手机游戏《万剑江湖》在作品的人物设置、形象名称、地图场景、事件发展顺序、装备、玩家活动、技能、怪兽等多个方面与《剑雨江湖》相似。创娱公司认为，两被告的行为侵犯了其著作权及改编权，《万剑江湖》属于擅自使用知名商品特有装潢，构成不正当竞争，遂向法院提起诉讼。

【要点提炼】

1. 网页游戏的哪些元素可以受著作权法保护？

该案中，法院支持了原告所主张的游戏元素及美术场景等图案、游戏元素的文字描述等具有一定独创性，属于受我国著作权法保护的美术作品、文字作品。而关于游戏角色、武器和装备介绍、游戏玩法及游戏活动等的客观描述，如角色属性中的战斗力、攻击、防御、命中、闪避、魅力值等文字，均属一般游戏角色属性的简单归纳，相关排名、奖励及数值系依照数值逻辑次序所作的展示，总体上难以表现作者主观情感或有意义的独创性表述，不符合著作权法中文字作品的法定条件，不构成受著作权法保护的作品。

2. 如何判断著作权法中的侵权？在"实质性相似＋接触"原则中，"接触"须达到何种证明程度？

该案中，法院认为，经比对，《万剑江湖》游戏中共有 11 个元素与原告主张权利的相应美术作品构成实质性相似，1 组功勋商城界面中的文字说明、2 组战争规则文字说明与原告主张权利的相应文字作品构成实质性相似。现有证据可以证明，《剑雨江湖》游戏上线运营并进行了媒体宣传，两被告对《剑雨江湖》游戏有接触之可能。可见，在司法实践中，只要具有接触权利作品的可能性时，就满足"接触"的认定，除非被告可以通过提出相反证据予以推翻。

3. 主张游戏 UI 界面为知名商品特有装潢能否成立？

该案中，网络游戏运营是基于计算机软件之上的运行服务，系与商品相关的服务。创娱公司主张《剑雨江湖》游戏的 UI 界面为知名商品特有装潢，已提供《剑雨江湖》游戏的新闻报道及获奖情况，可以证明《剑雨江湖》游戏为相关公众所熟知，系一款具有较高知名度的武侠类网络游戏。但商品装潢是指为识别与美化商品而在商品或者其包装上附加的文字、图案、色彩及其排列组合，创娱公司主张的《剑雨江湖》游戏 UI 界面属于向玩家展示的网络游戏内容组成部分，不属于《反不正当竞争法》所规定的装潢。

4. 在游戏侵权案件中,《著作权法》与《反不正当竞争法》的保护可否并行适用? 如何适用《反不正当竞争法》第二条?

一般情况下,针对法律已经通过特别规定作出穷尽性保护的行为方式,不宜再适用《反不正当竞争法》的一般规定予以规制。该案中,创娱公司主张权利的美术元素及部分文字描述已被认定为受《著作权法》保护的作品,不应再依据《反不正当竞争法》第二条予以保护。关于游戏的 UI 界面相似是否适用《反不正当竞争法》第二条,法院认为被告手游《万剑江湖》与原告页游《剑雨江湖》在一定程度上相似并非巧合,无论是页面还是玩法都很容易造成相关公众的混淆,客观上增加了替代原告《剑雨江湖》游戏的可能性,夺取了本应有吸引力的创造者创娱公司所享有的商业利益,违背了诚实信用原则和公认的商业道德,其行为具有不正当性,不仅损害了创娱公司的合法权益,也扰乱了游戏市场的正常交易秩序,属于《反不正当竞争法》第二条之规制范围。

【律师评注】

(一) 游戏的 UI 界面是否构成知名商品特有装潢?

在游戏行业,一个设计精妙、具有辨识度的 UI 界面不仅能让游戏进程更加顺畅,其独特的美术设计亦有可能成为游戏具有代表性的标志之一,让人一眼就能认出这是哪款游戏。在本书介绍的另一起案例(〈2016〉粤民终 1775 号)中,针对暴雪旗下游戏《魔兽世界》的标题、登陆和人物创建三个界面,广东省高级人民法院认为其构成虚拟环境下的服务,是玩家正式享受游戏服务前的必经界面。其中,标题界面类似于现实服务经营场所的招牌,登陆界面和人物创建界面类似于现实服务经营场所的门面装饰。对上述界面的擅自使用,构成擅自使用游戏装潢的不正当竞争行为。

但在本案中,针对原告主张游戏的 UI 界面应作为知名商品特有装潢进行保护的诉请,广州市天河区人民法院认为,商品装潢应是为识别与美化商品而在商品或者其包装上附加的文字、图案、色彩及其排列组合,游戏的 UI 界面属于向玩家展示的网络游戏内容组成部分,不属于《反不正当竞争法》所规定的商品装潢。

可见,在游戏的 UI 界面是否能够构成知名商品特有装潢这一问题上,不同的法院仍然存在着不同的意见。

(二)内容还是服务来源之区分

根据《反不正当竞争法》(1993 年版)第五条第(一)项的规定,擅自使用知名商品特有的名称、包装、装潢的行为构成不正当竞争。

而特有的名称之所以受到《反不正当竞争法》的保护,源于其具备来源识别性。《最高人民法院关于审理不正当竞争民事案件应用法律若干问题的解释》第二条规定,"具有区别商品来源的显著特征的商品的名称、包装、装潢",应当认定为"特有的名称、包装、装潢"。

与具有"第二含义"的描述性标志商标类似,若在经过长期使用和广告宣传之后,相关领域的消费者已经能够将名称、包装、装潢与特定的产品或服务提供者联系到一起,则其就具备了区别商品来源的功能,即属于《反不正当竞争法》第五条第(一)项的保护范围。

游戏的 UI 界面亦是同理。在不考虑游戏及游戏企业知名度的情况下,游戏的 UI 界面作为游戏的构成要素,仅用于表述游戏的美术风格、世界观、玩法等"内容"。例如,前文提到的《魔兽世界》经典的"黑暗之门"登录界面,所反映的就是多次出现在魔兽系列故事重要世界中的"黑暗之门",属于对游戏内容的一种呈现。

但在经过了魔兽系列游戏的反复使用以及借助知名游戏《魔兽世界》对该界面的使用后,玩家在看到"黑暗之门"的界面后,很容易能够产生对暴雪公司、魔兽系列作品以及《魔兽世界》游戏的联想,认为使用该界面的游戏亦是一款暴雪公司推出的或者取得暴雪公司授权的游戏。内容开始具有类似于商标法领域所指称的"第二含义",对"黑暗之门"UI 的使用自然也容易导致混淆,进而构成不正当竞争。

相比知名的《魔兽世界》,本案原告的游戏《剑雨江湖》显然还没有达到识别商品或服务来源的作用,因此原告自然难以主张其游戏的 UI 界面属于特有的名称、包装、装潢,从而也就无法得到《反不正当竞争法》第五条第(一)项的保护。

(三)抄袭游戏核心元素仍然可能构成不正当竞争

在游戏的知识产权保护之中,存在着整体保护和分割保护这两种保护模式。在整体保护模式中,我们将游戏最终输出的整体动态画面和声音作为类电作品进行著作权保护,游戏的 UI 及各类核心元素则作为汇入最终画面的要素进行相似性认定;在拆分保护模式中,我们分别就游戏素材的美术和文字作品寻求著作权保护。对于不受《著作权法》保护的其他游戏核心元素,我们可以寻求《反不正当竞争法》的兜底保护。

但是,游戏玩法、UI 界面由于其功能性和抽象性,在游戏的美术和文字要素得到《著作权法》保护的情况下,是否仍然应当得到《反不正当竞争法》的兜底保护,目前还存在着一定的争议。

在本案中,虽然广州市天河区人民法院否认了游戏的 UI 界面属于商品特有装潢,但是这并不代表 UI 界面不能得到《反不正当竞争法》的保护。在排除已被认定为受《著作权法》保护的美术元素及部分文字描述的情况下,基于诉争的两部游戏的 29 个 UI 界面在名称、排列、项目及其属性、数值、相关文字描述等方面均基本一致,法院认为这种非偶发地、同时地使用原告游戏中的 UI 界面之行为,使得游戏玩家在试玩游戏时很容易联想到原告游戏,不必花费过多精力即可快速适应被告游戏,客观上增加了替代原告游戏的可能性,不仅损害了原告的利益,也扰乱了游戏市场的正常交易秩序。被告的行为违背了诚实信用原则和公认的商业道德,其行为具有不正当性。最终,天河区法院在保护美术和文字素材著作权的前提下,认定被告对 29 组 UI 界面的抄袭构成不正当竞争行为,判令被告承担著作权侵权责任及不正当竞争责任。

判决书整理人:张雨婷

评注人:曾祥欣

『游例知产 &08』
针对第一人称射击游戏，独创性认定是难点

暴雪公司、网之易公司诉广州四三九九公司、四三九九股份公司著作权侵权及不正当竞争纠纷案

【关键词】

类电作品、独创性表达范围、第一人称射击游戏

【案例来源】

上海市浦东新区人民法院（2017）沪 0115 民初 77945 号民事判决书

【权利作品名称】

《守望先锋》

【案情简介】

网络游戏《守望先锋》是暴雪公司开发的一款第一人称团队射击游戏，网之易公司是暴雪公司在中国的合作伙伴，独家拥有在中国运营《守望先锋》的权利。广州四三九九公司是四三九九股份公司的全资子公司。广州四三九九公司开发、制作、传播、运营和营销一款名为《英雄枪战》的手机移动端游戏，四三九九股份公司参与该游戏的营销和推广。原告发现，未经原告许可，《英雄枪战》中大量抄袭、使用了《守望先锋》的游戏内容，包括玩法和模式、胜负条件、人物设计与特色、游戏界面、战斗地图等，这些元素构成《守望先锋》的核心要素和独创性表达。

同时,原告还主张若法院认为《守望先锋》无法直接归入《著作权法》所规定的作品类型,则其就主张被告抄袭了原告游戏的智力成果,影响原告游戏的市场竞争力,使公众误认为被告的游戏经原告授权或者是原告游戏的手机版,构成《反不正当竞争法》第二条所规定的不正当竞争行为,遂起诉至上海市浦东新区人民法院。

【要点提炼】

1. 枪战射击类游戏《守望先锋》是否构成类电作品?

具体到某一类型的网络游戏的游戏画面是否可以被视为类电作品,应衡量此画面是否由一系列有伴音或无伴音的具有独创性的画面组成。涉案游戏《守望先锋》为大型即时在线射击类游戏,游戏场景地图、英雄外观造型、游戏英雄人物及武器的绑定、游戏的取胜条件、用户界面的设置等均由游戏开发者预先设定。从其运行的整体画面效果看,场景地图细腻逼真,英雄造型绚丽丰满,所持武器结构复杂,技能效果相生相克,游戏玩法逻辑自洽,蕴含了游戏开发者大量的智力成果。结合原告提供的《守望先锋》官网之记载内容来看,《守望先锋》于2014年11月首度公布英雄人物,2016年5月正式开服,其间历经一年半,陆续公布英雄人物和地图。开服后,原告不断进行英雄属性和技能的修改。可见,该款游戏是主创人员付出大量劳动与团队合作精力的智慧结晶,完全符合著作权法关于独创性的要求。而且,涉案游戏的英雄在地图中使用武器、技能进行团队作战,无论是英雄的移动还是使用武器释放技能的过程,呈现出来的都是连续的动态画面。综上,可以将该案所涉游戏《守望先锋》认定为类电作品。

而被告抗辩涉案射击类游戏不同于角色扮演类游戏,其没有情节设计,所涉游戏画面之独创性来源于每个玩家的独有操作和自由意思表达,故不构成类电作品。对此,法院认为,枪战射击类游戏中的场地地图是固定的,每位英雄的技能是固定的,技能的释放效果是固定的,玩家可以控制的只有两项,即人物或武器技能的释放(时间和角度)、人物的移动路线(包括前进、闪躲、跳跃等和前进路线的选择)。玩家操作的根本目的是获得战斗的最终胜利,而不是为了"创作"具有美感的动态画面。玩家的游戏操作更多是基于技术的考虑,对游戏画面的产生并没有独创性的贡献,并非是著作权法意义上的创作。结合相关法律对类电作品的定义亦可判断,预先设定的故事情节并不是类电作品的必备要素。如在某些风光片或纪录片作品中,没有预设的故事情节,但不会妨碍其被认定为电影或类电作品。而在网络游戏中,连续动态画面因玩家操作的不同而产生不同的画面,其实质是因操作而产生的不同选择,并未超过游戏预设的画面,不是脱离游戏之外的创作。该连续动态画面是唯一固定,还是随着不同操作而发生不同变化,并不影响类电作品的认定。

2.《守望先锋》可受保护的独创性表达范围是什么?

通过对网络游戏研发流程的分析,网络游戏的呈现大致可概括为五个层次:第一层是游戏立项阶段的游戏类型定位,如涉案游戏最顶端的规则为第一人称视角的团体在线射击游戏。第二层是围绕游戏类型定位的规则设计,如射击类游戏的基础规则是"移动"和"射击"的功能,又如射击类游戏的占点、攻防、护送等不同玩法之选定。在所有的射击类游戏中,开发者均会不同程度地覆盖各种通用玩法,以确保玩家游戏体验的多样性。第三层为游戏资源的核心部分制作,具体可分为三个部分:一是与战斗目标相匹配的地图行进路线设计;二是游戏人物的初始数值策划,赋予每位人物不同侧重的参数值和各具特色的技能或武器技能;三是用户界面的整体布局。第四层是资源串联及功能调试,打磨游戏规则与游戏资源的契合度,不断验证与纠错,完善游戏的逻辑自洽,最终形成连贯流畅的整体画面。第五层是游戏资源的进一步细化制作。美术和音频部分继续介入,包括场景地图的具体布置、外观的细化设计、人物的外观、武器外观及技能特效画面的细化设计、用户界面的丰富和整合等。

在上述游戏呈现中,对于著作权侵权判定而言,关键在于区分思想和表达。位于第一层和第二层的游戏类型及围绕游戏类型的基础规则,显然属于思想范畴,不应通过著作权法进行保护。位于第五层的游戏场景外观造型、人物的美术形象、武器装备的美术形象、用户界面的布局用色及图案、背景音频等,当然属于表达的范畴,既可以整体保护,也可以基于具体作品类型,对各要素予以分别保护。关键在于判断第三层和第四层的内容究竟属于思想还是表达。所谓"换皮游戏",其本质就是在全面改变第五层的全部外部美术造型之基础上,保留对第三层和第四层内容的抄袭,从而最大限度地简化最耗费经济成本和时间成本的核心游戏资源制作及功能调试阶段,直接实现游戏的逻辑自洽。

针对上述第三层和第四层的设计架构是否属于著作权法所保护的"表达"范畴,应当结合该类游戏的特点和玩家体验进行综合判断。与其他类型的网络游戏不同,在第一人称视角的射击游戏中,玩家一旦进入游戏,追求的是完美的配合、精准的打击、高效的取胜。游戏画面的精细和美感诚然是玩家选择 FPS 游戏的考量因素,但不是最重要的考量因素。团队成员的技能配比、行进路线的选择和运用、血包的存放位置、取胜条件的权衡等,才是 FPS 游戏玩家更看重的因素。因此,当玩家进入 FPS 游戏时,英雄人物的外观造型、地图上建筑的种类选择、建筑物的造型设计、色彩的运用等具有美学效果的外部呈现均被淡化和抽离,地图的行进路线、射击点和隐藏点的位置选择、所选人物的技能在当局战斗中的优势和缺陷、自己和队友的人物选择搭配、对方人物的选择搭配以及血包的摆放等游戏设计要素被凸显。而这些游戏设计要素,大部分存在于第三层的设计中,并且在第四层的资源串联里与游戏的规则融合。游戏规则通过以游戏设计要素为内核的游戏资源制作得以实现外在呈现,这种外在呈现就是"表达"。因此,游戏地图的行进路线、地图进出口的设计、人物的类型、技能和武器组合等,整体构成了对 FPS 游戏规则的具体表达。

3. 该案中,《英雄枪战》具体侵犯了著作权中的哪一项权利?

《守望先锋》具有较高知名度,且发布时间早于《英雄枪战》。被告广州四三九九公司自认,在创作《英雄枪战》时,对《守望先锋》进行了一定程度的借鉴。在此情况下,被告公司仍开发、运营与《守望先锋》游戏整体画面实质性相似的网络游戏,侵犯了原告对《守望先锋》游戏整体画面所享有的著作权。

从《英雄枪战》游戏的整体动态画面中可见,其人物的造型及名称、武器造型、场景地图的美术画面、人物名称等设计均与《守望先锋》不同,玩家从外观上可以将其与原作品进行区分。前述创作行为系在保留原作品基本表达的基础上,通过改变原作品的表现形式而创作出的新作品。《英雄枪战》相较于原作品《守望先锋》,在外观美术效果上已经具有一定程度的独创性,构成对原告类电作品《守望先锋》改编权的侵权。

原告还认为,被告的《英雄枪战》侵犯了原告的署名权。对此,法院认为,署名权系表明作者身份,在作品上署名的权利。此处,署名权对应的作品系原权利作品,而非保留原作品基本表达后改编出具有一定独创性的新作品。故就原告主张的署名权侵权问题,在同一权利主张范围内,侵犯署名权和侵犯改编权无法同时成立。

鉴于法院已将游戏的整体画面认定为类电影作品予以保护,构成文字作品、美术作品等的各类游戏素材作为游戏画面的组成部分,在该案中并无单独予以保护的必要。

【律师评注】

随着我国网络游戏产业的发展,游戏侵权现象日益突出,而"游戏换皮"逐渐成为近几年网络游戏侵权纠纷中的重灾区。为了打击"游戏换皮"行为,司法实务界从《奇迹 MU》案开始,尝试将角色扮演类游戏认定为类电影作品,从而实现对游戏的整体保护。本案系将射击类游戏认定为类电影作品的第一案,法院尝试从网络游戏的研发流程出发,分层讨论了游戏中的思想与表达之区分界限。本案对于处理"游戏换皮"侵权案件具有重要的探索价值,具有启示意义的内容主要为以下几点:

(一)射击类游戏整体画面可以构成类电影作品

根据《著作权法实施条例》的规定,类电影作品是指摄制在一定介质上,由一系列有伴音或者无伴音的画面组成,并且借助适当装置放映或以其他方式传播的作品。随着 2020 年《著作权法》的修订,"类电影作品"这一概念被"视听作品"取代。2020 年的新《著作权法》尚未对"视听作品"作出明晰的定义,但 2012 年的《著作权法》修改草案第二稿之第三条第二款对视听作品的定义为,由一系列有伴音或者无伴音的画面组成,并且借助技术设备向公众传播的作品。由此可见,无论是类电影作品还是视听作品,其构成要件均为涉案画面系由一系列有伴音或无伴音的具有独创性的画面组成,而预先设定的故事情节并非类电影作品或视听作品的必备要素。因此,射击类游戏的整体画面与角色扮演类游戏相比虽不具有情节性,但因其画面具有连续性,仍可以构成类电影作品。

（二）游戏规则可以通过著作权法予以保护

游戏规则在我国是否可以获得著作权法的保护,这一直以来都是备受争议、尚无定论的问题。在 2014 年判决的《炉石传说》诉《卧龙传说》案中,上海市第一中级人民法院直接明确了游戏的规则和玩法设计属于思想的范畴,不属于著作权保护的客体。而自 2016 年的《奇迹MU》案开始,我国法院尝试通过将游戏整体认定为类电影作品的形式,对其包含的游戏规则等元素进行整体保护。比如,《奇迹 MU》诉《奇迹神话》案、《太极熊猫》诉《花千骨》案以及本案,均是通过将原告所享有的权利游戏认定为"以类似摄制电影的方法创作的作品"之形式,实现了对权利游戏的整体保护,受到整体保护的游戏元素包括地图的等级设计、角色技能、武器、装备的属性、怪物的战斗力、游戏界面布局、界面文字、界面交互等呈现游戏规则的内容。笔者认为,之所以游戏规则能否通过著作权法予以保护产生较大争议,是因为游戏规则的含义不明。游戏规则并非一个明确的法律概念,其所涵盖的范围并不清晰,且从目前游戏行业人士的认识来看,游戏规则与普通的规则所指代的范围并不相同。普通的规则属于思想范畴,而游戏规则包含了基础规则、具体规则和隐性规则,其不仅包含思想部分的内容,还包含表达部分的内容。因此,对于游戏规则能否获得著作权法保护,应具体案件具体分析,而不应因其含有"规则"一词而直接将其认定为思想,从而排除在著作权法的保护之外。

（三）游戏中的思想与表达之区分界限

著作权法中的思想与表达之二分法原则因具有高度的概括性和模糊性,导致思想与表达的区分一直是一大疑难点。对于小说故事情节属于思想还是表达的问题,我们一般适用"金字塔原则"进行分析,即金字塔顶端的属于主题思想,金字塔底端的属于具体的文字表达,而从下往上的内容就属于一步步抽象的内容,从而在抽象的过程中划定思想与表达的分界。本案对游戏中的思想与表达之区分,创设性地提出了类似于"金字塔原则"的"网络游戏研发流程分层原则",即从网络游戏惯常的研发流程出发,分层探索可受著作权法保护的独创性表达之范围。该创设性的分析界定方式,对于类似案件的审判具有重要的指导、参考价值。

判决书整理人:金典

评注人:李淑惠

『游例知产 &09』
网络游戏广告语，投放不当属虚假宣传

腾讯计算机公司、腾讯科技公司与网易达公司、卓越晨星公司、天津英雄互娱公司、北京英雄互娱公司等著作权侵权及不正当竞争纠纷案

【关键词】

美术作品、其他在先作品的设计、合理借鉴

【案例来源】

广东省深圳市南山区人民法院（2017）粤 0305 民初 11082 号民事判决书

【权利作品名称】

《QQ 飞车》

【案情简介】

原告于 2007 年开发了《QQ 飞车》网络游戏。《QQ 飞车》网络游戏中的众多具有创造性的赛车形象美术作品等系原告独立创作，原告对该游戏的全部美术作品（包括但不限于角色形象、服装、场景、装备等）享有著作权。

被告网易达公司开发、被告科技文献出版社出版发行、被告卓越晨星公司及被告天津英雄互娱公司运营的名称为《一起来飞车》的网络游戏（以下简称涉案游戏）在推广、运营时，大量抄袭原告享有著作权的赛

车形象美术作品,与原告拥有著作权的《QQ飞车》网络游戏中的赛车形象在线条、形象造型、图形布局等方面相同或者实质性相似,侵犯了原告的著作权。

【要点提炼】

1. 部分设计特征上存在相似之处是否构成侵权?

该案中,经比对,《一起来飞车》游戏中的"天启""铁甲战车""惩戒之刃""大黄蜂"四款赛车形象与《QQ飞车》游戏中的"疾风""火钻""剃刀""大黄蜂"四款赛车形象在整体造型、线条、色彩、构图等方面均不相同。虽然这些形象分别在部分设计特征上存在相似之处,但是该相似设计特征在《QQ飞车》游戏发布之前的多款游戏或动漫中均已经出现,非《QQ飞车》中的赛车形象所独有。故法院认定,《一起来飞车》游戏中的"天启""铁甲战车""惩戒之刃""大黄蜂"四款赛车形象没有抄袭《QQ飞车》游戏中的"疾风""火钻""剃刀""大黄蜂"四款赛车形象。

2. 如何判断投放的涉案广告是否构成虚假宣传的不正当竞争行为?

根据北京百度网讯科技有限公司及第三人提交的证据,法院认定百度贴吧的 qq 飞车吧中的两则涉案广告以及优酷平台上的一则涉案广告由被告天津英雄互娱公司投放。

首先,对于被告天津英雄互娱公司在百度贴吧的 qq 飞车吧中投放的两则涉案广告,广告语分别为"那些年一起玩过的飞车,终于出手游了"和"等了 9 年,飞车终于出手游了",而百度贴吧的 qq 飞车吧是《QQ飞车》游戏的爱好者讨论《QQ飞车》游戏的空间,该两则广告的投放对象为《QQ飞车》游戏的爱好者。结合《QQ飞车》游戏在 2008 年推出的事实,"等了 9 年"的用语极易使接收到该广告语的相关公众将该广告语所宣传的游戏与《QQ飞车》进行关联,误认为广告宣传的游戏就是《QQ飞车》的手游版。故法院认定,被告天津英雄互娱公司在百度贴吧的 qq 飞车吧中投放两则涉案广告的行为意在攀附《QQ飞车》游戏的知名度和影响力,构成引人误解的虚假宣传行为。其次,对于被告天津英雄互娱公司在优酷平台上投放的涉案广告,虽然其广告语为"等了9年,飞车终于出了移动版",但是该广告的投放平台为优酷平台,在接收到该广告语的相关公众并不了解《QQ飞车》游戏的情况下,他们并不会将该广告语所宣传的游戏与《QQ飞车》进行关联,故被告天津英雄互娱公司在优酷平台上投放涉案广告的行为不构成虚假宣传。

被告天津英雄互娱公司在百度贴吧的qq飞车吧中投放两则涉案广告的行为,让相关公众误认为《一起来飞车》游戏就是《QQ飞车》游戏的手游版,其结果会分流部分《QQ飞车》游戏的玩家到《一起来飞车》游戏中,从而给两原告造成损害,故被告天津英雄互娱公司应当向两原告承担赔偿责任。

【律师评注】

这是一个有关游戏中道具造型维权的典型案例,但很可惜的是,著作权部分完全没有得到认定。就拿《QQ飞车》中的"大黄蜂"为例:

| 《QQ飞车》"大黄蜂" | 《一起来飞车》"大黄蜂" | 《变形金刚》"大黄蜂" |

将《QQ飞车》中的"大黄蜂"与《一起来飞车》中的"大黄蜂"对比来看,排除赛车通用的设计外,相似的部分主要就是黄色车身和黑色线条,而这样的设计在更加有名的《变形金刚》中已经使用,无法成为《QQ飞车》中的"大黄蜂"之独创设计。

任何作品都不可避免地需要使用公有领域的设计元素,但"成也萧何,败也萧何",使用公有领域的元素在一定程度上简化了游戏设计难度的同时,也便利了侵权的规避。笔者建议,游戏设计中的核心元素最好还是完全原创比较好。

判决书整理人:张立峰

评注人:张玲娜

『游例知产＆10』
游戏侵害知名小说改编权，主张合理借鉴难抗辩

明河社出版有限公司、完美世界（北京）公司与北京火谷网络公司、昆仑乐享公司、昆仑万维公司侵害改编权及不正当竞争纠纷案

【关键词】

作品的游戏改编权、卡牌游戏、共同侵权、不正当竞争

【案例来源】

北京市高级人民法院（2018）京民终 226 号民事判决书

【权利作品名称】

《武侠 Q 传》游戏软件、《射雕英雄传》《倚天屠龙记》《神雕侠侣》《笑傲江湖》等小说作品

【案情简介】

明河社出版有限公司（简称明河社）是《射雕英雄传》《神雕侠侣》《倚天屠龙记》《笑傲江湖》等作品在中国境内的专有使用权人。经明河社同意，查良镛（金庸）将上述作品部分区域和期间内移动终端游戏软件的改编权及后续软件的商业开发权独家授予完美世界（北京）软件有限公司（简称完美世界公司）。

被诉侵权的《武侠 Q 传》游戏由北京火谷网络科技股份有限公司（简称火谷网）开发，昆仑乐享网络技术有限公司（简称昆仑乐享公司）经授权可在中国大陆等多个国家和地区独家运营该游戏。昆仑万维科

技股份有限公司(简称昆仑万维公司)为涉案游戏的运营者。涉案游戏共有人物卡牌、武功卡牌、配饰卡牌和阵法卡牌等四类卡牌,涉案游戏在人物描述、武功描述、配饰描述、阵法描述、关卡设定等多个方面与涉案武侠小说中的相应内容存在对应关系或相似性。

明河社与完美世界公司认为,三被告未经许可,擅自将涉案作品改编为侵权游戏,并通过发行、传播侵权游戏获取巨额非法利益,故向北京市第一中级人民法院提起诉讼。

【要点提炼】

1. 游戏案件中,如何区分侵害改编权与合理借鉴?

本案中,被诉侵权卡牌游戏对权利人作品的改编方式,不同于通常形式上的抄袭与剽窃。侵权人在改编时,并未完整使用权利人作品中的故事情节,而是对人物角色、人物特征、人物关系、武功招式以及武器、阵法、场景等创作要素进行了截取式、组合式的使用。法院认为,在游戏改编过程中,未经许可对他人作品中的人物角色、人物特征、人物关系、武功招式以及武器、阵法、场景等具体创作要素进行截取式、组合式使用,且由此所表现出的人物特征、人物关系以及其他要素间的组合关系,与原作品中的选择、安排、设计不存在实质性差别,未形成脱离于原作品独创性表达的新表达,即构成对他人作品改编权的侵犯

2. 若被侵权方同时提出了侵犯著作权和构成不正当竞争两项诉讼主张,《著作权法》与《反不正当竞争法》的适用次序是怎样的?

法院指出,在我国现行的知识产权法律体系中,通常认为《反不正当竞争法》对《著作权法》起到兜底和补充的作用。如果一项被诉侵权行为已经被认定为构成侵犯著作权的行为,则不宜再适用《反不正当竞争法》第二条等条款予以救济。最高人民法院在《关于充分发挥知识产权审判职能作用推动社会主义文化大发展大繁荣和促进经济自主协调发展若干问题的意见》中指出,"妥善处理专利、商标、著作权等知识产权专门法与反不正当竞争法的关系,反不正当竞争法补充性保护不能抵触专门法的立法政策,凡专门法已作穷尽规定的,原则上不再以反不正当竞争法作扩展保护。但在与知识产权专门法的立法政策相兼容的

范围内,仍可以从制止不正当竞争的角度给予保护。"

因此,在同一案件中,针对同一被诉侵权行为,原告既主张侵犯著作权,又主张违反《反不正当竞争法》第二条规定的,可以一并审理。如果原告的诉讼主张能够依据《著作权法》获得支持,则不再适用《反不正当竞争法》第二条进行处理。如果原告的主张不能依据《著作权法》获得支持,那么在与《著作权法》的立法政策不冲突之情况下,可以依据《反不正当竞争法》第二条进行处理。

3. 法院如何分配侵权游戏著作权案中的侵权责任与计算损害赔偿金额?

本案中,火谷公司为游戏的开发方,昆仑乐享网络技术有限公司、昆仑万维科技股份有限公司为游戏的运营方,法院认为三者共同侵害了涉案作品的改编权,三者承担共同责任。

此外,在赔偿金额的计算方面,法院参考涉案作品独家移动端游戏改编权许可使用费 800 万元的合理倍数,并结合涉案作品的知名度、市场价值,火谷网、昆仑万维公司和昆仑乐享公司的主观过错、行为性质、侵权持续时间、经营规模,以及明河社和完美世界公司为本案支付的合理费用等因素,判决三被告赔偿经济损失 1600 万元,充分反映了知名作品的市场价值,体现了加大知识产权司法保护力度的宗旨。

【律师评注】

司法实践中,涉游戏侵犯著作权案件的类型主要有五种:(1)网络游戏侵犯软件著作权案;(2)游戏网站侵犯游戏信息网络传播权案;(3)游戏中元素侵犯著作权案;(4)游戏侵犯其他作品改编权案;(5)游戏公司间互诉侵犯著作权案件。

本案就属于游戏侵犯其他作品改编权案。"黄金 IP"因吸睛效果强、营销成本低、导入用户速度快、易获平台推荐等特点,成为游戏产业的关键,有实力的游戏公司纷纷购买优质 IP。完美世界公司、畅游公司在获得金庸小说这一"黄金 IP"后,被多家游戏公司侵权,在全国范围发动了声势浩大的维权活动。

但是,该类案件在侵权认定上较为复杂,审理中困难较多,诉讼周期长。本案就经历了一审与二审,且一审法院和二审法院在涉案游戏软件是否构成对涉案作品的改编之认定上存在分歧。最终,二审法院从涉案游戏对涉案作品相关内容的使用方式和涉案游戏的表现形式两个方面加以论证,认定涉案游戏构成对涉案作品的改编。

(一)在游戏使用了其他类型作品中的元素时,怎样判定该款游戏是否侵犯了相关作品的改编权呢?

一般认为,在判断侵权与否时,首先应确定相关人物名称、故事情节确系具有独创性的作品。其次,在人物、情节的使用上,应当达到一定比例,使公众在玩游戏的过程中知道或应当知道该人物来源于相关作品,从而会误认为该游戏系授权而来。一般情况下,使用主线人物或直接将小说、影视剧中的核心情节作为游戏情节之做法,侵权可能性较大。金庸作品为知名度较高的作品,小说中的人物名称、武功、武器名称、故事情节均为虚构,并非公有领域中的通用词汇,相同或相似元素在游戏中大量出现不属巧合。

(二)本案赔偿金额巨大,关于损害赔偿是如何计算的?

知识产权案件的损害赔偿一直是困扰当事人和法院的大问题。在无法精确计算因侵权行为而遭受的实际损失或产生的侵权获利时,法院参照了原告获得独家移动终端游戏软件改编权所支付的许可费,再根据被告运营涉案游戏对其营业利润的贡献率,结合涉案作品的知名度、市场价值,被告公司的主观过错、行为性质、侵权持续时间、经营规模,以及明河社和完美世界公司为本案支付的合理费用等因素,综合裁定赔偿数额。

判决书整理人:陈馨文

评注人:张磊

『游例知产 &11』
直播平台擅播游戏画面，侵权认定较复杂

广州网易计算机系统有限公司与广州华多网络科技有限公司侵害著作权及不正当竞争纠纷案

【关键词】

游戏画面、游戏直播、类电作品

【案例来源】

广州知识产权法院（2015）粤知法著民初字第 16 号民事判决书

广东省高级人民法院（2018）粤民终 137 号民事判决书

【权利作品名称】

《梦幻西游》和《梦幻西游 2》

【案情简介】

网易公司指控华多公司擅自在其经营的 YY、虎牙直播平台上开设直播专区，组织主播人员直播《梦幻西游》网络游戏并从直播中分成获利，构成侵害著作权及不正当竞争，诉至法院请求判令华多公司停止侵权、赔礼道歉和赔偿网易公司 1 亿元等。一审法院判决，华多公司停止网络直播《梦幻西游》游戏画面、赔偿网易公司 2000 万元等。二审法院认为，涉案游戏的连续动态画面符合类电作品实质特征，可归入类电作品范畴。直播是一种向公众直接提供内容的实时传播行为，直播游戏画面的行为实际上就是公开传播作品的行为。游戏直播属于"应当

由著作权人享有的其他权利"。游戏直播不属于《著作权法》第二十二条规定的任何一种权利限制情形。一审法院没有考虑涉案游戏因素对被诉游戏直播平台获利中的贡献程度存在不当,但酌定赔偿数额无明显不当,可予维持。

【要点提炼】

1. 对于游戏在终端设备上运行呈现的连续动态画面,如何认定为类电作品?

(1)游戏画面的产生:涉案游戏由用户在终端设备上登入、操作后,游戏引擎系统(由指令序列组成的计算机软件程序)自动或应用户请求,调用资源库(各种素材片段组成的资料库)的素材(含有各种音频、视频、图片、文字等文件)在终端设备上呈现,产生了一系列有伴音或无伴音的连续动态画面。

(2)故事情节、人物形象、作品风格:游戏画面以文学作品《西游记》中的情节梗概和角色为引,展示天地间芸芸众生"人""仙""魔"三大种族之间发生的"门派学艺""斩妖除魔"等情节和角色、场景。

(3)表现形式:表达了创作者独特的思想个性,且能以有形形式复制。

(4)创作过程:与摄制电影的方法类似(综合了角色、剧本、美工、音乐、服装设计、道具等多种手段)——游戏策划人员就故事情节、游戏规则等进行整体设计,美工对游戏原画、场景、角色等素材进行设计,程序员根据需要实现的功能进行具体代码编写。

2. 如认定为类电作品,如何评价游戏画面是用户参与互动的结果?

游戏画面与传统电影作品或者类电作品的明显差异是具有双向互动性,不同玩家(用户)操控涉案游戏或者同一玩家以不同玩法操控游戏,会呈现不同的动态画面。尤其是在多人参与的情况下,呈现结果往往难以穷尽。尽管游戏的连续动态画面是用户参与互动的呈现结果,但是仍可将其认定为类电作品。

(1)《著作权法》中对类电作品的认定要件并未限定连续动态画面

的单向性。

（2）游戏系统的开发者已预设了游戏的角色、场景、人物、音乐及其不同组合，包括人物之间的关系、情节推演关系，不同的动态画面只是基于不同用户在预设系统中的不同操作而产生的不同操作或选择之呈现结果，用户在动态画面的形成过程中无著作权法意义上的创作劳动。

（3）在预设的游戏系统中，通过视觉感受机械对比后得出的画面不同，如具体的场景或人物动作的变化等，并不妨碍游戏任务主线和整体画面呈现上的一致性。

3. 如认定游戏画面为类电作品，如何认定权利归属？

游戏，是程序、音频、视频、图片、文档等的综合体。游戏存在的基本形式是计算机软件。考察涉案游戏的创作过程，并且考虑到对于涉案游戏在终端设备上运行呈现的类电作品，用户在其形成过程中无著作权法意义上的创作劳动，该类电作品的制片者应为游戏软件的权利人。

根据《最高人民法院关于审理著作权民事纠纷案件适用法律若干问题的解释》的规定，当事人提供的涉及著作权的底稿、原件、合法出版物、著作权登记证书、认证机构出具的证明、取得权利的合同等，可以作为证据。在作品或者制品上署名的自然人、法人或者其他组织视为著作权人，或与著作权有关的权利人，但有相反证明的除外。

网易公司主张其享有涉案游戏的计算机软件著作权，并有版权登记证书、博冠公司的授权文书等证据予以证实，华多公司无相反证据足以推翻，应予认定。基于此，涉案游戏运行呈现画面形成的类电作品之著作权为网易公司所享有。

4. 直播平台侵犯游戏画面著作权是如何认定的？

华多公司在其网络平台上开设直播窗口，组织主播人员进行涉案游戏直播，侵害了网易公司对其游戏画面作为类电作品享有的其他权利，属于《著作权法》第四十七条第（十一）项规定的"其他侵犯著作权的行为"。

（1）华多公司经营的直播平台有直播涉案游戏的信息流；网站有

关于主播人员的利益分成体系、直播节目预告，以及对相关主播人员的排行和点评、推荐等；华多公司开设直播窗口，组织主播人员在其网站中进行游戏直播。

（2）直播窗口主要显示游戏的连续动态画面，并基于用户操作游戏所需，间或显示游戏过程中的功能设置和选择页面，有的还以小图形式在显示屏边角显示主播人员；华多公司侵害了原告对游戏画面作为类电作品的著作权，即涉案游戏在被用户操作、运行过程中呈现的连续动态画面通过信息网络实时播放出来，为网页的观看者所感知。

（3）为什么认定"其他权利""其他侵犯著作权的行为"，而不能认定为侵犯放映权、广播权和信息网络传播权？

被诉侵权行为是信息网络环境中针对在线网页浏览者的作品新类型传播行为，不属于现行《著作权法》所列举的"有名"之权利，也不属于现行《著作权法》所列举的"有名"之侵权行为：

① 用户在线参与游戏系统操作后呈现画面的传播，不属于通过放映机、幻灯机等技术设备公开再现类电作品之范畴，即不属于放映权调整的范围。

② 通过信息网络实时传播，不属于以无线方式公开广播或传播、以有线传播或转播方式向公众传播广播、以扩音器或类似工具向公众传播广播之范畴，即不属于广播权调整的范围。

③ 通过实时的信息流传播作品，公众无法在其个人任意选定的时间获得作品，即不属于信息网络传播权调整的范围。

5. 法院确定赔偿金额时的参考因素有哪些？

（1）对华多公司游戏直播业务获益的估算。

本案于 2014 年底成诉，法院将此时间之前的两年（2013—2014年）作为计算赔偿数额的估算期间。华多公司关联方欢聚时代公司（YYINC.）被美国证券交易委员会公开的 2012—2014 年财务年度报告中，有 2013 年"其他互联网增值服务"项目营业收入（主要包括"会员订阅费"和"游戏直播"）、毛利润率等数据；2014 年"其他互联网增值服务"项目营业收入、净经营收入、毛利润、毛利润率、游戏直播业务营业收入占公司净经营收入比重等数据。

2014 年：

游戏直播业务营业收入 ≈ "其他互联网增值服务"净经营收入 × 游戏直播业务营业收入占公司净经营收入百分比 ≈ 367837 万元 × 4.2% ≈ 15449 万元；

游戏直播业务毛利润 ≈ 游戏直播业务营业收入 × "其他互联网增值服务"毛利润率 ≈ 15449 万元 × 49.7% ≈ 7678 万元；

游戏直播业务营业收入在"其他互联网增值服务"中的占比 ≈ 游戏直播业务营业收入 ÷ "其他互联网增值服务"项目营业收入 ≈ 15449 万元 ÷ 60982 万元 ≈ 25%。

2013 年：

游戏直播业务营业收入 ≈ 2013 年"其他互联网增值服务"项目营业收入 × 游戏直播业务营业收入在"其他互联网增值服务"中的占比 ≈ 20521 万元 × 25% ≈ 5130 万元；

游戏直播业务毛利润 ≈ 2013 年度游戏直播业务营业收入 × 2013 年"其他互联网增值服务"毛利润率 ≈ 5130 万元 × 51.6% ≈ 2647 万元。

2013 年 + 2014 年：

综上,两年的游戏直播业务毛利润合计 ≈ 7678 万元 + 2647 万元 ≈ 10325 万元。

（2）对涉案游戏播放热度的估算。

根据 2014 年华多公司直播平台上直播的游戏类别、2013 年白金公会排行榜点评、该平台连续多月评选《梦幻西游》十大主播,可将《梦幻西游》在该平台的获益占比估算为 1/3。华多公司承认,给主播人员的分成比例为 45%。

两年内,华多公司因组织播放《梦幻西游》的获利 ≈ 两年内游戏直播业务毛利润合计 × 《梦幻西游》在该平台的获益占比 × （1 - 主播人员的分成比例）≈ 10325 万元 × 1/3 × （1 - 45%）≈ 1893 万元。

（3）对估算结果的进一步验证。

通过主播人员赵某（十大主播之一）在 2012 年 11 月至 2014 年 10 月期间的获益来估算直播平台的获益。查询其佣金累计收入 216 万余元,推算十大主播的累计收入为 216 万元 × 10 = 2160 万元,按主播人员的分成比例推算平台获益为 2160 万元 ÷ 45％ × 55％ = 2640 万元。考虑经验法则、保守估算等因素，该核算结果与上述估算结果（1893 万元）比较接近，故上述估算结果可以作为酌情确定赔偿数额的基础。

（4）华多公司提交的相关财务资料之证明力。

法院认为，华多公司的关联方非因本案纠纷主动公布的财务报表，其证明力显然大大强于华多公司在本案中提交的相关财务资料（主播人员分成收入清单和专项审计报告等），后者不予采信。

综上所述，以上述估算结果 1893 万元为基础，再考虑涉案作品类型、权利种类、华多公司持续侵权的情节、侵权规模和主观故意，以及网易公司的合理维权支出等因素，酌情确定华多公司赔偿网易公司经济损失 2000 万元（计至网易公司起诉之日）。

【律师评注】

本案作为网络游戏直播第一案，从一审到二审都备受关注。该案件所体现的原被告双方之间的对抗张力以及法院在二审判决中对本案核心问题的厘清，对于游戏直播市场的权利划分具有较大的参考意义。

（一）关于网络游戏著作权的权利归属之认定

被告方在本案中的应诉策略非常全面，从权利基础到侵权行为，每一个层面都进行了奋力抗辩，他们的很多抗辩思路对于很多著作权侵权之诉的应诉具有一定的参考价值，如关于原告方权利基础的抗辩和上诉请求。虽然这些抗辩最终并未被法院采纳，但是也给原告方造成了一定的压力。

在实践中，很多大型游戏公司会对游戏 IP 进行统筹布局，如 A 公司为游戏的权利方，而 B 公司为游戏的运营方。在发生侵权及不正当竞争的情况下，游戏公司有可能会为了诉讼便利的考虑，仅以其中某个主体来主张权利。在这种情况下，被告方则可能会对原告方的权利基础提出异议。此种情况下，较为常见的方式或者是如本案原告一般通过授权书和追认来补强权利，或者是将游戏权利方共同作为原告来主张权利。

（二）本案的二审判决对游戏直播行为在法律上的定性进行了较为准确的厘清，而在新的《著作权法》生效之后，对于这一问题的处理将

会更加清晰

基于被告提出的网络游戏画面与游戏直播画面并不是完全相同性质的内容,广东省高级人民法院二审认为,针对本案中所涉及的游戏直播画面,相关主播的贡献仅在于通过游戏技巧对游戏元素进行选择,但是所呈现出的直播画面并没有超出游戏本身的预设可能性,而且即便主播对直播画面存在独创性贡献,也不意味着其行为就不构成侵权。

对于网络直播行为应受何种著作权的权项控制,法官通过排除法,最终决定适用"应当由著作权人享有的其他权利"。随着新《著作权法》的公布和实施,与直播相关的权利将会受到广播权的控制,即广播权通过新法的扩张,已经成为一项全新的"向公众传播权"。

(三)在判赔金额的确定上,本案亦具有典型意义

侵权判赔一直都是当事人最为关心的问题,而在大多数案件中,由于举证困难,大多数时候都是由法院在法定赔偿范围内进行酌定。而本案中,一审、二审均基于双方的举证及法院的调查,对判赔金额进行了浓墨重彩的讨论。二审法院确认了一审确定的违法所得之估算方法(通过被告的财务报告数据中的获益比例及分成比例对直播业务获益和涉案游戏直播获益进行估算),但是认为一审法院未就赔偿期间以及游戏因素对直播获利的贡献度进行考量。也就是说,法院认为直播获益中也存在着游戏主播自身的贡献和流量,而不应完全归于游戏的贡献。这一思路与此前"新百伦"案件中二审对侵权金额进行认定时的思路存在异曲同工之妙。

李扬教授对本案进行评价时也提出,"知识产权客体具有非物质性,其使用价值主要来源于市场利用,在有些情况下,侵权所得与权利人损失之间并无必然因果关系,因而将侵权行为人侵权所得推定为权利人损失时,应从侵权所得中扣除并非来自于权利人知识产权客体的部分,或者说侵权行为人的贡献部分。"

判决书整理人:苗雨

评注人:钟姝琦

『游例知产 &12』
网游恶意攀附改编知名小说，系改编侵权

北京畅游天下网络技术有限公司与福建板栗互动网络科技有限公司著作权及不正当竞争纠纷案

【关键词】

改编权、独创性表达、恶意攀附、移动端游戏、不正当竞争

【案例来源】

北京市石景山区人民法院（2018）京 0107 民初 17904 号一审民事判决书

【权利作品名称】

《天龙八部》、《鹿鼎记》、《书剑恩仇录》、《碧血剑》、《雪山飞狐》（含《鸳鸯刀》）、《白马啸西风》）、《飞狐外传》、《连城诀》、《侠客行》（含《越女剑》）等 11 部小说作品；《武林豪侠传》游戏软件

【案情简介】

北京畅游天下网络技术有限公司是中国领先的互联网游戏开发商，经金庸先生授权，自 2015 年 1 月 17 日获得《天龙八部》等共计 11 部作品的独家移动端游戏软件改编权。

2017 年，北京畅游天下网络技术有限公司发现，福建板栗互动网络科技有限公司未经金庸先生及其许可，在开发、运营的手机游戏《武林豪侠传》中使用了《天龙八部》等作品中的大量原著情节、人物名称、

地名或装备名称等内容,严重侵犯了原告享有的独家移动端游戏改编权。同时,福建板栗互动网络科技有限公司还擅自使用涉案作品中的大量元素来开发涉案游戏,在涉案游戏和推广宣传中利用金庸作品在公众中的知名度,恶意攀附涉案作品的良好声誉。该行为侵犯了北京畅游天下网络技术有限公司享有著作权的作品之改编权,且构成不正当竞争行为,故该公司向海淀区人民法院提起诉讼。

【要点提炼】

1. 在什么情况下,原告同时提起著作权侵权和不正当竞争两个案由,法院可以对其进行合并审理?

基于同一事实发生的纠纷,当事人分别向同一人民法院起诉的,人民法院可以合并审理。

本案中,根据原告畅游天下公司起诉的内容及诉讼请求,其认为被告板栗互动公司未经金庸及原告许可,在运营的涉案游戏中使用了《天龙八部》等作品中的大量原著情节、人物名称、地名等内容,严重侵犯了原告享有的独家移动端游戏改编权;同时,被告还在涉案游戏和推广宣传中利用金庸作品在公众中的知名度,恶意攀附涉案作品的良好声誉。因此,原告畅游天下公司虽起诉了著作权侵权和不正当竞争两个案由,但均是基于其获得金庸11部作品的独家移动端游戏改编权之事实。因此,在上述前提条件及原告、被告同一的情况下,为方便当事人诉讼、提高审判效率,法院决定将两个案由进行合并审理。

2. 涉案游戏是否侵害权利作品的改编权之实质要素是什么?

法院认为,涉案游戏是否侵害了原告畅游天下公司享有的改编权,关键在于该游戏显示的内容是否与金庸的涉案文字作品构成相同或实质性相似。经过对比,法院已确认涉案游戏中使用的人物名称、地点、门派、武功名称及其对武功的描述与原著相同或实质性相似,且上述内容之间的联系亦与原著吻合,均为金庸所著武侠小说中虚构并创作的内容。如果仅仅是对个别人物名称等小说元素的单独使用,未表达出较为完整的思想,不应认定为对原著的改编,但涉案游戏不仅使用了金庸小说中众多方面的大量元素,而且将上述元素及相关描述组合在一起使用,能够构成具体、完整的意思表达,应认定为对原著进行了改编。

同时,法院认为,电子游戏(包括网络游戏)对文字作品(如武侠小说)的改编,不一定会大段引述文字作品中的内容,往往就是通过人物、地点、门派、武功之间的联系及其相关描述,让玩家感觉游戏与小说直接相关,从而吸引玩家,并使玩家从中获得乐趣。

3. 小说与游戏分属不同的行业,是否能够构成不正当竞争的抗辩?

本案中,由于被告自行宣传内容会使公众认为涉案游戏与金庸所著涉案武侠小说具有直接联系,故在被告板栗互动公司未获得权利人的合法授权或许可之情况下,其主观上存在通过攀附金庸武侠小说的知名度来吸引游戏玩家、获取不当利益的主观目的,客观上也会损害原告畅游天下公司作为金庸涉案作品独家移动端游戏改编权人的合法权益,且此种使用显然不属于合理、正当的使用,已构成不正当竞争行为。

虽然图书出版业与网络游戏分属不同的行业,服务对象分别为读者和网络游戏用户,但是法院认为,双方当事人的经营范围相同,被告板栗互动公司运营涉案游戏的行为,会与原告畅游天下公司产生竞争,而且双方所经营产品、服务的对象均为网络游戏玩家,故对被告上述抗辩主张不予采纳。

【律师评注】

金庸先生的武侠小说极具知名度,被多次改编为电影、电视剧等作品,反响热烈,天生具备吸引关注度的属性。本案与前文中的《武侠Q传》案件类似,侵权游戏并非大段引述文字作品中的内容,亦未完整使用作品中的故事情节,而是对金庸小说中众多方面的大量元素进行了截取、组合式的使用,涉案游戏未形成脱离于原作品独创性表达的新表达。司法实践中,涉游戏侵犯著作权案件的类型主要有五种:(1)网络游戏侵犯软件著作权案;(2)游戏网站侵犯游戏信息网络传播权案;(3)游戏中元素侵犯著作权案;(4)游戏侵犯其他作品改编权案;(5)游戏公司间互诉侵犯著作权案件。

本案就属于游戏侵犯他人享有的改编权案。"黄金IP"因吸睛效果强、营销成本低、导入用户速度快、易获平台推荐等特点,成为游戏产业的关键,有实力的游戏公司纷纷购买优质 IP。畅游公司在获得金庸小说这一"黄金 IP"后,被多家游戏公司侵权,在全国范围发动了多起维权活动。

但是,该类案件在侵权认定上较为复杂,审理中困难较多,诉讼周期长。

本案提出了一个问题,即如果游戏中仅使用文学作品中的人物名称、形象描述、武功等元素,怎样判定该款游戏是否侵犯了原告享有的改编权?

一般认为,在判断侵权与否时,首先应确定相关人物名称、故事情节确系具有独创性的作品。金庸所著武侠小说《天龙八部》等作品早已公开发表,且享有极高的知名度。其次,在人物、情节的使用上,应当达到一定比例,使公众在玩游戏的过程中知道或应当知道该人物来源于相关作品,从而会误认为该游戏系授权而来。一般情况下,使用主线人物或直接将小说、影视剧中的核心情节作为游戏情节之做法,侵权可能性较大。法院已确认涉案游戏中使用的人物名称、地点、门派、武功名称及其对武功的描述与原著相同或实质性相似,且上述内容之间的联系亦与原著吻合,均为金庸所著武侠小说中虚构并创作的内容。涉案游戏不仅使用了金庸小说中众多方面的大量元素,而且将上述元素及相关描述组合在一起使用,能够构成具体、完整的意思表达,从而应认定其对原著进行了改编。

此外,被告对合理使用的抗辩未被采纳,那么什么样的行为才可以算作合理使用?

在涉游戏作品改编权的案件中,被告常抗辩其使用系合理使用。对此,可以从以下几个方面进行考量:(1)对公有领域信息的吸收与使用不构成侵权;(2)使用的性质和目的并非单纯地再现原作本身,而是利用原作的艺术价值;(3)对原作的使用不构成影响。至于针对具体案件的具体判断,则需要法院根据实际情况进行分析。

随着网络游戏复杂程度的加深,游戏对作品的使用方式也越来越隐蔽和多样化,合理使用和侵害改编权的判断越来越复杂,本案对于进一步厘清侵害改编权与合理借鉴的行为之边界同样具有指导作用。

判决书整理人：陈馨文

评注人：张磊

『游例知产 &13』
密室逃脱照搬手游元素，侵权取证有难度

上海胖布丁公司与沈阳魔咒拓展中心、上海汉涛公司著作权侵权及不正当竞争纠纷案

【关键词】

解谜游戏、密室逃脱、美术作品

【案例来源】

上海市浦东新区人民法院(2017)沪 0115 民初 85616 号民事判决书

上海知识产权法院(2019)沪 73 民终 127 号民事判决书

【权利作品名称】

胖布丁科技《迷失岛》游戏软件(简称《迷失岛》)V1.0

【案情简介】

上海胖布丁公司开发完成了涉案《迷失岛》游戏，该游戏系一款解谜游戏，通过独特的美术风格和引人入胜的故事情节，吸引玩家在游戏内通过解锁场景来移动、获取道具，推进游戏进程，解开游戏谜团。大众点评用户评论显示，位于沈阳的魔咒拓展中心经营的密室逃脱实体店，大量使用涉案游戏画面、人物形象、物品造型等元素，其宣传文案包括"除了美术外，合理的谜题设置，引人入胜的故事背景，意料之外的机关设置，都成为了它不可或缺的组成部分"，并且该店将"迷失岛""ISOLAND"用于其经营的密室逃脱实体店及其广告宣传中。胖布丁

公司认为，魔咒拓展中心经营的密室逃脱实体店构成对涉案游戏的著作权侵权及不正当竞争，遂诉至法院，请求判令停止侵权、消除影响、赔礼道歉、赔偿经济损失及合理费用。

法院认为，密室逃脱店墙上绘制的图案，有 19 幅与《迷失岛》的美术作品构成实质性相似，且被告魔咒拓展中心具有接触原告相应作品的可能性，因此其对该 19 幅美术作品的使用侵害了原告享有的署名权、复制权。该被告将其中 8 幅作品用于宣传，侵犯了原告享有的信息网络传播权。法院认为，原告主张侵权的涉案游戏之宣传用语，不符合作品独创性的要求，不是《著作权法》所保护的作品。法院认为，涉案游戏的名称"迷失岛""ISOLAND"具有较强的显著性，经过原告实际使用和不断宣传，具有了区别商品来源的显著特征，构成知名商品的特有名称。被告魔咒拓展中心将"迷失岛""ISOLAND"用于其经营的密室逃脱实体店及广告宣传，属于擅自使用知名商品特有名称的不正当竞争行为。

【要点提炼】

1. 如何选择网络游戏的保护方式和路径？

应当根据被控侵权行为的类型、性质、方式加以确定。网络游戏是一个复杂的各类要素之集合体，它集合了音乐、美术、文字、故事情节、动画等各要素，并通过一定的软件程序整合起来。

其中，网络游戏本身是以计算机软件的形式出现的，如果权利人被抄袭了网络游戏的源程序、目标程序，可以通过软件作品加以保护；画面精良、制作复杂、有较强故事情节的网络游戏，可以通过类电影作品进行保护；游戏人物图像、游戏画面、场景、物品等可以通过美术作品加以保护；游戏中的文字剧情、人物台词等可以通过文字作品加以保护；游戏配乐可以通过音乐作品加以保护。

2. 原告既主张涉案游戏整体构成类电影作品，魔咒拓展中心的行为侵害了该类电影作品的复制权、改编权和署名权；同时又主张涉案游戏的画面、人物形象等构成美术作品，魔咒拓展中心的行为侵害了美术作品的复制权、署名权和信息网络传播权。对此，法院如何评价？

法院认为，是否认定一款游戏作为一个整体属于类电影作品，应当根据被控侵权行为的方式、类型来按需认定。法院后续认定密室逃脱实体店并未侵犯涉案游戏整体的复制权、改编权，故对涉案游戏整体是否属于类电影作品亦不再评述。法院认定被告大量使用涉案游戏画面、人物形象、物品造型，已构成对原告相关美术作品著作权的侵害。

3. 本案中，对于被控行为是否侵犯著作权，法院是如何认定的？

（1）本案中，魔咒拓展中心在密室逃脱实体店就涉案游戏元素的使用，并未侵害涉案游戏作为一个整体的复制权、改编权。

① 密室逃脱实体店使用的仅是涉案游戏的人物形象、游戏画面等部分元素，自然不构成对整个涉案游戏复制权的侵害。

② 在判断是否属于改编时，除了判断新作品是否利用已有作品的基本表达外，还要判断已有作品的表达在新作品中的比重和地位，改编后的新作品应包含原作品的主要情节、人物关系或结构。本案中，魔咒拓展中心的密室逃脱实体店并未在涉案游戏的画面、人物形象之外，创作出一个具有独创性的新作品。即使构成作品，该密室逃脱实体店在总体上也未能反映涉案游戏的基本情节、主要人物关系和主要内容。因此，魔咒拓展中心经营的密室逃脱实体店并未侵犯涉案游戏作为一个整体的改编权。

因密室逃脱实体店并未侵犯涉案游戏整体的复制权、改编权，故对涉案游戏整体是否属于类电影作品亦不再评述。

（2）魔咒拓展中心在其经营的密室逃脱实体店中大量使用涉案游戏画面、人物形象、物品造型，已构成对胖布丁公司相关美术作品著作权的侵害。

（3）魔咒拓展中心在其微信公众号中使用的"除了美术外，合理的谜题设置，引人入胜的故事背景，意料之外的机关设置，都成为了它不可或缺的组成部分"等文字的宣传用语，字数较少，缺乏作品相应的长度和必要的深度，无法充分表达和反映作者的思想感情，不符合作品独创性的要求，故该段短语不是《著作权法》所保护的作品。

4. 本案中，对于被控行为是否构成不正当竞争，法院是如何认定的？

（1）涉案游戏的名称"迷失岛""ISOLAND"经实际使用和不断宣

传,具有知名度,构成知名商品的特有名称,被告构成擅自使用知名商品特有名称的不正当竞争行为。

（2）由于宣传图片、游戏画面、角色形象已通过侵害著作权之事由给予了保护,而同一侵权行为不能重复评价,故不再进行反不正当竞争法上的论述,对其构成知名商品特有的包装、装潢的诉请不予支持。

（3）二审法院认为,密室逃脱实体店和电脑游戏,两者虽体验方式不同,但均属解谜类游戏。魔咒拓展中心在经营密室逃脱实体店的过程中,使用"迷失岛"作为宣传主题,同时结合在实体店中使用《迷失岛》游戏中的相关美术作品等事实,容易使相关公众误认为该密室逃脱实体店的经营者与《迷失岛》游戏的经营者之间有特定联系,故该项行为具有不正当性,构成不正当竞争。此外,前述法律规定未将"擅自使用"限定在相同或者类似商品上,相关公众对商品来源容易产生误认或混淆的"擅自使用"行为,亦应当纳入。

【律师评注】

随着如今娱乐方式越来越多元,IP 产业链也在不断扩展。游戏中的场景、画面以及人物角色等元素除了会被同为游戏厂商的竞争对手抄袭和盗用外,还可能会被通过其他方式进行衍生开发。本案就是一个将手机上的点触解谜游戏中的元素用到实体密室游戏中的案例。这一案件有以下值得关注的亮点:

（一）专家辅助人出庭作证对于法官理解新兴行业的关键事实具有重要意义

本案中,原告为了证明游戏的知名度和热度等,申请了游戏协会秘书长作为专家辅助人出庭,对独立游戏的特别之处进行了说明。独立游戏与网络游戏不同,下载量的参考数据也与网络游戏不同。韩秘书长在庭上的证言最终被法院采纳。结合客观的下载量数据以及专家辅助人的证言,法院最终认定原告方的举证可以证明游戏的知名度和影响力,并进而认定该游戏构成了知名商品。

这一操作给予游戏厂商的重要启示是,在无法仅通过证据来客观论证游戏的知名度、热度或者影响力的情况下,可以利用民事诉讼法上有关专家辅助人的规则设置,邀请在行业内具备一定权威性的专家辅助人,就相关问题发表专业意见,从而更好地说服法官。

(二)法院就实体密室逃脱游戏模仿手机游戏是否构成侵权的分析思路独树一帜

本案还值得关注的是,一审法院采用了一种"倒置"分析的思路,认为是否认定权利游戏构成类电影作品,需要结合侵权行为的方式、类型来按需认定。一审法院认为,由于被告的实体密室逃脱店铺并未侵害涉案游戏作为整体的复制权、改编权,因此尽管原告主张了其作品构成类电影作品,但是法官基于对被告行为的初判,最终并未对原告作品是否构成类电影作品进行评述。这一认定和论证思路在实践中也是较为少见的。当然,这也是和原告在本案中的举证情况有关。如果原告在举证上有相应的突破,比如分别对权利游戏和密室进行试玩和比较,也许裁判也会出现相应的变化。

(三)本案中,原告的举证还存在可以进一步完善之处

本案中,原告对被告侵权行为的固定并不直接。原告方主要进行了两次公证:(1)公证"大众点评"平台上公众的点评内容,包括拍摄的密室图片、玩家的评价等;(2)公证被告的官方微信公众号,主要是推送文章的文字表述以及推送中出现的密室图片。也是因为这些证据素材的局限,导致原告在本案中的权利主张和侵权行为指控之力度都十分有限。最终,原告主要基于美术作品和文字作品进行主张,而法院并未支持文字作品的诉请。

笔者认为,由于点触解谜游戏与密室逃脱游戏本身具有一定的共通性,且部分玩家评论中提及类似于"手机上就有这个游戏"之表述,因此有可能存在实体密室逃脱的设计抄袭了权利游戏之情况。但是,由于原告并未找公证机构进入到实体密室中进行试玩,对于这部分潜在的侵权并没有办法进行主张。当时,我们无从知道原告拟提起本案诉讼时所面临的技术问题或实际情况,但不得不说这是本案的一个遗憾之处。

判决书整理人:苗雨

评注人:钟姝琦

『游例知产 & 14』
短视频平台擅自直播游戏，行为保全的考虑因素多

腾讯成都公司、腾讯深圳公司与运城阳光文化公司、今日头条公司、字节跳动公司、优视公司侵害计算机软件著作权及不正当竞争纠纷行为保全案

【关键词】

游戏短视频、游戏直播画面、行为保全

【案例来源】

广州知识产权法院民事裁定书（2018）粤 73 民初 2858 号之一

【权利作品名称】

腾讯《王者荣耀》软件（简称《王者荣耀》）V1.1.8.1

【案情简介】

腾讯公司认为，《王者荣耀》的用户协议明确约定，未经腾讯许可，不得以任何方式录制、直播或向他人传播腾讯游戏内容，不得将账号借予他人用于直播等。运城阳光文化公司、今日头条公司、字节跳动公司未经其许可，通过其经营的"西瓜视频"APP 招募、组织主播直播《王者荣耀》游戏并获得巨额收益，严重侵害了腾讯公司对《王者荣耀》享有的著作权，优视公司开发的 PP 助手提供西瓜视频的分发、下载服务，扩大了侵权行为的影响力，构成共同侵权；同时，腾讯深圳公司亦运营《王者荣耀》的直播业务，阳光文化公司、今日头条公司、字节跳动公司通过

"西瓜视频"APP直播《王者荣耀》游戏,主观上具有攀附《王者荣耀》知名度及市场竞争优势来吸引观众的故意,客观上获得巨大的商业利益,对腾讯深圳公司直播市场的运营造成重大损失,构成不正当竞争。在诉讼过程中,腾讯公司向法院提出行为保全申请,认为如果上述侵权及不正当竞争行为不予立即制止,将导致申请人的损失无限扩大,难以弥补。原告请求法院裁定"西瓜视频"APP立即停止以直播方式传播《王者荣耀》游戏内容,并且优视公司在"西瓜视频"APP停止以直播方式传播《王者荣耀》游戏内容之前,停止西瓜视频的分发、下载服务。

法院作出裁定,要求"西瓜视频"APP立即停止直播《王者荣耀》游戏内容,但在此期间不影响其为用户提供余额查询及退费等服务。

【要点提炼】

1. 结合本案,法院审查行为保全的考虑因素有哪些?

依据《最高人民法院关于审查知识产权纠纷行为保全案件适用法律若干问题的规定》,法院应当考虑如下因素:

(1)申请人的请求是否具有事实基础和法律依据,包括请求保护的知识产权效力是否稳定。

首先,权利效力是否稳定,综合考量下列因素:

① 所涉权利的类型或者属性;

② 所涉权利是否经过实质审查;

③ 所涉权利是否处于宣告无效或者撤销程序中,以及是否具有被宣告无效或者撤销的可能性;

④ 所涉权利是否存在权属争议;

⑤ 其他可能导致所涉权利效力不稳定的因素。

其次,是否有胜诉可能性。根据当事人的主张,分别分析:

① 侵害著作权的可能性;

② 构成不正当竞争的可能性。

(2)不采取行为保全措施是否会使申请人的合法权益受到难以弥补的损害,或者造成案件裁决难以执行等损害。

有以下情形之一,即可认定"难以弥补的损害"(诉前行为保全,此处作参考）：

① 被申请人的行为将会侵害申请人享有的商誉或者发表权、隐私权等人身性质的权利，且造成无法挽回的损害；

② 被申请人的行为将会导致侵权行为难以控制，且显著增加申请人损害；

③ 被申请人的侵害行为将会导致申请人的相关市场份额明显减少；

④ 对申请人造成其他难以弥补的损害。

（本案中的关键词：开发成本高、时效性强、市场生命周期短、传播速度快、影响范围广，市场份额减少/挤占和市场机会丧失，司法救济程序周期长。）

（3）不采取行为保全措施对申请人造成的损害是否超过采取行为保全措施对被申请人造成的损害。

（本案不涉及"西瓜视频"其他无关内容的播放及其他业务的正常开展。）

（4）采取行为保全措施是否损害社会公共利益。

（本案不涉及公共利益或消费者利益。）

（5）其他应当考量的因素。

（本案申请人应提供足够的担保。申请人提供的担保数额，应当相当于被申请人可能因执行行为保全措施而遭受的损失，包括责令停止侵权行为所涉产品的销售收益、保管费用等合理损失。在执行行为保全措施的过程中，被申请人可能因此遭受的损失超过申请人担保数额的，人民法院可以责令申请人追加相应的担保。申请人拒不追加的，可以裁定解除或者部分解除保全措施。）

2. 胜诉可能性分析是行为保全的考虑因素之一。本案中，法院是如何考量著作权侵权可能性的？

（1）法院认为，游戏直播这种新型传播行为不属于著作权法中的具体财产权之控制范围。接下来，法院分别讨论了侵权行为是否构成对与之相关的广播权和信息网络传播权之侵犯，结论是均不构成。

① 游戏直播不是以无线方式进行的传播，也不是在接收到某一广

播组织的无线传播后再进行的有线或无线的转播,不属于受广播权控制的行为。

② 游戏直播是非交互式网络传播行为,不属于受信息网络传播权控制的行为。

(2)《著作权法》没有规定广义的"向公众传播权",但我国是 WCT 和《伯尔尼公约》的缔约方,著作权人控制游戏直播这类非交互式网络传播行为的权利也应得到我国法律的保护。综上所述,法院认为,腾讯公司对游戏直播享有的权利属于《著作权法》第十条第(十七)项的兜底性规定,即"应当由著作权人享有的其他权利"。

(3)著作权是一种排他权。根据申请人提交的证据,阳光文化公司、字节跳动公司、今日头条公司的涉案行为未经著作权人许可,也无著作权法规定的限制事由,存在共同侵犯涉案游戏著作权的可能性。没有证据显示优视公司参与《王者荣耀》游戏的直播,故其侵犯涉案游戏著作权的可能性较低。

3. 本案中,法院是如何考量构成不正当竞争的可能性的?

根据《反不正当竞争法》第二条,是否构成不正当竞争行为,应从以下几个方面去考量:是否存在竞争关系、其他经营者的合法权益是否因涉案竞争行为受到损害、该竞争行为是否正当。

(1)申请人与被申请人的经营活动都涉及游戏行业,两者的经营范围、消费群体存在重合,故可以认定双方存在市场竞争关系。

(2)三个被申请人对《王者荣耀》游戏的研发、运营没有投入,在组织直播游戏获取商业利益时,也没有获得著作权人的许可并支付相应对价,其行为客观上抢占了涉案游戏的直播市场份额,可能对申请人的合法权益造成损害。

(3)市场竞争行导致市场一方利益受到损害,并不当然意味着该竞争行为不正当,判断依据应为是否违反了诚实信用原则和公认的商业道德。三个被申请人无视游戏协议有关游戏传播限制方面的内容,未经许可且未支付相应对价,以有偿方式召集、组织游戏主播违反用户协议,擅自在"西瓜视频"APP 对游戏进行商业化直播,"西瓜视频"APP 则从中吸引用户和流量来获取商业利益。上述行为可能损害申请人基于合同法的受保护权益,攫取了《王者荣耀》游戏的直播市场和用户资源,违反了诚实信用原则和公认的商业道德。

综上,阳光文化公司、字节跳动公司、今日头条公司的行为存在构成不正当竞争的可能性。没有证据显示优视公司参与《王者荣耀》游戏的直播,故其构成不正当竞争的可能性较低。

【律师评注】

近年来,随着直播这种新经济形态的不断普及和发展,与游戏直播相关的维权之诉不绝,而本案的典型性及主要参考价值体现在以下几个方面:

(一)作为中国游戏直播平台第一禁令,其背后存在明显的产业推力,并具有重要的时代意义

无论从玩家数量还是游戏营收层面来看,《王者荣耀》都可以说是当之无愧的现象级国产手游。本案发生的 2018 年,是游戏直播市场爆发性增长的第二年,游戏行业已经从游戏内充值这种较为单一的盈利模式向着更多元的方式发展,游戏直播将成为游戏厂商重要的营利点。

但直播具有实时性等特点,热度、流量在短时间内高度集聚后,又很可能快速消散,而涉及网络游戏著作权、不正当竞争的案件之审理周期却很长。在这种情况下,通过禁令及时制止未经授权的直播行为,成为保障权利人利益的重要手段。这一禁令的作出,为网络游戏直播行业树立了较为明确的指引,即在没有获得游戏权利方授权的情况下,不能进行游戏直播业务。这对于规范游戏直播产业、分配行业收益等问题的处理,具有重要的意义。

(二)游戏权利方对游戏直播画面是否享有权利以及享有何种权利之司法认定

关于游戏权利方对网络游戏直播享有何种权利,此前已有相关判例,最为知名的就是引发热烈讨论的网易诉华多案。在该案件中,广州知识产权法院一审认定直播行为属于著作权其他权利的范畴,最终判令被告停止直播并赔偿 2000 万元;广东高院二审维持了这一判决。

新的《著作权法》实施之后,原来广播权中"以无线方式公开广播或

者传播作品,以有线传播或者转播的方式向公众传播广播的作品"被修改为"以有线或者无线方式公开传播或者转播作品"。因此,今后关于游戏直播所涉及的著作权权项问题,将会获得更加统一的司法适用。

而对于游戏主播对直播画面是否享有权利,目前各方的观点都较为一致,即在目前的实践中,如果最终呈现的仅仅是游戏画面,那么主播对这一画面并不享有著作权法上的权利。当然,如果后续主播对最终呈现出的游戏画面存在独创性的贡献,构成了著作权法意义上的创作,那么结论自然也会发生相应的变化。

(三) 在著作权法的保护之外,是否可以针对未经授权组织的游戏直播行为寻求反不正当竞争法层面的保护?

在本案中,法院对被控侵权行为是否涉嫌不正当竞争也进行了一定的评述。由于权利人主张适用《反不正当竞争法》第二条的"兜底条款",法院从竞争关系、是否存在损害、竞争行为是否具有正当性这三大层面进行了初步的判断。基于《王者荣耀》游戏的用户协议中明确了不得未经许可直播等相关条款,并且被申请人又未支付相应对价,因此法院最终认定相应行为存在构成不正当竞争的可能性。

本案中,申请人同时从著作权法与反不正当竞争法的角度进行了主张,并均获得了法院的初步支持。这一案例给予其他权利方的重要启示在于,申请禁令时,还是尽可能从多个角度同时进行主张,因为只要有一个层面上的论证能够初步说服法官,获得支持,就有可能实现诉讼目标,进而在案件中占据优势地位。

判决书整理人:苗雨

评注人:钟姝琦

『游例知产 & 15』
格斗类游戏无法构成类电作品，反不正当竞争法如何来兜底

益趣公司、天赐之恒公司与指天公司著作权及不正当竞争纠纷案

【关键词】

"换皮"抄袭、侵权游戏恶意更名、游戏规则文字、游戏 UI 界面、新手引导

【案例来源】

北京市海淀区法院(2017)京 0108 民初 29139 号民事判决书

北京知识产权法院(2019)京 73 民终 2613 号民事判决书

【权利作品名称】

《拳皇 98 终极之战 OL》

【案情简介】

2015 年 3 月 17 日,益趣公司开发完成《拳皇 98 终极之战 OL》游戏软件,并进行了软件著作权登记。2017 年 4 月 7 日,益趣公司发现天赐之恒公司、指天公司上线被控侵权游戏,该游戏整体抄袭了涉案游戏,仅是将涉案游戏的题材由"拳皇"更换为"数码宝贝"。同时,天赐之恒公司、指天公司后续上线与被控侵权游戏内容完全一致的游戏,并为躲避益趣公司的知识产权投诉,将游戏名称进行多次变化。

益趣公司认为,天赐之恒公司、指天公司侵害了益趣公司对涉案游戏享有的著作权并构成不正当竞争,被控侵权游戏的运营获利巨大,遂

诉至法院。法院审理认为,天赐之恒公司未通过自己合法的智力劳动参与游戏行业竞争,而是通过不正当的抄袭手段将益趣公司的智力劳动成果占为己有,其行为超出了游戏行业竞争者之间正当的借鉴和模仿,背离了诚信原则和商业道德,构成不正当竞争。

【要点提炼】

1. **格斗类游戏整体无法构成类电作品**

关于原审原告主张游戏整体构成类电作品,一审法院认为,结合其提交的证据及陈述来看,草薙京与其他人物的活动及关卡类游玩情况,均不构成连续的画面,也缺乏电影情节的表达方式,画面的整体观感散乱,不能形成较为集中的主线表达方式,不能形成蒙太奇效果。据此,针对原告主张涉案游戏构成类电作品,一审法院不予支持。

二审法院认为,涉案游戏系一款卡牌游戏,其核心玩法为随机抽取角色卡牌、培养角色、培养装备等。与 ARPG 游戏(动作类角色扮演游戏)不同,卡牌游戏在运行过程中通常呈现的是若干非连续性的静态画面,并且故事情节要素较弱。在涉案游戏的整体游戏画面中,包括战队、格斗家、酒吧、商店、背包、任务、社团等游戏系统在内的多数画面均以静态画面为主要呈现内容,并随着玩家的操作行为实现不同静态画面的变化与切换。上述游戏画面之间大多不具有连续性,不能表现出画面中的人物或事物在运动的观感,亦不具备相应的剧情或故事情节,故未构成类似电影作品的连续动态画面。

2. **UI 界面是否构成作品?**

关于涉案游戏的 UI 界面,其主要为矩形框架,并在主框架内设置若干子框架,用以展现游戏各个参数。游戏的 UI 界面能够构成作品的前提是能够形成独创性表达,但是受限于手机界面空间,大多数手机游戏的界面均采用类似设计。原审原告未举证证明其 UI 界面系具有独创性的表达,因此针对其关于原审被告抄袭其 UI 界面的主张,一审法院亦不予支持。

3. **并非所有视频化的动态片段均可以作为类电影作品进行保护**

关于新手引导,原审原告主张其构成类电作品。事实上,相关的视频介绍类似于说明性文章。原审原告未注意到类电作品的本质在于"类似摄制电影的方法创作",其将介绍游戏过程中截取的若干片段和功能性介绍作为主画面的视频,企图以类电作品来保护,有悖于类电作品的立法初衷,将类电作品做了庸俗化理解。

4. 角色的数值不受著作权法保护

被控侵权游戏与涉案游戏有 54 个人物存在一一对应关系,其仅仅是将涉案游戏人物的美术素材以及文字部分进行了替换,实际的人物属性、技能效果、定位设定、技能伤害比例等内容完全一致,数值几乎完全一致。然而,数值并不属于受著作权法保护的范围。

5. 游戏设计不受著作权法保护

该案中,二审法院认为,电子游戏的设计架构,包括游戏的主题、规则、玩法、情节等内容,一般情况下属于思想的范畴,不受著作权法的保护。当事人主张游戏设计构成作品的,至少应当证明其所主张的游戏设计能够依托游戏界面呈现出足够具体的内容,从而达到"抽象概括法"所提出的思想与表达的分界线之下,并且其独创性足以达到作品的高度。该案中,在案证据尚不足以证明涉案游戏的包括格斗家系统、战队系统、PVP 对战系统、地图关卡系统等 20 个系统功能在内的游戏设计足够具体且具有独创性,单纯的游戏设计不属于我国著作权法规定的任何一种作品形式。因此,涉案游戏的游戏设计未构成著作权法上的作品。

6. 游戏规则形成的文字能否受著作权法保护?

该案中,二审法院认为,游戏规则形成的文字是对游戏游玩过程的说明性文章,类似于产品说明书,该说明性文章的独创性较低。任何人在对游戏进行说明时,都无法避免对游戏的架构、人物、功能、参数进行介绍,如认为这类文章具有独创性,势必会造成他人今后无法对游戏进行说明。因此,法院认为游戏规则不受著作权法的保护。

【律师评注】

本案的著作权认定部分比较保守,没有让类电影作品的认定掀起新的高潮。法院只是非常严谨地对作品构成部分进行了认定,而针对未被著作权法保护的部分,法院通过反不正当竞争法进行了规制。

（一）不构成作品的游戏元素

从游戏整体来看,一审法院认为构成类电影作品需要满足两个条件,即连续画面及电影情节的表达方式,而《拳皇 98 终极之战 OL》作为卡牌类游戏,不满足上述特征,游戏整体无法作为类电影作品予以保护。二审法院对构成类电影作品的要求进一步细化:一是电子游戏包含一系列的图像或者画面;二是上述图像或者画面能以某种连续的方式显示,上下之间存在紧密的联系;三是电子游戏呈现上述图像或者画面时会给人以活动的印象、感觉。至于创作游戏画面的技术手段,包括"摄制在一定介质上",不是以类似摄制电影的方法创作的作品之构成要件。二审法院的细化还是非常有指导意义的。

从游戏的局部来看,一审法院认为,UI 界面属于有限表达、游戏规则独创性太低、新手引导不构成类电影作品、游戏设计属于思想、角色属性设置不属于作品,因此上述部分均未获得著作权法的保护。二审法院的观点与一审法院一致。

（二）反不正当竞争法如何来兜底?

关于游戏角色的属性设置,一审法院认为,"原告投入了大量的人力物力开发游戏,并将游戏的人物参数反复调试保证游戏的平衡性,以达到让玩家参与游玩的客观效果,并取得较大的市场影响力",被告抄袭的行为违反了诚实信用原则。

在游戏整体画面作为类电影作品的认定大潮中,严守作品认定的底线也是非常必要的,只有在不停地实践中探寻,才能在认定与不认定之间找到合适的界限。

判决书整理人:张立峰

评注人:张玲娜

『游例知产＆16』
策略类游戏模拟器，保护规则玩法新思路

杭州网易雷火科技有限公司诉吕一尘、林军、千陌（杭州）科技有限责任公司著作权及不正当竞争纠纷案

【关键词】

游戏模拟器、规则玩法、不正当竞争

【案例来源】

杭州互联网法院（2019）浙 0192 民初 8128 号民事判决书

杭州市中级人民法院（2020）浙 01 民终 7422 号民事判决书

【权利作品名称】

《率土之滨》

【案情简介】

原告网易雷火公司自主研发、运营的《率土之滨》是一款策略类游戏。该款游戏是同一服务器的数千玩家共同存在于一张大图中，每个玩家拥有自己的主城与土地，通过搭配武将和武将战法，不断战胜土地上的敌方守军，实现领土扩张并获取更多的资源，和同盟成员一起攻城掠地，在赛季结束时占领城池，获得一统天下的胜利。游戏中的战法是武将在战斗中可以使用的特殊战斗招式，分为武将自带战法和习得战法，武将战法的文字描述与武将卡牌有固定对应关系，形成紧密联系的有机整体，凝聚了作者的创造力和智力活动，具有独创性。

原告认为,被告千陌公司开发运营的《率土模拟器》,抄袭了《率土之滨》的相关文字内容及图片,严重侵犯其著作权。同时,原告也主张《率土模拟器》提供队伍配置、模拟对战、阵容评分和模拟配将等功能,与《率土之滨》的各个赛季相匹配,完全模拟《率土之滨》的相关游戏内容,玩家使用《率土模拟器》会严重缩短游戏产品寿命,给使用者带来不正当优势,破坏了公平竞争的市场秩序,违反公平原则、诚信原则和商业道德,属于不正当竞争行为。

被告辩称,《率土模拟器》为策略类游戏常用的"角色"＋"技能"组合产生结果的计算机逻辑系统,在同类型游戏中普遍适用,该系统受著作权法的保护,系统本身没有侵权,不构成不正当竞争。

法院经审理认为,在《率土之滨》的武将战法文字内容中,根据三国历史故事并结合三国类开荒战法游戏规则创作而成具有独创性的部分,可以认定为文字作品;154 副卡牌角色图片具有较高的审美意义,可以认定为美术作品。《率土模拟器》对武将战法的文字内容和武将卡牌角色形象的使用,侵害了原告的信息网络传播权。法院没有支持原告不正当竞争的诉请,判令被告某公司立即停止侵权行为并赔偿经济损失及合理开支共计 150 万元。2021 年 3 月 31 日,杭州中院作出二审判决,维持了一审判决。

【要点提炼】

1. 如何评判某种行为是否属于《反不正当竞争法》第二条的一般条款所规制之内容?

本案中,网易公司称其主张不正当竞争行为之权益基础为《率土之滨》游戏的武将战法对战系统。在《率土模拟器》中,用户可以通过自行选定武将和战法的组合,由该模拟系统自动判定对战的胜负,从而帮助用户在《率土之滨》中选择胜率较大的武将和战法组合,减少用户在《率土之滨》中反复尝试的时间,因此网易公司认为《率土模拟器》构成对《率土之滨》的不正当竞争。

首先,我们要看该行为是否属于《反不正当竞争法》第二章具体列举的不正当竞争行为。如果不属于,那么是否应当用《反不正当竞争法》第二条的一般条款对其予以规制。按照第二条的规定,我们要分别从"被诉行为是否损害了被告或消费者的合法权益"以及"关于被诉行为是否违反了商业道德和诚实信用原则"两方面来衡量。

2. 网络游戏功能模块/游戏规则式玩法,为何不能通过反不正当竞争法予以保护?

本案中,一审法院认为,单纯网络游戏中的功能模块应属于著作权法的保护范畴,一般不宜纳入反不正当竞争法的保护范围。原告针对游戏中的功能模块,直接主张反不正当竞争法保护,明显缺乏法律依据。本案中,虽然对战模块是《率土之滨》的核心玩法体验之一,也是由原告自主研发,但是模拟对战功能及对战完成后查看战报的功能仅仅是一种游戏功能,被告已经举证证明对战功能是三国类游戏中普遍存在的游戏功能。因此,"模拟战斗"功能模块不能也不应该为原告所独占,更不能因此赋予其在著作权法之外的额外法律保护。

二审法院认为,游戏功能的实质是游戏的规则式玩法,属于思想范畴。对于作为消费者的玩家而言,通过《率土模拟器》掌握游戏的规律,一定程度上实现了对游戏时间的控制,很难说他们的利益受到了损害,故无法认定原告或消费者的合法权益因被诉不正当竞争行为遭受到法律所承认的损害。《率土模拟器》虽客观上存在对游戏功能的干扰,但游戏功能并不像作品或发明专利一样受到专有权利的保护,且此类干扰是所有提供游戏经验、攻略、技巧的行为都具有的,并未超过必要的限度,因此也不能认定被告的行为违反了公认的商业道德和诚实信用原则,不能通过反不正当竞争法予以保护。

3. 如何判断文字内容是否构成作品?

判断请求保护的对象是否为作品时,首先应当把其中不受保护的思想抽象出去,再把属于公有领域的部分过滤掉,然后就剩余的部分判断是否符合作品独创性的要求。独创性可以体现在作品的内容上、表达形式上或者两者兼具。其次,按照著作权法对独创性的要求,作品的表达形式与内容应当是作者独立完成,并且不同于公有领域业已存在的作品或他人的在先作品。

如果将名称中的每一个字或词剥离出来单独判断,这些字或词都属于公有领域的素材,不受著作权法保护,但将这些字或词组合并赋予一定的含义,其就具有了一定的独创性,体现了作者对游戏表达元素的取舍、选择、安排、设计等。此外,没有证据显示,在该作品发表之前,这些字或词已经成为某种常用词汇。

在创作空间非常大的情况下,作者对内容的取舍、选择、概括与总结,更凸显了作者个性化的选择、创作、编排和设计,并体现了作者的艺术化再加工。这种表达足够具体,展现了作者对相应素材的编排和设计,可以受到著作权法的保护。

4. 原告主张涉案软件侵犯文字作品、美术作品的复制权、改编权为何没有得到支持?

涉案软件使用涉案文字作品、美术作品并在线传播,此时互联网环境中的涉案文字作品、美术作品已经稳定固定在有形载体上,复制权与信息网络传播权控制范围已经重合,且原告未能举证证明涉案软件存在其他未经许可的复制行为,故对原告主张侵犯复制权的诉请不予支持。

改编权所保护的是基于原作品而产生的派生创作利益,因此如果他人的修改尚未达到在改变原作品的基础上产生新作品之程度,此种修改就不应纳入改编权的保护范围,所涉行为可由复制权或信息网络传播权加以控制。本案中,涉案软件中使用的涉案文字内容、人物形象与原告的文字作品、美术作品分别构成实质性相似,尚无新的创作内容,而原告亦未能举证证明涉案软件中使用的涉案文字、人物形象在保留了涉案文字作品、美术作品的独创性表达之基础上形成了新的作品,故其有关侵犯改编权的诉请不能成立。

5. 针对涉案软件的侵权行为,如何进行证据保全?

(1)首先,可以对涉案软件进行公证证据保全,一般操作如下:

在公证员的协助下,委托代理人操作公证处提供的手机(手机品牌型号):

① 打开手机,通过无线路由器上网方式进入 Internet。

② 浏览手机主屏幕。

③ 点击打开手机自带浏览器,查阅历史记录信息等,清理历史记录,在地址栏输入 www. baidu. com,进入百度首页页面。

④ 在上述百度首页搜索框输入"北京时间",自动进入搜索结果页面,浏览实时的北京时间。

⑤（本案是通过微信公众号下载涉案手机软件,以此为例）返回桌面,打开微信APP,在添加公众号页面,搜索并关注涉案微信公众号。显示公众号欢迎语。在涉案微信公众号浏览账号主体页面,查看显示企业全称、名称记录等信息。点击下方功能栏,进入相关页面。在上述公众号页面,下载并安装该应用。

如果是苹果手机,则点击打开手机自带的AppStore,进入AppStore搜索涉案软件,查看相关信息,下载安装。

⑥ 在手机桌面上打开上述应用,输入账号和密码登录,运行该软件,软件显示相关充值介绍文字。用微信充值,显示收款商户名称;用支付宝充值,显示收款商户名称。在软件中进行相关操作,查看涉案内容并录屏/截图。

⑦ 点击打开上述手机浏览器,在地址栏输入www.baidu.com,进入百度首页,在百度搜索框输入"北京时间",自动进入搜索结果页面,浏览实时的北京时间。上述操作手机的过程由公证员全程拍摄视频录像。

公证员将上述视频录像、截图等文件拷贝至U盘,作为公证书的附件保存。公证处出具公证书。

（2）对文档截图进行时间戳认证

由联合信任时间戳服务中心出具《可信时间戳认证证书》。

（3）对美术作品、文字作品的相似性进行鉴定

由有资质的司法鉴定机关出具《司法鉴定意见书》。本案中,文字作品对比考察的是武将条目一一对应的关系,以及武将战法的战法名称、类型、说明等的一致性和是否存在相似的特征表达;美术作品对比考察的是整体布局、轮廓及作品细节表达之相似性。

（4）向法院提交《调查令申请书》,申请调取被告的支付宝和微信账户信息及账户明细/信息、资金流水清单等。

支付宝（中国）网络技术有限公司和财付通支付科技有限公司可以提供被告的用户ID/商户账号、商户名、注册时间、登录邮箱、账户名

称、证件号、绑定手机等信息,以及某一时间段内的资金流水条数、收入类别、收入共计金额等。

【律师评注】

本案作为游戏模拟器第一案,法院在著作权侵权和不正当竞争部分的说理都相当精彩,对游戏企业后续在提起维权诉讼时设计诉讼策略具有非常大的参考价值。

(一)在著作权侵权部分,对于网络游戏究竟应该主张整体保护还是拆分保护,提供了一些新的思路

早期的网络游戏在请求著作权法保护的时候,由于受到传统的作品类型法定的司法裁判模式之影响,基本上都要先确定权利作品类型,才能进一步进行侵权与否的判断,故很多时候不得不对游戏中的元素进行拆分主张,分别以文字作品、美术作品进行主张。直到《奇迹 MU》案,原告方尝试了一种新的作品类型主张,就是将游戏作品整体作为类电影作品进行主张,该主张获得了法院支持。

自此,司法实践中出现了两种趋势:很多游戏权利方认为,将游戏整体作为类电影作品进行主张能够获得更高的判赔,因此倾向于采用这一路径;而另一批权利人由于对游戏是否能够构成类电影作品还没有把握,于是会采用更为稳妥的拆分保护路径。

本案中,原告方在著作权法的主张上,采用的就是拆分保护的路径。但是,在对 472 个武将战法分别作为文字作品进行主张的同时,原告也对战法整体性的著作权法上之价值进行了主张,认为这些战法间存在整体性的相互配合/相互制约之关系,这些战法整体“形成了具有故事性的独特表达”。法院最终不仅认可了每一条武将战法文字内容所体现的游戏互动要素属于“表达元素”,具有著作权法上的保护价值,而且认可了武将战法本身属于能为玩家所呈现的整体表达,符合玩家作为著作权法意义上的欣赏者在游玩该作品中的感受。

(二)在不正当竞争的判断上,法院对市场竞争的理解和阐释体现了目前关于反不正当竞争法适用方面的司法倾向

法院基于“利益平衡”原则以及相关文字作品和美术作品已受著作

权法保护之事实,最终认定被告开发《率土模拟器》的行为不构成不正当竞争。这一判决对非作弊类游戏辅助软件的法律地位进行了一个初步定性,也可以说为游戏辅助软件的开发和商业化提供了一定的指引。

法院认为,《率土模拟器》不构成不正当竞争的核心原因在于,其并未导致游戏玩家从《率土之滨》流失。法院认为,《率土模拟器》并不是和《率土之滨》相竞争,并不是具有替代作用的"换皮游戏";使用《率土模拟器》的玩家大多希望回到《率土之滨》中继续参与,以获得更好的玩家体验;《率土模拟器》并未切断游戏玩家与《率土之滨》之间的联系,也未实质性替代《率土之滨》。

而针对《率土模拟器》模拟《率土之滨》的对战内容功能是否属于"搭便车"的行为,法院对整个市场的宏观理解让人不得不赞一句"格局大"。首先,法院认为毕竟对于游戏行业而言,游戏开发者并不必然获得游戏的全部商业价值,相关法律亦未规定一款游戏的所有收益必须全部归于开发者。而本案中,《率土模拟器》的"搭便车"行为由于并未损害《率土之滨》本身的商业模式和获益可能,因此属于应当予以容忍的市场竞争行为,不能轻率地认定为不正当竞争。

由此,似乎可以总结出来,对于战略类游戏而言,如果想要开发制作游戏模拟器等软件,游戏公司可以尝试寻找权利方来获得有关文字作品和美术作品等游戏素材的相关授权。如果不需要完全复制和使用这些资源,则可以寻求更为简单的模拟方式,比如仅模拟游戏的对战过程,而不对武将战法进行具体的描述和引用。在这种情况下,是否构成侵权和不正当竞争就会存在较大的争议空间了。

判决书整理人:苗雨

评注人:钟姝琦

『游例知产＆17』
全国首例涉 5G 云游戏侵权，技术发展变化多

深圳市腾讯计算机系统有限公司、腾讯科技（深圳）有限公司与珠海网易达电子科技发展有限公司、上海科学技术文献出版社有限公司、北京卓越晨星科技有限公司、天津英雄互娱科技有限公司、北京英雄互娱科技股份有限公司著作权权属及不正当竞争纠纷案

【关键词】

云游戏、信息网络传播权、著作权权属、不正当竞争

【案例来源】

杭州互联网法院（2020）浙 0192 民初 1329 号民事判决书

【权利作品名称】

《QQ 飞车》《英雄联盟》等竞技游戏软件

【案情简介】

原告腾讯计算机公司、腾讯科技公司是《英雄联盟》《QQ 飞车》两款涉案游戏的合法运营方和维权方。广州点云公司未经授权，将涉案两款游戏置于其云服务器中，供公众在移动端、网页端以及 PC 端使用"菜鸡"云游戏平台获得涉案游戏，侵害了两原告对涉案游戏享有的信息网络传播权。同时，点云公司将用户流量复制到其平台上，利用涉案游戏为"菜鸡"云游戏平台做引流宣传，通过销售"秒进卡""加时卡"来提供云游戏排队加速、加时的有偿服务，提供"上号助手"的无偿服务，

限制两原告的涉案游戏画质、功能及信息链接等,这些行为挤压了两原告的盈利空间及商业机会,威胁了两原告的用户数据安全,构成不正当竞争。

【要点提炼】

1. 竞技类游戏可否认定为类电作品予以保护?

本案中,涉案游戏《英雄联盟》《QQ 飞车》皆为竞技类游戏。从涉案两款游戏运行的整体画面效果来看,呈现出连续动态的画面,相关故事背景、场景设置、情节设定的选择与安排类似于电影剧本的创作,随着玩家操作形成的一系列有伴音或者无伴音的连续动态画面,类似于电影的摄制和成像过程,游戏创作完成后亦可存储在一定介质上,并可借助计算机等数字播放硬件设备予以传播。基于以上特征,涉案游戏应作为著作权法规定的以类似摄制电影的方法创作的作品予以保护。

2. 云游戏是否属于信息网络传播行为?

云游戏是以云计算为基础的游戏方式,本质上为交互性的在线视频流,通过游戏在云端服务器上运行,并将渲染完毕后的游戏画面或指令压缩后通过网络传送给用户。该案中,点云公司作为服务提供方,将涉案游戏上传至或放置在云服务器中,并且通过上传行为和开放行为,在不同终端的云游戏平台提供作品。用户通过点云公司提供的涉案云游戏平台,不用下载安装就可以直接操作游戏内容。可见,涉案行为能够使用户以点对点的方式,根据个人需要获得涉案两款游戏,符合信息网络传播行为的特征。

3. 云游戏平台向公众提供游戏的行为是否属于合理使用?

该案中,点云公司未经许可,在涉案云游戏平台运营两款涉案游戏,其使用目的不是介绍、评论作品或说明问题;其在涉案平台提供全面完整的涉案作品,并确认涉案两款游戏的整体与对应涉案作品均构成相同,故使用方式亦非适当引用。点云公司的行为明显影响两原告对相关涉案游戏的正常使用,造成涉案游戏的运行脱离了权利人的控制,损害其合法利益。因此,被诉侵权行为不符合著作权法上的合理使用之情形。

4. 云游戏模式下,著作权法保护与反不正当竞争法保护的边界在哪里?

一般情况下,凡著作权法已作穷尽性保护的,不宜再在反不正当竞争法中寻求额外的保护,司法不宜再给予双重评价与双重保护。本案中,结合原告对涉案游戏的请求权基础,法院认定点云公司限制涉案两款游戏外部链接跳转功能的情形,构成利用技术手段达到妨碍、破坏经营者合法提供的网络产品或服务正常运行的不正当竞争行为,该行为所产生的损害结果超过了信息网络传播行为的损害范围,符合《反不正当竞争法》第十二条第二款第(四)项之规定。

【律师评注】

本案系全国首例涉及 5G 云游戏的著作权及不正当竞争案件,荣获"2020 年中国泛娱乐十大最具研究价值案例"。

云游戏不同于一般的网络游戏,玩家不需要下载游戏的本地客户端或 APP,只需要下载云游戏平台的客户端或 APP 就可以在线接触网络游戏。对于网络游戏来说,无论是怎样的画面,本身还是计算机软件代码所组成的指令及调取的相关素材。那么,玩家在不直接"接触"这些软件代码和素材(包括图片、文字、音效等)的情况下,是否属于"获取"了该网络游戏呢? 如果不算,那么当然也就不被著作权法中的信息网络传播权所规制。这种新型传播方式所带来的权利保护方式和保护边界,是司法审判亟待解决的新问题。

本案中,以云游戏的模式技术原理作为审理的切入点,人民法院在充分理解云技术的情况下,首次对承载于云技术的云游戏模式下的信息网络传播行为作出了认定,赋予了判断的标准,对今后类似案件中的著作权法保护和反不正当竞争法保护具有参考意义。

互联网技术伴随科技的发展必将带给我们更多不同的体验,而互联网经营者在竞争过程中也必然会使用最新的技术(如本案中的云技术、大数据分析竞争等)。新技术的引入虽然可能催化新产品的提升和吸引力,但是同样地,其也必然会冲击原有产业的利益。法院在处理利益相冲突的案件时,应当保持谦抑的态度,在保护权利人合法权益的同时,也需要综合考虑公众利益平衡、适度的创新保护和技术中立原则,从而在自由和竞争中寻找平衡。

本案除了涉及云游戏的知识产权保护问题外,还涉及目前非常热门的问题,即用户数据安全。随着《个人信息保护法》的施行,互联网经营者在通过新技术来竞争用户"时间"和"眼球"的过程中,必然应当将个人信息的获取、使用和保护作为新的课题,而这也势必将成为人民法院在判断某一新技术是否符合公众利益或技术中立原则时的新标准。

判决书整理人:张雨婷

评注人:祝筱青

商标权及不正当竞争案例

『游例知产 &01』
游戏擅用商标需谨慎，"搭便车"侵权是共识

深圳市腾讯计算机系统有限公司、腾讯科技（深圳）有限公司与北京北纬通信科技股份有限公司、北京华娱聚友兴业科技有限公司侵害商标权及不正当竞争纠纷案

【关键词】

注册商标专用权、游戏计费代收费业务、不正当竞争、虚假宣传

【案例来源】

北京市丰台区人民法院（2011）丰民初字第 7413 号一审民事判决书

【权利作品名称】

《QQ 斗地主》游戏软件

【案情简介】

腾讯计算机公司是"QQ 企业 logo 系列"图形作品的著作权人。深圳市腾讯计算机系统有限公司与腾讯科技（深圳）有限公司积极开发游戏软件产品平台，其中的手机游戏《QQ 斗地主》是两原告的核心和关键产品。

涉案侵权游戏在产品名称中使用了原告的"QQ"文字商标标识；在软件初始界面和游戏背景文字上，多处突出使用原告的"QQ"图形标识，以及与"企鹅"图形商标极为相似的企鹅头标来装饰软件界面、图

标、头像、底图等部位。因认为北京北纬通信科技股份有限公司、北京华娱聚友兴业科技有限公司推出并经营的《QQ 斗地主》手机游戏涉嫌侵犯其注册商标专用权，深圳市腾讯计算机系统有限公司与腾讯科技（深圳）有限公司将上述两公司诉至法院。

【要点提炼】

1. 在没有软件权利人的相关信息之情况下，如何认定涉案侵权游戏的提供方？

该案中，涉案侵权游戏的"版权声明"及"关于"中，没有软件权利人的相关信息。但是，现有证据（北纬通信公司认可收取了相应信息费）可以证明，北纬通信公司是涉案侵权游戏的实际获利人。因此，可以推定涉案侵权游戏系由北纬通信公司提供，并由该公司提供收费服务。

华娱聚友公司虽与北纬通信公司存在代收费服务合同关系，但现有证据无法证明涉案侵权软件系由华娱聚友公司提供或由华娱聚友公司委托北纬通信公司代收费。因此，本案中，法院不支持两被告存在共同侵权的诉讼请求。

2. 如何认定涉案游戏是侵犯原告注册商标专用权的侵权商品？

根据《商标法》的有关规定，未经注册商标专用权人的许可，在同一种或者类似商品上使用与其注册商标相同或者近似的商标的，为侵犯注册商标专用权的行为。本案中，涉案游戏出现了"正在打开《QQ 斗地主》""关闭应用软件《QQ 斗地主》"文字，以及"QQGAME"等标识。上述内容与原告享有商标权的注册商标相同或近似，因此涉案游戏是侵犯原告注册商标专用权的侵权商品。

同时，北纬通信公司系该游戏的提供者且提供收费服务，侵犯了原告的注册商标专用权，应当承担相应的法律责任。

3. 基于被告侵犯注册商标专用权的行为，需要如何举证才能证明被告存在不正当竞争行为？

该案中，虽然可以通过经营范围认定腾讯计算机公司、腾讯科技公司与北纬通信公司、华娱聚友公司存在竞争关系，但是原告未能提供充分证据证明《QQGame》《QQ 斗地主》的销售时间、销售区域、销售额和销售对象,宣传的持续时间、程度和地域范围,作为知名商品受保护的情况等。因此,法院不予支持原告基于"QQGame""QQ斗地主"系知名商品特有的名称而主张被告存在不正当竞争行为的诉讼请求。

4. 涉案游戏的宣传用语在何种情况下才会被认定为虚假宣传?

本案中,虽然原告主张,被告在涉案游戏软件的收费界面中,以"正版验证"的名义宣传侵权软件为"正版",构成虚假宣传。但是,法院认为,对于涉案游戏中的"终身享受游戏乐趣,需要开启正版短信验证"之宣传用语,系提示用户进行短信验证的宣传语,并非宣称涉案游戏为正版软件,故不予支持原告有关被告存在虚假宣传的主张。

5. 被侵权方应如何举证以支持求偿数额?

本案中,虽然腾讯计算机公司、腾讯科技公司出具了北纬通信公司的2010年第三季度报告,但是两被告不能明确证明这是涉案侵权游戏的侵权所得。在原告未证明其损失及北纬通信公司获利的情况下,法院根据北纬通信公司侵权行为的性质、后果、过错程度等因素,酌情确定赔偿的数额,不再全额支持原告的诉讼请求。

【律师评注】

商标侵权案件频发,行业乱象凸显。据统计,2020年,中国游戏市场的实际销售收入为2786.87亿元,同比增长20.71%,增速同比提高13.05个百分点,游戏产业已成为我国经济发展新的增长点。而在此背景下,部分游戏企业为了追求低成本与高利润,选择使用商标侵权的方式来推广自身游戏。

本案是侵犯注册商标专用权的典型案例。"QQ"是腾讯的核心软件,经过腾讯公司多年的经营,已经拥有巨大的用户数量和极高的知名度,腾讯公司的众多产品均以"QQ"开头,《QQ斗地主》是其核心游戏产品,在相关公众范围内享有非常高的知名度和影响力。被告未经注册商标权利人许可,在互联网传播名为"QQ斗地主"的手机游戏,在同一种或者类似商品上使用与原告注册商标相同或者近似的商标,构成侵犯注册商标专用权的行为。

本案的侵权事实较为明显,焦点在于如何确定侵权游戏的提供者。

在涉案侵权游戏的"版权声明"及"关于"中，没有软件权利人的相关信息。原告在提交证据时，通过收费短信验证来获取服务代码和客服电话，在公证员的监督下拨打客服电话，从通话内容中得到涉案游戏与QQ游戏的关系，并通过收费锁定目标公司。在没有其他软件权利人信息的情况下，法院从涉案侵权游戏的文字显示以及收费信息推定提供者为北纬通信公司，并根据证据确认北纬通信公司的客服人员明知该公司收取费用的斗地主游戏与原告经营的《QQ斗地主》存在区别，进而推定涉案侵权游戏系由北纬通信公司提供，且由该公司提供收费服务，该行为侵犯了原告的注册商标专用权，北纬通信公司应当承担相应的法律责任。

从游戏产业的发展现状来看，游戏开发商为了在短时间内抢占市场、收回成本、获取利益，攀附一些知名商标或者采取擦边球等形式的侵权行为成为比较惯用的做法。从维权角度来看，游戏的开发商主体很多时候无法确定，也没有资质审查，对权利人进行维权造成了一定困难，本案中原告的取证方式具有一定的参考价值。

判决书整理人：陈馨文

评注人：张磊

『游例知产 &02』
蹭热度有标准，商标使用需讨论

大宇资讯股份有限公司与海南大舜影视文化传播有限公司、北京幻思文化传播有限公司侵害商标权纠纷、不正当竞争纠纷案

【关键词】

电影名称、商标权、知名商品特有名称

【案例来源】

北京市朝阳区人民法院（2015）朝民（知）初字第 41020 号民事判决

北京知识产权法院（2016）京 73 民终 785 号民事判决书

【权利作品名称】

《轩辕剑》

【案情简介】

原告大宇公司对 6481452 号及 10593609 号"轩辕剑"商标享有专用权。大舜公司为电影《轩辕剑传奇》的第一出品人，其在出品的电影中使用与原告注册商标相近似的"轩辕剑"文字，误导公众，引起误解，而幻思公司为该电影进行市场宣传、推广。原告认为，两被告的行为已侵犯其注册商标专用权。同时，《轩辕剑》为原告推出的电脑游戏，具有较高知名度。原告认为，两被告使用"轩辕剑传奇"作为电影名称进行电影制作、宣传、炒作，造成混淆，使观众误认为二者之间存在关联，不正当地扩大了侵权电影的影响力，构成不正当竞争。原告遂起诉至北

京市朝阳区人民法院,后不服一审判决,上诉至北京知识产权法院。

【要点提炼】

1. 在电影名称中使用"轩辕剑"是否侵害了原告所享有的注册商标专用权?

首先,构成商标侵权的前提为将相关标识作为商标来使用,即行为人对相关标识的使用必须是商标意义上的使用。

该案中,两被告对涉案标识的使用方式均为将"轩辕剑"字样作为电影名称或名称的一部分使用。在一般情况下,根据相关公众的习惯,更倾向于将电影名称作为作品的标题进行识别,而不易将其识别为区分商品来源的标识。电影的制作来源可以通过在制作、发行的电影中以标注出品人、制片人的方式来体现。同时,法院亦认同当相关主体通过其使用行为使该电影名称能够与电影出品方建立紧密联系时,应当认为相关公众此时已经将该电影的名称作为商品名称进行识别,且该商品名称是具有区分商品来源作用的标识。但在该案中,原告提交的在案证据尚不足以证明经过原告的宣传和使用,"轩辕剑"在电影商品上已经具有较高的知名度,从而容易使相关公众在电影名称中看到"轩辕剑"字样时,会联想到该电影系由原告制作或出品。因此,对于相关公众来说,被告将"轩辕剑传奇"作为涉案电影的名称使用,并未起到区分商品来源的作用,不构成商标意义上的使用。

2. 在电影名称中使用"轩辕剑"是否构成不正当竞争?

根据反不正当竞争法的基本原理,构成不正当竞争行为的前提为经营者之间具有竞争关系。该案中,大舜公司作为电影出品人,从事电影制作,而大宇公司的主要经营领域为计算机游戏的制作、发行,二者之间并不存在直接的竞争关系。但是,大宇公司在电视剧、电影制作方面已经与唐人公司、华亿传媒集团存在授权合作关系,其已经通过此种授权合作的形式进入影视制作行业。因此,双方已经形成事实上的竞争关系。

法院从《轩辕剑》系列游戏的经营时间、获得了消费者和市场的认可等方面进行综合考虑,认定该系列游戏已经具有一定程度的知名度和市场影响力,构成知名商品。经过大宇公司二十余年的使用,"轩辕剑"一词已经具有了很强的显著性,已经能被该领域内的消费者理解为《轩辕剑》系列游戏的特有名称。从反不正当竞争法的意义上讲,"轩辕剑"构成知名商品的特有名称,应当受到反不正当竞争法的相应保护。

综合该案事实,大舜公司自 2013 年 10 月筹备拍摄的电影先后命名为《远古大帝 大舜传奇》《远古魔咒》,2015 年 5 月才最终更名为《轩辕剑传奇》,《轩辕剑传奇》并非该电影的一贯名称。在大宇公司与他人授权合作拍摄《轩辕剑》电影的背景下,大舜公司使用"轩辕剑"字样作为其电影名称的主体部分,容易导致相关公众产生电影《轩辕剑传奇》系经大宇公司授权拍摄,或该电影与大宇公司的游戏《轩辕剑》有关联关系的误解,引起混淆。因此,在该案的特殊事实背景下,大舜公司使用包含"轩辕剑"字样的电影名称,构成擅自使用知名商品特有名称的不正当竞争行为。

【律师评注】

本案所涉及的主要问题为,当影视作品名称与他人所享有的注册商标权发生冲突时,是否构成商标侵权。本案与 2014 年最高人民法院审理的"功夫熊猫"商标侵权案类似,审理思路及结果亦基本一致,对涉及影视作品名称是否属于商标性使用的案件具有一定的借鉴和参考价值。本案具有启示意义的内容主要为以下几点:

(一)电影名称是否属于商标法意义上的使用需个案讨论

在商标侵权案件中,认定被告构成商标侵权的前提为,其对涉案标识的使用必须是商标意义上的使用,即其使用的涉案标识需能够发挥将其商品或服务与他人商品或服务区别开的识别商品或服务来源的作用。因此,将"轩辕剑传奇"作为电影名称使用是否为商标意义上的使用,系本案的主要争议焦点。

电影作为一类特殊的商品,同时具备作品和商品两种属性,因此电影名称也同时具有著作权法意义上的作品标题名称和电影商品名称之双重属性。在一般情况下,由于电影名称主要用于概括说明电影的表

223

达主题和内容,因此社会公众更倾向于将电影名称作为作品的标题进行识别。有鉴于此,一般而言,电影名称主要发挥的是作品标题的作用,而非表明该电影作品出品制作方的作用。也就是说,在一般情况下,电影作品名称不能起到区分商品来源的作用,不构成商标法意义上的使用。但是,当相关主体通过其使用行为使电影名称能够与电影出品制作方建立紧密联系时,该电影名称就具有了区分商品来源的作用,应当认为相关公众已经将该电影的名称作为商品名称进行识别,此时便构成商标法意义上的使用。

因此,电影名称是否属于商标法意义上的使用,需要进行个案分析。为避免不必要的矛盾或诉讼,建议电影出品制作方在确定电影名称前,通过商标检索、作品检索等方式,提前做好知识产权侵权防范。

（二）在商标侵权案件中,可以用"描述性使用"进行抗辩

本案判决多次提到,被告对"轩辕剑传奇"的使用属于"描述性使用"。事实上,"描述性使用"是我国学界所区分的商标合理使用中的一种情形,是指商标权以外的人在生产经营活动中以描述的方式使用商标权人的商标不构成商标侵权,如为了说明某牙膏含有"两面针"成分而使用他人已注册的"两面针"商标。本案中的电影名称系为了描述电影内容及主题,未改变其描述的特定性质,因此也属于"描述性使用"行为。在使用"描述性使用"进行抗辩时,一般需要满足下列要件:第一,使用出于善意;第二,不是作为自己商品的商标使用;第三,使用只是为了说明或者描述自己的商品。

（三）固有词语通过使用具有特有显著性时,可以构成知名商品的特有名称

本案所涉"轩辕"一词具有固有的历史含义,并非原告臆造,因此在原告使用该词语之初,并不能产生唯一对应关系。但经过原告二十余年的使用,该词语已经具有了超脱于其固有历史含义的第二含义,具有了很强的显著性,相关公众可以将该名称与其游戏建立特定联系。在这种情况下,该名称可以构成知名商品的特有名称。因此,即便企业使用的相关名称非主观臆造词语,亦可以通过使用行为来增强该名称的

显著性,使之与其产生特定联系,从而获得反不正当竞争法的保护。但是,鉴于臆造词语的显著性更高,特有性更强,笔者仍建议各企业在拟定相关名称时,尽量选择臆造词语。

判决书整理人:金典

评注人:李淑惠

『游例知产 &03』
蹭热度有风险，电影名称、网游名称的多元保护

动视公司与华夏公司、长影公司、聚力公司侵害著作权、侵害商标权、擅自使用知名商品特有名称及虚假宣传纠纷案

【关键词】

虚假宣传、电影译名、请求权竞合、电影作品、游戏名称

【案例来源】

上海市浦东新区人民法院（2016）沪 0115 民初 29964 号民事判决书

上海知识产权法院（2018）沪 73 民终 222 号民事判决书

【权利作品名称】

《使命召唤》(Call of Duty)

【案情简介】

涉案游戏《使命召唤》(Call of Duty)是一款由动视公司最早于2003 年开始发售的第一人称射击系列网络游戏，每年发行一部，已发行 16 部。该游戏 2012 年引进国内。同时，动视公司获得"使命召唤"在第 9 类和第 41 类上的商标专用权。

涉案电影《The Gun man》是一部美英法合拍的动作片，于 2015 年由华夏公司和创世星公司在国内共同发行，并将其中文译名由《狙击枪手》改为《使命召唤》。随后，长影公司接受华夏公司委托，对其进口的

影片《狙击枪手》进行汉语译制。聚力公司获得该片的非独家网络版权。动视公司发现上述事实后,向上海市浦东新区人民法院提起诉讼。

【要点提炼】

1. 游戏名称能否作为美术作品受到保护?

该案中,法院认为,动视公司主张著作权的作品由中文"使命召唤"和英文"CALLOFDUTY""ONLINE"组成,并进行了编排。其中,中文"使命召唤"以较大的字体排列于两行英文字"CALLOFDUTY"和"ONLINE"中间;两行英文字中,"CALL"和"DUTY"字体较大,线条较粗,"OF"的字体极小,"ONLINE"的字体则相对较小,线条较细;"使命召唤"文字在笔画上整体比较方正,线条较粗,并进行了一定的艺术加工,如文字中的笔画"撇"采用了平行四边形,"使"字的最后一笔在收笔时采用了尖头造型,字与字之间在笔画上契合在一起,使其在造型上区别于已有的在先作品,并具有一定的美感,属于受著作权法保护的美术作品。

2. 注册商标与电影名称之间的关系应当如何认定?

该案中,法院认为电影名称的主要功能在于描述和概括电影内容,并起到区别于其他电影作品的作用,而商标的主要功能在于标示商品或服务的来源。两者的范畴不同,实现的功能也不完全相同。因此,虽然电影名称存在被注册为商标的可能,但是电影名称并不能等同于商品或服务标识。电影名称一般反映的是电影的主题思想、主要人物、人物关系、情节等,是对电影内容的高度概括和提炼。其主要作用在于,让电影观众通过电影名称直观地了解该电影的主题,便于观众记忆,并区别于其他不同的电影,吸引观众观看电影。由于电影名称具有高度的概括性和抽象性,公众应有利用相同的名称创作不同电影作品的自由。因此,即使与电影名称相同的短语被注册为商标,或者符合知名商品特有名称的条件,也不能阻止他人将该短语作为电影名称进行正当使用,否则将造成不合理的垄断。就本案而言,动视公司在第9类商品及第41类服务上注册了"使命召唤"商标,仅说明动视公司取得了在上述类别中的电影载体等商品及电影制作、电影发行等服务上标注"使命召唤"的专有权利,并不代表动视公司在电影名称上也获得了"使命召唤"的专有权。

3. 电影名称和游戏名称之间是否可能构成不正当竞争?

该案中,法院认为,文学艺术创作虽然是自由的,但是也有边界,表达的内容不能侵害他人的合法权益,不正当地使用他人的作品名称仍有可能构成侵权。游戏与影视剧虽处于不同的领域,但两者在制作、表现形式、用途等方面存在类似之处,如有的角色扮演类游戏可以被认定为类电影作品,在消费对象上也存在极大的重合。特别是随着网络和游戏产业的发展,游戏与影视剧之间的共性使二者产生了交集,游戏和影视剧相互改编的现象已较为常见,二者均已成为版权生态链条中的重要环节。游戏与影视两大领域的相互交融和彼此促进,是当前文化创意产业发展的重要趋势。在鼓励产业发展的同时,尤其需要维护正当的竞争秩序。本案中,法院认为,华夏公司将"使命召唤"作为电影名称使用是基于《使命召唤》游戏的知名度。综合考虑电影名称的确定过程、涉案电影的主要剧情、涉案电影的宣传情况等因素,法院认定被控电影名称具有攀附游戏名称的事实,并造成了混淆,构成了不正当竞争。

4. 电影"盗用"游戏名称的行为是否可能构成虚假宣传?

该案中,法院认为,虚假宣传是指以捏造、虚构、歪曲事实的方式或其他误导性方式,对商品质量等作出与实际情况不符的、引人误解的宣传。动视公司主张涉嫌虚假宣传的"这样一部浮夸的作品里(PS:无论是电影还是游戏),主角们击杀百人的画面更是每天都在上演"之表述,只是描述了一个战争场面。虽然上述场面在电影中并未出现,这样的表述确有不妥之处,但是尚不足以构成虚假宣传。因此,动视公司对华夏公司在《使命召唤》官方微博中的上述内容构成虚假宣传之主张不成立。

5. 当同一行为可能同时侵犯商标权与知名商品特有名称权益时,应当如何处理?

该案中,法院认为,动视公司对同一侵权行为主张两种不同权利已经构成请求权竞合。而在构成请求权竞合时,动视公司虽然可以自由选择请求权,但是当动视公司所选择的请求权获得满足后,动视公司所享有的其他请求权也随之消灭。鉴于在本案中,动视公司已经明确表示优先主张知名商品特有名称(即有一定影响力的商品名称),且动视公司所主张的不正当竞争行为已获得一审法院的支持,故动视公司基于商标侵权所享有的请求权不复存在,在本案中继续认定华夏公司的被控侵权行为是否构成商标侵权已无必要。

【律师评注】

本案涉及将他人注册的知名游戏名称商标作为电影名称使用时的正当性、合理性判断,以及游戏名称能否作为有一定影响力的商品名称而受反不正当竞争法保护等疑难法律问题。

(一)游戏名称、电影名称保护的路径

作品名称是文化创意产业领域重要的商业标志,但游戏名称、电影名称通常比较短,缺乏相应的长度和必要的深度,无法反映作者的独特思想感情、个性,难以构成作品。在"五朵金花"案([2003]云高民三终字第16号)、"人在囧途"案([2015]民三终字第4号)、"煎饼侠"案([2015]大民[知]初字第17452号)中,法院均认为,脱离了影视剧的具体内容,过于简短的作品名称不能独立表达情节、思想、感情,不具备法律意义上的作品之要素,不具有作品属性,不应受著作权法保护。

同时,需要指出的是,电影名称的主要功能在于描述和概括电影内容,并起到区别于其他电影作品的作用,而商标的主要功能在于标示商品或服务的来源。即使游戏名称被注册为商标,也不能阻止他人的正当使用,即游戏名称、电影名称难以受到商标法的保护。

用反不正当竞争法来保护游戏名称、电影名称是目前比较通行的做法。在《轩辕剑》([2015]朝民[知]初字第41020号民事判决书)一案中,法院认为,电影是一类特殊商品,电影名称是对电影主题、内容的高度概括。"轩辕剑"一词在被大宇公司用作游戏名称之前,并没有其他类似游戏以之为名。在电脑游戏领域,经过大宇公司二十余年的使用,"轩辕剑"已经成为一种特有的名称,具有了很强的显著性,故"轩辕剑"已构成知名商品的特有名称,应受反不正当竞争法的保护。

游戏名称、电影名称要作为"有一定影响的"商品名称受到反不正当竞争法的保护，必须满足一定的条件，包括权利人的作品具有较高的知名度、被控侵权方具有攀附的主观恶意、被控侵权方的使用具有合理的理由、使用行为有违诚实信用原则、使用行为会造成相关公众的混淆等。

（二）侵权行为符合请求权竞合要件时，建议权利人同时主张

本案的案由为"侵害著作权、侵害商标权、擅自使用知名商品特有名称及虚假宣传纠纷"。尽管在实践中，"著作权及不正当竞争""商标权及不正当竞争"的案例早已司空见惯，但是同时涉及"著作权、商标权及不正当竞争"侵权纠纷的案件还相对较少。

本案中，动视公司主张的华夏公司之涉案商标侵权行为以及侵害动视公司知名商品特有名称之侵权行为，属于同一行为，动视公司对该同一侵权行为主张两种不同权利已经构成请求权竞合。而在构成请求权竞合时，动视公司虽然可以自由选择请求权，但是当动视公司所选择的请求权获得满足后，动视公司所享有的其他请求权也随之消灭。鉴于在本案中，动视公司已经明确表示优先主张知名商品特有名称（即有一定影响力的商品名称），且动视公司所主张的不正当竞争行为已获得一审法院支持，故动视公司基于商标侵权所享有的请求权不复存在，故不再继续认定华夏公司的被控侵权行为是否构成商标侵权。

基于同一事实发生的纠纷，若侵权人实施了不同行为，分别侵犯了权利人的不同权利，则法院可以依职权自行决定是否进行合并审理。由本案可知，当侵权行为同时符合著作权侵权、商标权侵权、不正当竞争行为的构成要件时，建议权利人同时主张，以避免诉累。

判决书整理人：李浩

评注人：张立峰

『游例知产 &04』
"搭便车"新形态，一人股东风险高

《全民大富豪》商标权及不正当竞争纠纷案

【关键词】

盗用版号、盗用软件著作权信息、热更新/切支付、一人有限责任公司的连带责任

【案例来源】

江苏省南京市中级人民法院(2019)苏 01 民初 2672 号民事判决书

【权利作品名称】

第 17638285 号商标;《全民大富豪》手机游戏软件

【案情简介】

原告系网络游戏《全民大富豪》的著作权人,于 2017 年 7 月 26 日取得游戏发行版号,并在微信小游戏上架该游戏。《全民大富豪》系原告旗下"富豪系列"游戏中的一款游戏,原告关联公司在第 9 类计算机游戏软件商品上亦获准注册了第 17638285 号"大富豪及图"注册商标。原告发现,被告菏泽秋生公司在软件公司运营的应用市场上传了一款名为《全民大富豪》的游戏。该游戏未经原告许可,盗用了原告的企业名称、版号、ISBN 号、软件著作权登记号等信息。截至起诉之日,侵权游戏下载量超过 107 万。然而,原告调查发现,侵权游戏下载后显示为一款斗地主棋牌游戏,可通过微信、支付宝兑换游戏内虚拟货币。同

时,该游戏会强制更新为一款名为《大唐娱乐》的赌博软件,向用户提供包括但不限于牛牛、德州扑克等赌博游戏,并在页面中公布反水政策,以金字塔式方式鼓励引诱用户充值及发展下线。

原告认为,被告菏泽秋生公司将游戏命名为《全民大富豪》的行为侵害了原告的商标权,其盗用原告版号及企业名称等信息上架于应用市场,违反了《反不正当竞争法》,构成不正当竞争行为。

【要点提炼】

1. **盗用他人版权信息、伪造授权材料违反《反不正当竞争法》第二条、第六条第(四)项之规定**

在该案中,法院认为,被告伪造了《关于菏泽秋生网络科技有限公司游戏版权的声明》、上海邀玩公司给上海要娱公司的游戏版权授权书、上海要娱公司给菏泽秋生公司的游戏版权授权书、国家新闻出版广电总局的《网络游戏出版物号(ISBN)核发单》、涉案游戏的《计算机软件著作权登记证书》,盗用了原告的企业名称和《全民大富豪》的游戏版权信息,并向软件公司提交通过平台审核,误导用户以为是原告出版运营了涉案游戏,向用户收取充值费用,违反了《反不正当竞争法》第二条、第六条第(四)项之规定。

2. **盗用他人版权信息后,运营赌博游戏,违反《反不正当竞争法》第八条、第十一条之规定**

在该案中,法院认为,侵权游戏上架后,通过采取“热更新”及“切支付”方式,将名为《全民大富豪》的斗地主游戏更换为名为《大唐娱乐》的赌博软件,欺骗、误导消费者,损害了原告的商品声誉、企业信誉,违反了《反不正当竞争法》第八条、第十一条之规定。

3. **游戏下架后,若仍然存在下载及注册量,侵权行为仍然存在**

在该案中,法院认为,应用平台已经将被诉《全民大富豪》游戏下架,且游戏更新后的内容已不再是原《全民大富豪》游戏,所以要求被告停止商标侵权的行为已无必要;但因侵权软件下架后,依然存在下载及注册量,故法院对原告主张被告停止不正当竞争、消除影响的诉讼请求,予以支持。

4. 一人有限责任公司的股东对侵权行为承担连带赔偿责任的风险

在该案中,法院认为,一人有限责任公司的股东不能证明公司财产独立于股东自己的财产的,应当对公司债务承担连带责任。被告张响儿未到庭参与审判,故原告主张被告张响儿与被告菏泽秋生公司承担连带责任具有事实和法律依据,法院依法予以支持。

【律师评注】

自 2018 年以来,版号政策不断收紧,业内所有相关游戏公司都面临着版号申请挑战。为了发行、运营游戏,违法套用版号的现象已屡见不鲜。但对"套版号"行为的处置,较为常见的系由行政部门予以行政处罚。本案系涉及套用版号行为的民事侵权案件,是被假冒的游戏厂商在行政举报外寻求民事维权手段的成功尝试,具有一定的代表性和示范作用。本案具有启示意义的内容主要为以下几点:

(一)套用版号等行为构成不正当竞争

对于套用版号等行为,游戏公司通常采取的维权措施为向相关行政部门举报,而本案提起的商标侵权及不正当竞争之诉为此类行为的处理打开了新思路。本案被告不仅盗用了企业名称、版号、ISBN 号等信息,还伪造了游戏版权授权书等文件,其行为不仅构成欺骗、误导消费者的虚假宣传,还构成了《反不正当竞争法》第六条所规制的引人混淆之行为。同时,该行为严重违反诚信原则,法院有权适用《反不正当竞争法》第二条的兜底条款对其予以规制,认定其构成不正当竞争。该认定对于"盗用企业名称、套用版号等信息"的新形态"搭便车"行为进行了有力打击,对恶意套用版号的行为具有重要的警示作用。

(二)在被控侵权行为极其恶劣的情况下,权利人可主张惩罚性赔偿

本案原告主张适用惩罚性赔偿,法院在判决时将被告的侵权主观恶性大、侵权行为恶劣作为了确定判赔额的综合考量因素,并最终全额支持了原告 300 万的赔偿请求。这是本案的一大亮点,对净化互联网收费游戏的市场竞争秩序具有重要的推动意义。鉴于知识产权维权经

常会出现"得不偿失"的情况,适用惩罚性赔偿制度一直以来都是权利人的诉求。随着知识产权保护的加强,惩罚性赔偿逐渐被明文规定。《民法典》第一千一百八十五条明确规定,故意侵害他人知识产权,情节严重的,被侵权人有权请求相应的惩罚性赔偿。新修订的《著作权法》亦明确了惩罚性赔偿原则,并提高了侵权赔偿上限。近日,最高人民法院又专门出台了《关于审理侵害知识产权民事案件适用惩罚性赔偿的解释》,对惩罚性赔偿的适用范围、故意、情节严重的认定等作出了具体规定。相关法律法规的出台彰显了我国全面加强知识产权司法保护的决心,对落实惩罚性赔偿制度、优化科创法治环境具有重要意义。

(三)适时选择案件管辖法院

对于知识产权侵权案件的判赔力度,各地法院态度不一,有些法院的判决比较保守,而有些法院敢于突破,会采取从严保护,判赔金额较高。因此,对于知识产权侵权及不正当竞争的起诉,适时选择管辖法院是不可不考虑的重要事项。2018 年 11 月,江苏高院提出实行最严格保护知识产权的司法理念。而作为对该理念的落实,2019 年 8 月 22 日,江苏省高级人民法院公布《江苏省高级人民法院关于实行最严格知识产权司法保护为高质量发展提供司法保障的指导意见》,明确了理念的总体要求及 36 项具体措施,其中就有积极适用惩罚性赔偿、实际控制人与实施侵权行为的公司承担共同侵权责任等有效提高判赔的措施。江苏省南京市中级人民法院在本案中作出的全额支持原告诉求的判决,就是秉承了实行最严格保护知识产权的理念,遵循了上述指导意见。由此可见,管辖法院的选择对案件的判决亦会产生重要影响。

此外,本案原告在起诉时就注意到被告菏泽秋生公司为一人有限责任公司,其利用《公司法》第六十三条的规定,将该公司股东张响儿拉为共同被告,这实为明智之举,并最终得到了法院的支持。但即便股东张响儿举证证明了公司财产独立于其个人财产,原告亦可以依据上述指导意见关于实际控制人的规定,要求张响儿承担连带责任,即"公司实际控制人明知系侵害知识产权的行为,仍通过其实际控制的公司实施该侵权行为,符合共同侵权行为构成要件的,依法判决其与公司承担连带责任"。

判决书整理人:金典

评注人:李淑惠

『游例知产 & 05』
相同题材网络游戏，抄袭角色形象侵权

网易公司与世纪公司、掌聚公司、光宇公司侵害著作权、商标权及不正当竞争纠纷案

【关键词】

著作权、商标权、不正当竞争

【案例来源】

北京市海淀区人民法院(2013)海民初字第 27744 号民事判决书

【权利作品名称】

《梦幻西游》《口袋梦幻》

【案情简介】

2004 年 1 月 16 日,网易公司推出自主研发的大型网络游戏《梦幻西游》。2013 年,网易公司推出自主研发的《梦幻西游 2》(口袋版)。作为两款网络游戏的研发主体,网易公司主张其对《梦幻西游》中的游戏人物、道具等的形象(包含 247 个美术形象)及其名称享有著作权,对游戏中的大量人物角色、地图、门派等的名称享有注册商标权。

网易公司诉称,世纪公司和光宇公司共同推出、掌聚公司作为总经销商和运营商的一款名为《口袋梦幻》的网络游戏大量抄袭、复制了《梦幻西游》中核心人物及道具的形象和名称,严重侵犯了网易公司享有的著作权和商标权。此外,世纪公司、光宇公司、掌聚公司在游戏宣传中

发布混淆网易公司游戏与《口袋梦幻》的言论,非法利用网易公司及游戏品牌的影响力,严重侵犯网易公司的各项合法权利,网易公司认为三公司的行为构成不正当竞争。网易公司向北京市海淀区人民法院提起诉讼。

【要点提炼】

1. 网络游戏著作权是如何认定的?

法院认为,网易公司研发的游戏《梦幻西游》除了包含计算机程序及其有关文档外,针对依据游戏所设计的相应美术作品、文字作品,游戏软件的作者还可以单独行使著作权。

2. 商标权如何认定?

法院认定"口袋梦幻"商标与"梦幻西游"注册商标近似。由于"口袋梦幻"的商标注册尚未核准,不享有商标专用权,且在申请注册的商标亦不得损害他人现有的在先权利,因此法院对世纪公司的辩解不予采信。

网易公司主张,三被告侵犯了"芙蓉仙子"等24个注册商标的权利。法院认为,根据现有证据,网易公司并未将上述商标在显著位置突出使用,或进行广泛宣传以取得较高知名度。同时,三被告是将相关文字用于描述游戏中的角色或道具等,即作为相关角色、道具等的名称,且并未突出使用,客观上不会导致相关公众认为上述文字与被告之间存在特定的对应关系。因此,对于网易公司有关被告的行为侵犯相关商标权之主张,法院不予支持。

3. 不正当竞争如何认定?

三被告在制作、运营游戏时存在虚假宣传,侵犯了网易公司的著作权、商标权,其行为已导致相关公众的误解,使他们认为涉案游戏与网易公司存在关联。法院认为,经营者在市场交易中,应当遵循自愿、平等、公平、诚实信用的原则,遵守公认的商业道德。随着互联网的高速发展,依托于网络的娱乐活动越来越普遍,这种变化丰富了公众的业余文化生活,也使企业能够更自由地参与竞争,及时、便利将自己的产品提供给广大用户。但是,新的经营模式也带来新的挑战,企业在经营中受到的监管、制约减少，侵犯他人合法权益的经营风险增加。故经营者应尊重市场竞争规则，在法律、商业道德的约束下开展经营活动。

本案中，网易公司运营的《梦幻西游》取得了良好的业绩，在相关公众中享有一定的美誉，这与该公司在研发、运营等方面的投入有密切联系。三被告选择相同题材的网络游戏作为经营内容本无可厚非，但其在研发、运营涉案游戏的过程中，侵犯了网易公司的合法权益，取得了不当竞争利益，应当承担相应的民事责任。

【律师评注】

按照案由的不同，涉游戏类侵犯知识产权民事案件可分为著作权案件、商标权案件和不正当竞争案件三种主要类型。本案是对网络游戏全方位保护的典型案例，系同主题的游戏同时涉及著作权侵权、商标权侵权和不正当竞争的案件。本案具有启示意义的内容主要为以下几点：

（一）仅将相同文字作为游戏道具、角色等的名称使用，不一定侵犯商标权

游戏公司对旗下知名网络游戏的商标保护范围广、种类多。除游戏名称外，游戏公司往往会对游戏角色、游戏道具甚至游戏场景的名称一并申请商标保护。但是，即使已获得商标专用权，也并不代表其他人使用上述名称就构成对商标专用权的侵犯。

本案中，网易公司主张三被告侵犯了"芙蓉仙子"等 24 个注册商标的权利，但法院认为，根据现有的证据，网易公司并未将上述商标在显著位置突出使用，或进行广泛宣传以取得较高知名度。同时，三被告是将相关文字用于描述游戏中的角色或道具等，即作为相关角色、道具等的名称，且并未突出使用，客观上不会导致相关公众认为上述文字与被告之间存在特定的对应关系。因此，法院认为三被告并不侵犯网易公司的商标权。

但是，作为游戏名称与商标用于涉案游戏的"口袋梦幻"，其适用范围与"梦幻西游"核定的服务专有使用权范围相同。作为西游题材的游戏，"梦幻西游"商标的显著部分应为"梦幻"，"口袋西游"作为同样涉及

西游题材的游戏,也包含了"梦幻"一词,并且两者都用于网络在线游戏服务,足以造成相关公众混淆,构成商标侵权。

（二）相同题材的游戏中,仅对具有独创性的部分进行著作权保护

虽然均为西游题材的网络游戏,但是《梦幻西游》中的人物角色形象具有独创性,因此三被告的《口袋梦幻》中大量相似的美术形象侵犯了原告相关美术作品的著作权。

在文字表达部分中,被告游戏中的部分内容或是汉语中的日常用语、地名,或是《西游记》等其他作品中使用过的内容,或是上述内容的简单组合,网易公司对上述内容并不享有著作权。但是,网易公司游戏独特的情节设计、人物关系、背景等内容具有独创性。虽然被告采用了文言文形式并进行了同义词的替换,但是仍然属于相同表达,因此三被告的行为侵犯了网易公司这部分具有独创性的文字作品之合法权利。

（三）适时选择诉讼禁令,增强对己方的保护

在本案中,法院在举行听证并初步判断原告具有较大胜诉可能性,且原告提供了充分的担保后,作出了诉讼禁令,裁定要求世纪公司立即停止对该游戏进行的宣传、测试、运营等事宜,并对世纪公司拒不履行人民法院已经发生法律效力的裁定之行为进行了罚款处罚。

在游戏侵权案件中,涉案作品一般具有生命周期短的特点,一个大热游戏的生命周期可能仅有几年,而游戏侵权易传播、范围广、速度快,相应的侵权诉讼周期长、程序复杂,因此权利人往往有要求对方立即停止侵权的急迫性,以减少己方遭受的损失。有鉴于此,权利人可以尝试通过诉前或诉中禁令的方式,让法院先行裁定要求侵权游戏停止运营,从而保护权利人的利益。

判决书整理人:许红

评注人:林迅

『游例知产 &06』
游戏厂商傍名小说，推广链接涉商标侵权

玄霆公司与游族公司侵犯商标权、不正当竞争纠纷案

【关键词】

商标侵权、知名商品特有名称、搜索网站推广链接

【案例来源】

上海市普陀区人民法院（2016）沪 0107 民初 1892 号民事判决书

【权利作品名称】

《酒神》

【案情简介】

原告玄霆公司系"起点中文网"的运营商，是知名网络小说《酒神》的著作权人，以及"酒神"商标的商标权人。被告系网站 www.youzu.com 的经营者，其同时也是游戏《大侠传》的运营者。2014 年上半年，原告发现，在 360 搜索框中输入"酒神"，在进入的页面中的右下侧有关键字为"酒神，页游版酒神《大侠传》，新服开启"的 360 推广链接，点开链接后即为 www.youzu.com 网站的《大侠传》游戏宣传页面，并非是网络游戏《酒神》。

原告认为，被告的上述行为属于未经注册商标专用权人许可，在同一类商品上使用相同商标，已构成商标侵权。同时，原告的《酒神》小说构成知名商品，其中的"酒神"系其特有名称，被告擅自使用该知名商品的特

有名称,亦构成不正当竞争。原告遂向上海市普陀区人民法院提起诉讼。

【要点提炼】

1. 搜索网站的推广链接中以他人商标作为关键词是否构成商标侵权?

该案中,被告在宣传推广其网络游戏《大侠传》的经营活动中,于"360搜索"网站上刻意设置关键词为"酒神"的推广链接,在主观上具有将其选定的上述关键词作为区别、指示其推广的商品来源之目的。被告推广链接的标题为"酒神,页游版酒神《大侠传》新服开启",该标题仅有14个字,但使用了两次"酒神",属突出使用,起强调作用,标示了推广链接的游戏是源于"酒神",属于商标使用。原告商标的核定使用商品及服务包括了计算机游戏软件、(在计算机网络上)提供在线游戏等,而被告在网络游戏的宣传推广中使用了"酒神"商标,因此属于在同一种商品上使用相同商标,构成对原告商标专用权的侵害。

2. 搜索网站的推广链接中以他人商标作为关键词是否构成不正当竞争?

根据相关的网络搜索结果、原告授权案外人开发《酒神》游戏、《酒神》小说出版发行的情况,考虑"起点中文网"系具有较高知名度、影响力的原创文学门户网站,以及"360搜索"网站的搜索引擎功能在互联网信息搜索领域具有较大知名度、影响力,可以认定涉案小说《酒神》在相关公众中已具有一定的市场知名度,为相关公众所知悉,属于知名商品。《酒神》作为涉案小说的名称,是涉案小说与其他同类商品所区别的主要标志,该案中亦无证据证明"酒神"一词已成为同类小说的通用名称。因此,法院认为"酒神"具有区别商品来源的显著特征,属于知名商品涉案小说的特有名称。

首先,玄霆公司与游族公司均经营计算机软硬件等商品,双方存在同业竞争关系。其次,小说和网络游戏虽然在功能方面有所不同,但是两者的用途都是丰富相关公众的文化生活,其载体都是通过互联网进行传播。目前,将知名小说改编为网络游戏,已经成为网络游戏经营者的一种主要经营模式。知名小说改编为网络游戏,显然可以充分利用知名小说庞大的读者群,在小说内容已被相关读者认可的基础上,聚集网络游戏运行之初的人气,增强网络游戏被相关公众的认可程度。因此,涉案小说和同名网络游戏在消费对象方面显然存在极大的重合。鉴于一般情况下,改编自小说的网络游戏均需获得小说作者的授权,故相关公众一般会就涉案小说和同名网络游戏产生具有共同来源、关联关系或者基本相同内容等特定联系的认知。最后,游族公司的行为足以使相关公众产生涉案推广链接的游戏系来源于玄霆公司或由玄霆公司授权,涉案推广链接的游戏经营者与玄霆公司之间具有关联关系,涉案推广链接的游戏内容系改编自知名小说《酒神》等混淆和误认。游族公司的上述行为属于刻意攀附涉案小说《酒神》的知名商品商誉,利用了原属于玄霆公司的竞争优势,是俗称为"搭便车"的不正当竞争行为。综上,法院认为,游族公司的上述行为违反了《反不正当竞争法》第五条第(二)项的规定,构成不正当竞争。

【律师评注】

虽然网络小说、网络游戏、网络电影等虚拟事物之间的傍名侵权现象目前已屡见不鲜,但是本案发生之时,游戏厂商傍名网络小说的案件尚属罕见。本案具有启示意义的内容主要为以下几点:

(一)网络小说的名称可以申请注册为商标

提到网络小说的 IP 保护,大家的第一反应大多是小说作为文字作品可以获得著作权法保护。但对于小说名称来说,由于其内容较为简短,无法达到著作权法所要求的创作高度,因此往往无法获得著作权法保护。那么,此时,小说作品的权利人可以通过申请注册商标的方式,使其小说名称获得商标法保护。在网络小说的早期发展阶段,阅文集团就将其旗下的诸多小说作品名称申请注册为商标,这在当时已属商标布局意识较好的文学网站平台。随着大家的商标保护意识之增强,在网络小说、游戏、电影推广之前就将相应名称在全部商品类别上申请注册为商标已属常见。但是,对于商标注册,需要注意两个问题:第一,根据《商标法》第四十九条第二款的规定,没有正当理由,连续三年不使用注册商标的,任何单位或者个人可以向商标局申请撤销该注册商标。

第二，根据《商标法》第六十四条第一款的规定，注册商标专用权人请求赔偿，被控侵权人以注册商标专用权人未使用注册商标提出抗辩的，人民法院可以要求注册商标专用权人提供此前三年内实际使用该注册商标的证据。注册商标专用权人不能证明此前三年内实际使用过该注册商标，也不能证明因侵权行为受到其他损失的，被控侵权人不承担赔偿责任。因此，即便权利人提前申请注册了商标，该注册商标仍具有被撤销或因未使用而无法获得侵权赔偿的风险。

（二）商标混淆可以适用于虚拟事物

在互联网的早期发展阶段，大家常见的使用商标的商品大多是实际、实体的商品。因此，部分人士会认为，商标混淆、侵权只是存在于有关联的实际、实体商品的名称之间。本案判决明确了商标混淆、侵权不仅适用于实际、实体商品的名称，还适用于网络游戏与网络小说等虚拟事物。

（三）商标法与反不正当竞争法可以同时适用

从既往案例来看，在被告的某一行为同时涉嫌构成商标侵权和不正当竞争时，法院往往会要求原告在商标法和反不正当竞争法中二选一。如原告不予选择，主张同时适用，则法院往往会在判决中仅支持其中一项诉求，即就同一个侵权行为，如果能适用商标法来认定构成商标侵权的，法院就不再适用反不正当竞争法进行保护。而本案的亮点在于，法院同时适用了《商标法》和《反不正当竞争法》的相关规定。对于被告使用"酒神"作为关键词并将推广链接的标题设置为"酒神，页游版酒神《大侠传》新服开启"之行为，法院不仅认定其构成商标侵权，而且认定其构成不正当竞争。

在同一侵权行为中，《商标法》和《反不正当竞争法》能否同时适用，在目前仍是备受关注和讨论的问题，法院的判决亦是态度不一。鉴于两部法律重点保护的法益不同，针对两者能否同时适用的问题，应具体审查相关法律规定的立法初衷，并结合具体案情，对具体的侵权行为予以相应的调整，以合理维护权利人的合法权益，并有效制止侵权行为。

判决书整理人：金典

评注人：李淑惠

不正当竞争案例

『游例知产 &01』
履历宣传须谨慎，张冠李戴是侵权

北京数字冰雹信息技术有限公司与北京火精灵软件科技有限公司、牛建新、刘飞熊、王国京、梁晨不正当竞争纠纷案

【关键词】

虚假宣传、不正当竞争

【案例来源】

北京市海淀区人民法院(2008)海民初字第 28113 号民事判决书

【权利作品名称】

地铁 10 号线、百拿网、微软学生中心、微软游戏宠物狗和 WOG 网络游戏社区软件开发项目

【案情简介】

北京数字冰雹公司与北京火精灵公司均从事计算机软件的开发，二者存在竞争关系。原告数字冰雹公司发现，火精灵公司在其网站的"成功案例"栏目中,将属于数字冰雹公司开发的地铁 10 号线、百拿网、微软学生中心、微软游戏宠物狗和 WOG 网络游戏社区等项目宣称为火精灵公司的成功案例。原告认为,该行为构成引人误解的虚假宣传,造成数字冰雹公司的客户误认为该公司将项目进行了转包或分包,对数字冰雹公司的正常经营造成了损害,构成不正当竞争。

【要点提炼】

1. "引人误解的虚假宣传"应如何界定?

该案中,火精灵公司在其网站"成功案例"栏目中,以列举自身成功案例的方式,使用竞争对手数字冰雹公司开发的项目作为自身成功案例进行宣传,内容与事实不符,并且足以导致相关公众对有关项目实际开发者的误解,进而达到获取交易机会的目的,属于引人误解的虚假宣传,构成不正当竞争。

2. 离职员工应承担何种法律责任?

该案中,火精灵公司的牛建新、刘飞熊、王国京和梁晨为前公司数字冰雹公司的员工或实习生,四人都曾参与过涉案项目的开发工作,但涉案项目的开发属于个人工作经历,均与火精灵公司无关。上述四人在明知火精灵公司未参与涉案项目开发的情况下,仍将本属于自己的开发经历用于火精灵公司的虚假宣传,其行为与火精灵公司共同构成不正当竞争,应与火精灵公司共同承担相应的法律责任。

3. 不正当竞争纠纷案件的民事责任承担方式有哪些?

在该案的诉讼过程中,火精灵网站已不存在相关虚假宣传的内容,数字冰雹公司亦无证据证明被诉行为仍在继续,故法院确认涉案不正当竞争行为已经停止。另外,由于五被告的虚假宣传行为足以造成相关公众对事实的误认,并给数字冰雹公司带来不良影响,故在停止不正当竞争行为之外,仍有必要以公开声明的方式向公众澄清事实,为数字冰雹公司消除影响。同时,五被告应赔偿相应的损失和合理支出。

【律师评注】

(一)错误使用成员履历将有不正当竞争风险

现代商业社会中,无论基于什么样的原因,员工离职另谋出路是再正常不过的了,游戏行业中也不乏员工"出走"后成立团队成就新"爆款"的佳话。无论是加入另一家企业还是自己创业,对此前的工作履历或成果进行总结与利用也是自然的,但此种利用必须严格限制在对个人的宣传中,不能用于公司的宣传。在本案中,几位被告就因为将自己过往参与的项目用于企业宣传，让他人误以为企业作为分包商参与了项目，导致企业被认定构成虚假宣传式的不正当竞争，相关的员工也需要就虚假宣传与企业共同承担相应的法律责任。即便不考虑不正当竞争的情形，从公司法和民事权利的角度看，企业人员的履历亦无法直接用于企业的宣传，这是由法人人格的独立性所决定的。

（二）法人人格具有独立性

"人格"中的"人"是指民事权利主体，"格"是指成为这种主体的资格。所以，人格者，民事权利主体资格之称谓也。相应地，"公司人格"指称的是公司的民事权利主体资格。公司人格独立意味着，在法律上，公司具有主体资格，且这种主体资格独立于其股东和成员。因此，无论公司的成员具有怎样辉煌的履历，这些成就也都不属于公司。

（三）自然人的履历具有人身属性

自然人的履历属于个人信息的范畴，与信用、自然人姓名、商誉等一样，具有较强的人身属性，不能独立于自然人进行转让。因此，参考《公司登记管理条例》的规定，自然人的履历无法作为出资转让给公司，从而无法成为公司的财产用于宣传。

综上，包括独立游戏团队在内的初创型游戏公司，在宣传过往业绩的过程中，对公司和团队成员所参与过的项目，应当如实按照"公司→成员→履历"的逻辑来进行介绍和叙述，避免产生混淆，进而产生法律责任。

判决书整理人：张雨婷

评注人：曾祥欣

『游例知产 &02』
网游企业字号相同，引起混淆应担责

深圳市丁果科技有限公司与深圳市丁果数码产品有限公司不正当竞争案

【关键词】

注册商标专有许可、企业字号、不正当竞争

【案例来源】

广东省深圳市中级人民法院（2013）深中法知民终字第 100 号民事判决书

【权利作品名称】

"丁果"字号、"DINGOO"商标

【案情简介】

自 2010 年 7 月 28 日起，丁果数码公司获得"丁果"与"DINGOO"注册商标在全世界范围内的排他性、独占性之专有许可使用权，授权期限为自授权之日起十年。

在授权期间，丁果数码公司发现丁果科技公司、灵犀数码公司在公司名称和产品中使用"丁果"与"Dingoo"字号，以"丁果"的名义进行商业活动。同时，丁果科技公司使用的英文企业名称中含有"DINGOO"，并在其产品及外包装上以及对外宣传中使用了"丁果科技 DINGOOTECHNOLOGY""丁果"等字样。丁果数码公司遂向广东省深圳市福田区人民法院提起诉讼。

【要点提炼】

1. 企业注册并使用与其他公司相同的字号，在什么情况下构成不正当竞争行为？

根据《企业名称登记管理实施办法》第九条的规定，企业名称和企业字号的使用不得侵害他人在先的合法权益。根据《反不正当竞争法》第五条第(三)项的规定，擅自使用他人企业名称的行为是指经营者擅自使用他人的企业名称，引人误认为是他人的商品的行为。本案中，判断丁果科技公司注册并使用"丁果"字号是否对丁果数码公司构成不正当竞争，关键在于：(1)丁果数码公司与丁果科技公司的企业名称在客观上是否会使他人产生混淆或误认；(2)丁果科技公司注册并使用"丁果"字号在主观上是否存在恶意。

首先，丁果数码公司与丁果科技公司的企业名称中均含有相同的字号"丁果"，在客观上容易使他人误认为丁果科技公司与丁果数码公司之间存在特定联系。而且，丁果数码公司与丁果科技公司均生产销售游戏掌机，故丁果科技公司注册并使用"丁果"字号的行为，会使他人对丁果数码公司与丁果科技公司的商品产生混淆或误认。

其次，丁果数码公司先于丁果科技公司在企业名称中使用"丁果"字号，并且"丁果"是臆造词汇，具有较强的识别性。丁果科技公司的法定代表人朱修家原为丁果数码公司的法定代表人，丁果科技公司应当知道丁果数码公司系同业竞争者以及丁果数码公司在企业名称中已使用"丁果"字号之事实，但丁果科技公司仍将其原字号"科乐"变更为"丁果"，并对此无法提供其善意使用的依据。而且，丁果科技公司提交的授权书中并不包含许可丁果科技公司在其企业名称中使用"丁果"字号的内容。可见，丁果科技公司使用"丁果"字号，在主观上具有明显的攀附故意。

因此，丁果科技公司未经丁果数码公司许可，注册并使用与丁果数码公司相同的"丁果"字号，客观上会使他人产生混淆或误认，主观上具有攀附的故意，违反了公平竞争和诚实信用的商业原则，损害了丁果数码公司的合法权益,扰乱了社会经济秩序,构成对丁果数码公司的不正当竞争。

2. 擅自使用其他企业的注册商标,在什么情况下构成不正当竞争?

这一争议焦点涉及如何划分商标侵权行为与不正当竞争行为的问题。《最高人民法院关于审理商标民事纠纷案件适用法律若干问题的解释》第一条第(一)项规定,将与他人注册商标相同或者相近似的文字作为企业的字号,在相同或类似商品上突出使用,容易使相关公众产生误认的,属于侵犯他人注册商标专用权的行为。因此,将与他人注册商标相同或相近似的文字作为企业字号突出使用的,应按照商标侵权行为处理;如正常使用企业名称而未突出使用,但其使用会产生市场混淆、违反公平竞争和诚实信用原则的,应按照不正当竞争行为处理。

法院认为,至于丁果科技公司这一行为是否构成不正当竞争,关键是看丁果科技公司在主观上是否具有攀附"DINGOO"商标的故意,在客观上是否会造成混淆。

本案中,丁果科技公司明知丁果数码公司已使用"DINGOO"商标这一事实,且其提交的授权书中并不包含许可丁果科技公司在其英文企业名称中使用"DINGOO"字号的内容。可见,丁果科技公司使用"DINGOO"字号,在主观上具有明显的攀附"DINGOO"商标之故意。同时,丁果科技公司使用与"DINGOO"商标相同的字号,在深圳开展与丁果数码公司相同的经营活动,与丁果数码公司生产销售相同产品,客观上会引起消费者产生误认或混淆。因此,丁果科技公司这一行为构成不正当竞争。

3. 若要证明擅自使用知名商品的特有名称、包装、装潢构成不正当竞争,需要满足哪些举证条件?

本案中,丁果数码公司指控丁果科技公司的行为构成擅自使用知名商品的特有名称、包装、装潢。根据《最高人民法院关于审理不正当竞争民事案件应用法律若干问题的解释》第一条第一款的规定,丁果数码公司应当对其商品的市场知名度负举证责任。本案中,丁果数码公司并未举证证明其商品的市场知名度,因此原审法院对丁果数码公司的该项指控不予认定。

4. 擅用其他企业注册商标的不正当竞争案件中,原告主张经济赔偿的考量因素有哪些?

本案中,由于丁果数码公司未举证证实丁果科技公司因侵权所获得的具体利益及自身因被侵权而受到的具体损失,法院主要通过考虑侵权公司的主观恶意程度、侵权行为情节以及丁果数码公司为制止侵权行为所支付的合理开支等因素,对判赔金额作出了判决。

【律师评注】

本案属于涉及注册商标与企业字号纠纷的代表性案例。企业字号与注册商标权的冲突,在目前的商标侵权与反不正当竞争案例中十分常见,将与他人注册商标相同或相近似的文字作为企业字号登记为企业名称的行为不在少数。

本案中,对比原告丁果数码公司与被告丁果科技公司的企业名称,表示行政区划、字号及组织形式的文字均相同,只有表示行业的文字"数码产品"和"科技"不同,极易造成消费者的误认。两公司均从事游戏掌机的生产与销售,会使一般消费者对产品的来源产生误认;丁果数码公司的名称注册在先,丁果科技公司变更为现名在后,且丁果科技公司的法定代表人系丁果数码公司原法定代表人,其明知存在在先的企业名称,仍将丁果科技公司原字号"科乐"变更为"丁果",在主观上具有明显的攀附故意。

法院先对原告商标权与被告名称之间的冲突进行了界分,以确认原告注册在先,被告名称变更在后,并认为被告法定代表人系原告原法定代表人,明知存在在先的企业名称,仍将丁果科技公司原字号"科乐"变更为"丁果",在主观上具有明显的攀附故意。同时,双方系同业竞争关系,客观上会使他人产生混淆或误认。因此,被告的行为违反了公平竞争和诚实信用的商业原则,损害了丁果数码公司的合法权益,扰乱了社会经济秩序,构成对丁果数码公司的不正当竞争。

需要提醒的是,企业字号与注册商标之间的关系,并非是天然存在冲突的。个案情况不同,裁判的结果也会随之发生变化,这需要根据案件情况和具体行为来进行相应的法律关系分析与判断。本案中,被告在企业字号和游戏产品上,攀附原告享有的注册商标,采取擦边球等形式进行侵权,这与被告丁果科技公司的法定代表人朱修家不无关系,因为朱修家原为丁果数码公司的法定代表人。这种情况极易使他人产生混淆或误认,觉得两公司之间存在特定联系。本案也为游戏企业提供了警示,即要注意避免离职人员——尤其是中高层管理人员和核心技术人员——在离职时获取企业的关键信息或者技术。

判决书整理人:陈馨文

评注人:张磊

『游例知产 &03』
游戏登录界面、游戏角色，如何保护在探索

北京分播时代公司、广州市动景计算机公司等与暴雪娱乐有限公司、上海网之易网络科技公司不正当竞争纠纷案

【关键词】

知名商品特有名称与装潢、虚假宣传、商品化权

【案例来源】

广州知识产权法院（2015）粤知法商民初字第 2 号民事判决书

广东省高级人民法院（2016）粤民终 1775 号民事判决书

【权利作品名称】

《魔兽世界》

【案情简介】

原告暴雪娱乐公司是《魔兽世界》系列游戏的著作权人，原告上海网之易公司是该游戏在中国大陆地区的独家运营商。两原告认为，由被告成都七游科技公司开发、被告北京分播时代公司独家运营、被告动景公司提供下载的被诉游戏《全民魔兽》（原名《酋长萨尔》）侵害了其美术作品著作权，被告分播时代公司同时构成擅自使用原告知名游戏特有名称与装潢及进行虚假宣传的不正当竞争行为。两原告在起诉的同时提出禁令申请，请求法院立即禁止三被告实施被诉侵权行为，并提供了 1000 万元的现金担保。

【要点提炼】

1. 游戏名称、游戏标题界面、登录界面、人物创建界面能否构成反不正当竞争法意义上的"特有名称""特有装潢"？

根据《反不正当竞争法》的规定，名称、装潢是否特有，关键在于其是否具备足以区别商品来源的显著性。该案中，法院认为"魔兽世界德拉诺之王"系《魔兽世界》系列游戏之一的主题名称，主题内容明确，游戏知名度非常高，因此该名称具有区别商品来源的显著性。具体到涉案标题界面、登陆界面、人物创建界面，其界面构成与《魔兽世界》的特定游戏元素紧密结合，通过色彩、线条、图案及构图形成独特风格，相关公众接触到该界面时，能够建立起与《魔兽世界》的联系，能够识别商品服务的来源。因此，对涉案游戏知名服务特有名称、装潢相关权益的认定，法院应予以认可。

2.《魔兽世界》系列游戏能否构成知名商品？如何判定？

网络游戏兼具商品和服务的属性。根据《反不正当竞争法》的规定，知名商品包括知名服务。认定知名商品，应当考虑该商品的销售时间、销售区域、销售额和销售对象，进行任何宣传的持续时间、程度和地域范围，作为知名商品受保护的情况等因素，进行综合判断。该案中，《魔兽世界》系列游戏之一《魔兽世界：德拉诺之王》正式上线至起诉不到两个月的时间，一审法院认为不能仅以上线时间短为由，判定其不构成知名，应进行综合判断。最终，法院认定涉案系列游戏具有较高的知名度，构成知名商品，受反不正当竞争法的保护。

3. PC 端游戏和手游的竞争关系如何认定？

该案中，法院认为，暴雪公司、网之易公司从事互联网游戏等游戏商品或服务的经营活动，是《魔兽世界》系列游戏的经营者，分播公司亦从事互联网游戏经营，双方当事人所在行业领域相同，具有竞争关系。分播公司主张电脑端游和手机端游不同，而该区别属于互联网游戏行业中进一步细分领域的差别，而且两个细分领域密切关联，往往相互渗透，对于游戏开发运营商或用户而言，并非泾渭分明的不同领域。

4. 游戏角色特有名称的商品化权益如何认定?

该案中,二审法院认为,商品化权主要集中于《商标法》关于保护在先权利和禁止恶意抢注的相关条文中涉及"在先权利"之部分。本案中,被告没有实施游戏角色的商业使用行为,在游戏中使用角色名称不属于商品化,并且由于游戏角色形象已在相关著作权纠纷案件(一审[2015]粤知法著民初字第2号;二审[2016]粤民终1719号)中主张美术作品并获得保护,整个被诉游戏已在相关著作权纠纷案件中被判令停止代理、运营、传播以及向公众提供。综上,二审法院改判了一审判决,推翻了关于存在游戏角色名称不正当竞争行为的认定。

【律师评注】

《魔兽世界》与《全民魔兽》的纠纷分成了两个案件,一个涉及著作权,一个涉及不正当竞争,本案是不正当竞争的部分。本案中有许多非常好的尝试,为后续的案件开辟了新的思路,非常具有代表性。

(一)游戏侵权案件中,第一个被支持的诉讼禁令

现在看来,在游戏侵权案件中,通过诉前或者诉中禁令(即行为保全)来尽快制止侵权已经不是什么稀罕事,笔者参与过的禁令案件也有将近十件。但是,在2015年,行为保全还真是前无古人。2015年3月9日,一审法院颁布临时禁令;2015年3月14日,被告就发布了停服公告。其实,游戏一旦停服,基本就彻底凉凉了。与其他商品或者服务不同,游戏市场的竞争极其激烈,生命周期一般只有一两年(像《王者荣耀》这样的游戏除外),新的IP、新的玩法层出不穷,大部分侵权方并不担心判赔金额,更担心的是游戏停运所导致的开发成本损失及预期收益损失。

(二)知名度的认定可包含产品正式上线前的宣传推广

不论是商品还是服务,很多销售方在正式上线前都会进行大量的预热、宣传和推广,由此产生的知名度是否可以自然延续至上线以后的商品呢?本案中的法院认为是可以的,甚至可以继承此前系列游戏所产生的知名度。

笔者认为,如果权利主体没有发生过变化,知名度延续的认定无可厚非,总归是侵占了同一个权利主体的竞争优势。但是,如果系列游戏

存在不同的权利主体,甚至上线前和上线后的权利主体发生了变化,那么可能还是需要进行区分的。譬如说,金庸先生的《射雕英雄传》电视剧拍过多个版本,每个版本有独立的权利主体,任何一个主体去维权时,能自然带上其他版本的知名度吗?恐怕是不行的。

(三)游戏标题界面、登陆界面和人物构建界面构成服务的装潢

著作权案件中,原告主张英雄形象、怪兽形象、装备图案以及副本地图构成作品,而游戏标题界面、登陆界面和人物构建界面构成服务的装潢。

以游戏标题界面为例,如果从美术作品的角度来看,确实相似度较低,但作为装潢进行对比,法院认为"主副标题也分为上下两层,边框的造型独特,边框上有飞檐和龙形生物",两者在装潢上是相似的,足以导致玩家的混淆误认。

在当时尚不存在对游戏整体进行保护的审判思路之情况下,将游戏中的元素一一拆解,找到最适合的保护路径,这也是非常需要"巧思"的工作。

(四)在拆分保护的思路下,本案的保护可谓是做到了极致

笔者梳理了一下本案中的著作权案件以及不正当竞争案件之保护路径,供大家参考:

游戏元素	保护路径
英雄形象	著作权法——美术作品
英雄名称	反不正当竞争法——诚实信用原则
怪兽形象、装备图案以及副本地图	著作权法——美术作品
标题界面、登陆界面和人物构建界面	反不正当竞争法——特有装潢
游戏名称	反不正当竞争法——特有名称

在游戏无法作为一个整体得到保护的情况下进行维权，该案也算是将现有的拆分式保护路径使用到了极致。

判决书整理人：张雨婷

评注人：张玲娜

『游例知产 &04』
网络游戏"搭便车",《反不正当竞争法》第二条来规制

北京光宇在线科技有限责任公司与腾讯科技(深圳)有限公司、深圳市腾讯计算机系统有限公司不正当竞争纠纷案

【关键词】

虚假宣传、著作权、不正当竞争

【案例来源】

北京市海淀区人民法院(2016)京 0108 民初 15454 号民事判决书

北京知识产权法院(2018)京 73 民终 371 号民事判决书

【权利作品名称】

《英雄联盟》

【案情简介】

腾讯科技公司和腾讯计算机公司经授权,于 2014 年 4 月至 2016 年 4 月享有《英雄联盟》在中国大陆境内的独家运营权,对经营《英雄联盟》享有合法权益。经广泛宣传推广,该游戏在我国已获得较高的市场影响力和知名度。游戏《最萌英雄》由光宇在线公司开发经营,2014 年 1 月 23 日内测,2014 年 5 月 16 日公测。本案中,腾讯科技公司和腾讯计算机公司主张光宇在线公司通过开发经营《最萌英雄》,实施了三项不正当竞争行为:在《最萌英雄》启动界面使用与《英雄联盟》启动界面近似的标识;《最萌英雄》中的 21 个角色抄袭了《英雄联盟》中的对应角

色形象,并原样使用了 6 个角色的名称;光宇在线公司通过网站视频宣传《最萌英雄》是《英雄联盟》的手游力作,构成虚假宣传。原告遂向法院提起不正当竞争之诉。

【要点提炼】

1. 本案应适用《著作权法》还是《反不正当竞争法》?

在知识产权侵权行为发生时,当事人有权选择依据相关部门法或《反不正当竞争法》提起诉讼。该案中,虽然涉案游戏《英雄联盟》的启动界面与角色形象可能构成《著作权法》所规定的美术作品,但是在腾讯科技公司和腾讯计算机公司选择依据《反不正当竞争法》提起不正当竞争纠纷诉讼的情况下,本案应适用《反不正当竞争法》进行审理,并不存在需优先适用《著作权法》的问题。

2. 游戏细分类别是否影响竞争关系的认定?

该案中,光宇在线公司与腾讯科技公司和腾讯计算机公司均为网络游戏的运营者,且《英雄联盟》的上线运营时间较长,积累了广泛的市场知名度和影响力,光宇在线公司应当知晓《英雄联盟》的存在。游戏细分类别的差异并不影响《最萌英雄》与《英雄联盟》均为网络游戏,且两款游戏的玩家群体存在重叠,故光宇在线公司与腾讯科技公司和腾讯计算机公司具有竞争关系。

3. 模仿游戏启动界面表示与角色形象相关行为是否构成不正当竞争?

该案中,《英雄联盟》的上线运行时间早于《最萌英雄》,而《最萌英雄》使用了与《英雄联盟》启动界面标识近似的标识,亦有 21 个角色使用了与《英雄联盟》相近似的角色形象,6 个角色使用了与《英雄联盟》相近似的角色名称,故光宇在线公司开发运营的《最萌英雄》之游戏启动界面标识、角色形象、角色名称系对《英雄联盟》游戏的模仿,违反了经营者应遵守的诚实信用原则和公认的商业道德,具有不正当性,违反了《反不正当竞争法》第二条的规定,构成不正当竞争。

4. 不正当竞争纠纷案件中,赔偿数额如何计算?

该案中,法院综合考虑《英雄联盟》的市场知名度和影响力、《最萌英雄》的抄袭比例、光宇在线公司的主观恶意、《最萌英雄》的游戏运营时间等因素,酌情确定了赔偿数额。另外,法院认为,该案为不正当竞争纠纷,在确定赔偿数额时,应适用《反不正当竞争法》的相关规定,不受《著作权法》规定的最高法定赔偿数额之限制。

【律师评注】

（一）不同的游戏平台间存在竞争关系

在与游戏相关的著作权侵权和不正当竞争诉讼中,被告常常基于双方游戏所处的平台不同,提出被告作品填补了相应平台的空白、双方不存在反不正当竞争法意义上的竞争关系等抗辩事由,但事实正好相反。尽管因为个人条件的不同,玩家倾向于使用不同平台进行游戏,并因此形成了有所区别的玩家群体,但是从以下三个角度出发,不难看出此类辩驳通常是比较苍白的:

首先,大部分的玩家并不排斥特定平台。以本案中的手机和 PC 平台为例,虽然原告游戏《英雄联盟》系 PC 游戏,但不可否认的是,目前大部分用户都持有智能手机,因此许多用户既是手机玩家,又是 PC 玩家,不同平台的玩家群体存在重合。对于平均游戏时间恒定的玩家而言,游戏总时间是此消彼长的,当玩家投入时间在手机平台游玩游戏,势必挤占玩家在 PC 等其他平台的游戏时间。其次,多平台发行游戏是行业常见的做法,对于喜爱《英雄联盟》的玩家而言,即便其没有在手机平台游玩任何游戏,但若出现手机版的《英雄联盟》游戏或相同 IP 的游戏,其也有很大概率会尝试该游戏,并有可能成为该游戏的用户。如果有其他企业在未经授权的情况下,在权利人之前完成了这个"填补空白"的工作,那么也就意味着,该企业挤占了原权利人后续开发相应平台游戏的权利。最后,即便不考虑游戏平台,未经授权就利用他人基于诚信开发经营所产生的知名度,并将其用于自己游戏产品的宣传和推广,本身就是"食人而肥"和"搭便车"的行为,亦属于不正当竞争行为。

因此,通过主张不同平台属于非竞争关系或"填补空白"来进行抗辩,非但不能达到预想的效果,反而能够说明侵权人利用平台差异恶意抢占市场的事实。

在该案中,针对被告光宇在线公司提出的《英雄联盟》为端游,《最萌英雄》为手游,客户群体不同,不构成竞争关系的主张,北京市海淀区人民法院基于被告的游戏宣传以及玩家的对比体验,认为双方玩家群体显然存在重叠,属于竞争关系。

(二) Q 版化、改名等行为不影响抄袭和不正当竞争的认定

Q 版化曾是游戏行业内"致敬"知名作品的一种常见的方式,但是这种保留了原游戏角色大部分可辨识细节的改编行为,早已超出了合理借鉴的范畴,系对权利人作品中受保护表达的侵害,亦是攀附知名度来"搭便车"的不正当竞争行为。

本案原告选择的是依据《反不正当竞争法》起诉,没有探讨是否存在著作权侵权的问题,但毫无疑问,这种将原告游戏中的 21 名角色大规模地进行 Q 版化之行为,构成针对原告角色形象美术作品的抄袭——虽然 Q 版化中融入了被告一定的独创性,但是无法改变其系未经授权演绎原告作品的事实。

而在反不正当竞争法的诉讼路径上,北京市海淀区人民法院根据 21 个角色的眼睛、发型、头饰、装备等主要特征性设计与原告游戏中的对应角色相同,认定 21 个角色形象构成近似。同时,被告在宣传过程中,反复对外声称被告游戏系原告游戏的 Q 版,法院由此认定被告具有明显的"搭便车"恶意。此外,针对多次使用"Q 版 LOL 英雄"等表述来攀附原告作品知名度进行虚假宣传之行为,法院亦认定了其构成不正当竞争。

(三)《反不正当竞争法》亦可打击抄袭

本案的一个主要特点是,原告仅以不正当竞争起诉,一审法院也仅适用《反不正当竞争法》进行审理,无论是起诉还是判决都未涉及《著作权法》。原审被告据此上诉认为一审适用法律错误,其主张本案涉及的是抄袭问题,应当优先适用《著作权法》进行审理。

根据民事诉讼法的处分原则,民事诉讼当事人有权在法律规定的范围内,处分自己的民事权利和诉讼权利。因此,即便被告的行为确实属于《著作权法》中的抄袭,但原告有权利决定自己的起诉案由,法院也

应当按照原告的起诉案由审理。尽管部分法院可能在类似案件中会对原告进行释明,提醒原告可以依据《著作权法》提起著作权侵权之诉,但是这并不影响庭审继续以原告诉请的案由审理。

在使用《反不正当竞争法》的情况下,法院应遵循《反不正当竞争法》第二条的适用要件:法律对该种竞争行为未作出特别规定;其他经营者的合法权益确因该竞争行为而受到了实际损害;该种竞争行为因确属违反诚实信用原则和公认的商业道德而具有不正当性或可责性。抄袭是可以被认定为不正当竞争行为的。北京知识产权法院最终认定,一审法院依据《反不正当竞争法》审理案件并无不当,遂驳回上诉,维持原判。

该案说明,在打击抄袭式侵权行为的过程中,"著作权+反不正当竞争"的诉讼模式并不是唯一解,应当根据侵权的形态及自身的诉讼目标来灵活选择起诉策略。

判决书整理人:张雨婷

评注人:曾祥欣

『游例知产 &05』
《鬼吹灯》小说与游戏，不良影响不代表没有知名度

上海玄霆娱乐信息科技有限公司徐州分公司与被告上海硬通网络科技有限公司、北京搜狗信息服务有限公司不正当竞争纠纷案

【关键词】

商标不良影响、有一定影响的商品名称、不正当竞争

【案例来源】

江苏省南京市中级人民法院（2018）苏 01 民初 1642 号民事判决书

【权利作品名称】

《鬼吹灯》

【案情简介】

原告玄霆徐州分公司享有《鬼吹灯》系列小说的著作权及其他相关权利。2018 年 7 月 27 日，原告发现在搜狗搜索网站输入"鬼吹灯"进行搜索，搜索页面存在以"鬼吹网页游戏－37 镇魔曲网页版网页游戏高智商鬼吹灯"为标题的推广链接，并突出使用"鬼吹灯"三个字。点击该链接进入新页面，出现并显示的游戏并非《鬼吹灯》，而是被告硬通公司经营的游戏《镇魔曲》。原告在发现上诉事实后，将被告硬通公司及搜狗公司共同诉至法院。

【要点提炼】

1. "鬼吹灯"标识构成"有一定影响的商品名称"吗？

该案中，《鬼吹灯》系列小说经过权利人多年的宣传推广，已经获得很高的人气和关注度，《鬼吹灯》实体图书多次出版，《鬼吹灯》作品被改编成电影、网剧、漫画、游戏。因此，《鬼吹灯》系列小说已经具有很高的知名度，为相关公众所知悉，可以认定为具有一定影响的商品名称。

2. 具有不良影响不予注册的标识是否影响"有一定影响的商品名称"之认定？

该案中，对"鬼吹灯"三个字进行文义理解，更多的是作为"形容、虚拟"等修辞手法、描述技巧来使用，且相关公众并不会将其与封建迷信相联系，《鬼吹灯》系列作品也并未对公共利益和公共秩序造成不良影响。法院认为，标识作为作品的名称，其是否具有不良影响，需要结合该作品的内容来综合判断，这与作为区分商品和服务来源的商标能否注册之判断标准不同。商标主管机关基于商标注册原则，作出关于"鬼吹灯"标识具有不良影响而不予注册的决定，并不影响涉案"鬼吹灯"标识可以构成具有一定影响的商品名称之认定。

3. 互联网搜索平台应尽何种注意义务？

该案中，原告具有正版授权的《鬼吹灯》游戏，但在以关键词"鬼吹灯"搜索相关游戏时，被告搜狗公司的搜索平台上并未显示。在众多游戏中，搜索页面仅显示了与"鬼吹灯"毫无关联性的其他游戏，包括被告硬通公司的游戏《镇魔曲》。被告搜狗公司系利用互联网经营音乐美术娱乐产品的经营主体，其与第三方签订协议，并收取一定费用，为第三方提供推广链接服务，但同时其对第三方投放的信息内容负有相应的、基本的审核义务。

【律师评注】

（一）不予注册不影响"标识具有一定影响力"之认定

"不良影响"条款体现在《商标法》中，其具体规定为，"有害于社会主义道德风尚或者有其他不良影响"的标识不得作为商标使用。"鬼吹灯"属于具有封建迷信性质的词汇,使用在商品或服务上,易使人产生与封建迷信有关的联想,从而给社会造成不良影响。而且,"不良影响"条款属于禁止使用的绝对条款,"鬼吹灯"标识无法经使用取得知名度而获准注册。

但是,不予注册商标的标识不代表没有知名度,更不代表附着在标识上的正当商业利益可以被随意侵害。本案中,法院根据该案查明的相关事实及江苏省高级人民法院(2018)苏民终 130 号民事判决,对"鬼吹灯"一词是否带有封建迷信色彩的问题进行了实质性判断,认为"商标主管机关基于商标注册原则,作出关于'鬼吹灯'标识具有不良影响而不予注册的决定,并不影响涉案'鬼吹灯'标识可以构成具有一定影响的商品名称的认定","鬼吹灯"作为涉案《鬼吹灯》系列小说的具有一定影响的商品名称之相关权益归属于原告玄霆徐州分公司。

因此,即便是在商标评审环节中被认为有"不良影响"的标识和名称之权利人,在遭遇侵权及不正当竞争的情况下,仍然可以尝试通过诉讼程序,由法院对标识和名称是否具有影响及是否应当受到保护进行事实判断。

(二)搜索引擎滥用竞价排名可能构成不正当竞争

在互联网环境中,各家企业都在争取尽可能多的曝光机会。搜索引擎服务提供者通过人工干预自动生成的搜索结果,让参与竞价的商家关于产品或服务的推广链接出现在靠前的位置,吸引检索者的流量和关注,这成为了搜索引擎的重要盈利手段。根据《互联网广告管理暂行办法》及《电子商务法》中对竞价排名的规定,竞价排名属于互联网广告业务,该业务的提供者应履行标识等义务。

除了在相关的关键词之搜索结果内优先展示外,竞价排名业务还存在着将自己的搜索结果插入与自己产品无关的竞争对手词条,挤占竞争对手链接内容的展示,甚至直接屏蔽竞争对手链接等行为。这种对竞价排名机制的滥用,无疑侵害了被屏蔽竞争对手的正当竞争利益。

在本案中,法院认为,被告通过在搜狗搜索引擎中屏蔽原告具有正版授权的《鬼吹灯》游戏官网链接,将"鬼吹灯"文字突出使用于其游戏《镇魔曲》的推广链接标题之方式,引人误认为《镇魔曲》是原告的《鬼吹灯》游戏或者与原告存在特定联系,从而达到获取不正当竞争优势和非法利益之目的,构成不正当竞争行为。

(三) 搜索引擎服务商应尽审查义务

作为搜索引擎运营商,在以收费方式提供竞价排名服务的同时,应当对第三方的投放信息负有相应的、基本的审核义务。本案中,法院认为,被告搜狗公司作为搜索引擎运营商,应当从三个方面去尽到其相应的审核义务:第一,词条相关内容的知名度;第二,推广内容和词条是否一致;第三,针对游戏的推广,至少应当审查游戏名称、著作权登记证书和版号等内容。在此基础上,法院认定,被告搜狗公司没有尽到合理的、审慎的审查和注意义务,亦构成不正当竞争,应与购买竞价排名的被告硬通公司一起承担连带责任。

判决书整理人:张雨婷

评注人:曾祥欣

『游例知产 &06』
抢注游戏名称商标，投诉下架亦是维权渠道

掌游天下(北京)信息技术股份有限公司与嘉丰永道(北京)科技股份有限公司不正当竞争纠纷案

【关键词】

IC 烧录、委托鉴定、影音视听作品、共同侵权

【案例来源】

北京市海淀区人民法院(2016)京 0108 民初 14041 号民事判决书

北京知识产权法院(2019)京 73 民终 2257 号民事判决书

【权利作品名称】

《PopStar 消灭星星官方正版》(简称《PopStar 消灭星星》)V3.0

【案情简介】

掌游公司拥有《PopStar 消灭星星》系列游戏的著作权，AppStore 中的《PopStar! 消灭星星》最早上线于 2009 年 3 月 27 日，于 2014 年 4 月 24 日更改使用中文名称。掌游公司分别于 2016 年 7 月和 9 月取得第 9 类"POPSTAR"注册商标和图形商标。

嘉丰公司分别于 2014 年 12 月、2015 年 2 月取得第 42 类第 13104620 号和第 9 类第 13704442 号"消灭星星"注册商标专用权。2016 年 10 月 12 日至 11 月 14 日，嘉丰公司以其享有"消灭星星"商标权为由，向苹果应用商店投诉掌游公司运营的四款《消灭星星》游戏侵

权,并要求游戏更名。2016 年 12 月 1 日,苹果公司将掌游公司的前述四款游戏从 AppStore 中下架。嘉丰公司将其 2016 年 12 月 19 日发布的 3.0.9 版《消灭星星 3 最新版》名称更改为《消灭星星官方正版》。掌游公司以抢注为由,对前述商标进行无效宣告,两枚商标分别经行政程序和一二审行政诉讼,被宣告无效。

掌游公司将嘉丰公司诉至法院,主张嘉丰公司实施两项不正当竞争行为:第一,嘉丰公司于 2016 年向苹果应用商店发函要求下架四款《消灭星星》游戏,致使掌游公司的游戏被下架;第二,嘉丰公司在掌游公司下架四款涉案游戏后,将其游戏名称改成与掌游公司的游戏相同。

一审法院认为,第 14041 号民事判决中认定"PopStar! 消灭星星"为知名游戏特有名称,"消灭星星"主要是对"PopStar"的中文意译,"消灭星星"属于掌游公司游戏特有名称中显著性较高的部分。嘉丰公司作为掌游公司的直接竞争对手,在同样经营消除类游戏的情况下,向苹果应用商店投诉掌游公司经营的四款游戏侵害其"消灭星星"商标权,并无合理理由,存在明显的主观恶意,系违反诚信原则和公认商业道德的不正当竞争行为。一审法院认定掌游公司的第二项主张属于重复诉讼,未予支持。一审判决要求嘉丰公司发布声明以消除影响,并依法酌定赔偿数额为 100 万元。

二审法院认为,本案大量证据证明,掌游公司使用"消灭星星"作为游戏名称远早于嘉丰公司,嘉丰公司作为掌游公司的同业者,对此应当知悉,但其向苹果应用商店投诉掌游公司经营的四款游戏并使该四款游戏下架后,将自己的游戏名称改成与掌游公司的游戏相同,替代掌游公司的游戏以获得不当利益,凸显了嘉丰公司的主观恶意非常明显,侵害了掌游公司在游戏名称上的利益,构成不正当竞争,其应当承担相应的法律责任。二审法院认为,掌游公司的第二项主张不构成重复诉讼。二审法院根据掌游公司对游戏的投入、经营情况、游戏的市场知名度情况、用户流失情况、广告收益损失情况等因素,酌定嘉丰公司赔偿掌游公司经济损失 155 万元。

【要点提炼】

1. 涉案行为(恶意投诉致使涉案游戏下架)获得非法收益无证据证明,本案一审法院考虑损害赔偿的因素有哪些?

(1)游戏上线时间、多年持续经营活动、用户基础、市场知名度;

(2)同业竞争者知晓掌游公司的游戏经营情况,投诉行为具有主观恶意;

(3)涉案游戏下架期间的用户流失、广告等收益损失;

(4)掌游公司在本案中提出的主张获支持情况。

2. 诉讼中提交第三方评估公司出具的报告,证明效力如何?

为证明其受到的损失,掌游公司在本案中提交了北京某资产评估公司出具的评估报告书,其中显示掌游公司因嘉丰公司举报而被苹果应用商店下架四个版本的游戏所引起的损失为694.25万元。

本案一审法院认为,虽然掌游公司提交了评估报告书,但是该评估报告由单方委托作出,客观性、权威性有限,无法作为直接确认其损失的依据。

3. 掌游公司主张,在下架四款涉案游戏后,嘉丰公司将其游戏名称改成与掌游公司的游戏相同之行为,构成不正当竞争。该项主张是否属于重复主张?法院是如何认定的?

掌游公司曾于2016年6月向石景山法院起诉嘉丰公司,主张嘉丰公司运营的游戏使用与掌游公司《PopStar!消灭星星官方正版》游戏名称高度近似的《消灭星星3最新版》,构成不正当竞争;且在游戏美术设计、菜单结构、计分方式(程序外观和视听效果)及大量使用掌游公司的游戏程序源代码等游戏软件开发方面抄袭掌游公司游戏,侵害其著作权。该案后移送至北京知产法院,尚在审理中。

一审法院认为,针对掌游公司在本案中提出的嘉丰公司将其苹果应用商店中的游戏名称由《消灭星星3最新版》改为《消灭星星官方正版》构成不正当竞争的主张之实质,是判断嘉丰公司使用"消灭星星"作为游戏名称的正当性,而非判断将游戏名称由"最新版"更改为"官方正版"之正当性。若嘉丰公司不使用与"消灭星星"相关的文字作为游戏名称,掌游公司则无权对嘉丰公司在游戏名称中使用"最新版"或"官方正版"提出主张。因此,一审法院认为,在掌游公司已在先前的另案中就嘉丰公司使用含"消灭星星"文字的游戏名称提出不正当竞争主张的情况下,仍在本案中提出此项请求,系重复主张,依法予以驳回。

二审法院经审查认为,上述案件根据案件管辖规定,目前已移至该院一审,正在审理中。而本案中,掌游公司仅就其四款涉案游戏被下架后,嘉丰公司将自己的游戏名称《消灭星星 3 最新版》改成《消灭星星官方正版》之行为进行权利主张,故不与前诉构成重复主张。二审法院对一审法院该项事实认定错误予以纠正,对掌游公司非重复起诉的主张予以支持。

【律师评注】

本案的发生使得诸多游戏厂商对苹果 APP Store 渠道的知识产权投诉举报途径有了一些全新的认识。本案被告通过充分利用这一渠道,实现了其商业利益的最大化。当然,这一行为最终被法院认定为不正当竞争。这一案件值得关注的要点涉及以下几个方面:

(一)苹果 APP Store 投诉下架已经成为一种重要的维权渠道

由于 iOS 渠道至少占到了游戏分销渠道 1/3 的市场份额,APP Store 成为各游戏厂商的必争之地。而作为非常成熟的渠道方,尽管苹果的知识产权投诉机制相对成熟,但是仍存在一定的局限性。在本案系争的不正当竞争行为发生时(2016 年 10 月至 11 月间,在 APP Store 上进行商标侵权投诉),苹果渠道的知识产权投诉机制还处在较为机械的阶段。投诉发生后,在被投诉方没有强有力的回复之情况下,APP 基本上都会较快被下架。

通过判决书,我们尚不清楚本案原告是如何回应 APP Store 投诉的,但是建议游戏厂商在遭遇此类明显恶意投诉时要据理力争。而如今,随着知识产权争议的日渐复杂化,以及各方对苹果投诉套路越来越熟悉,在投诉方与被投诉方长时间的拉锯战中,苹果渠道反而扮演了更加中立的角色,不会很快下架被控侵权的游戏。

（二）本案中的被告行为的不正当性之体现及相应的证据组织

本案中，原告指控的不正当竞争行为主要为两项：一是被告以其抢注的商标作为权利基础，在 APP Store 渠道下架了其享有正版授权的游戏；二是在下架原告游戏后，将其游戏更名为《消灭星星官方正版》。原告方为了论证这两项行为成立，一方面发起了多个宣告商标无效的行政和诉讼程序，另一方面也另案发起了与著作权侵权相关的诉讼。而第二项主张也因为著作权侵权之诉的存在，最初被一审法院认定为重复诉讼，好在二审法院对此进行了改判。而笔者有所不解的是，既然本案原告方获得了"Pop Star"的官方授权，为何不在本案中主张被告更名为"官方正版"的行为构成了虚假宣传呢？

通过本案艰难的诉讼和改判过程，我们也可以看出，权利方一旦在初始的权利布局上发生失误，后续就不得不花费更大的代价来进行弥补和处理。

（三）本案给予游戏企业的一些启示

虽然二审的判决结果维持了大多数人心中的正义，被告方行为的不正当性被最终承认，并且二审法院也提高了一审的判赔金额，但不得不说，实际上对于原告方而言，这样的判决并不能完全弥补其全部损失。

这一案件的发生，也给予了游戏厂商至少两个方面的重要启示：一是在游戏上线运营之前，尽早对游戏名称进行商标检索和布局，以防止商标抢注行为的发生。二是一旦在游戏上线之后才发现存在商标抢注的情况，一方面，可以通过购买、转让商标的方式尽快获得商标，协商不成也应尽早采取异议、无效等商标行政程序来清除相应障碍；另一方面，在没有解决抢注商标这一问题的情况下，也不要一味坚持使用同样的名字，以免发生与本案原告相似的情况。与瞬息变化的市场相比，经过司法裁判才来到的正义还是有些迟，并不能最大限度地保障市场主体的权益。毕竟对于游戏企业而言，本可以产生高额收入的几个月时间，却最终因为产品被下架处理而导致热度流失，损失难以估量。

判决书整理人：苗雨

评注人：钟姝琦

『游例知产 &07』
网游名称攀附电影知名度，恶意侵权应担责

上海游爱之星信息科技有限公司与安乐(北京)电影发行有限公司不正当竞争纠纷案

【关键词】

知名商品特有名称、虚假宣传、不正当竞争

【案例来源】

上海市普陀区人民法院(2017)沪 0107 民初 13931 号民事判决书

上海知识产权法院(2019)沪 73 民终 91 号民事判决书

【权利作品名称】

电影《捉妖记》

【案情简介】

原告安乐公司为电影《捉妖记》的出品方,依法拥有电影《捉妖记》及电影中美术形象在中国大陆地区(香港、澳门、台湾地区除外)包括游戏改编权在内的完整版权。"捉妖记"经过出品方的使用推广,具有较强的显著特征,为相关公众所熟知。被告游爱之星公司于 2015 年 4 月将其运营的游戏更名为《天天捉妖记》,并利用与"捉妖记"相关的链接来宣传推广《天天捉妖记》。原告认为被告的行为具有明显的攀附电影知名度之恶意,是引起购买者混淆的宣传行为,该行为构成不正当竞争。

【要点提炼】

1. 电影名称能否构成知名商品特有名称？

该案中，电影《捉妖记》经过广泛使用与宣传，已具有一定的市场知名度，为相关公众所知悉，具有区别商品来源的显著性特征，符合《反不正当竞争法》中关于知名商品的规定。二审法院认为，涉案电影《捉妖记》之名称系由词汇"捉妖"和"记"组成，其中"捉妖"意为抓住妖怪，"记"意为记录事实或事件，两词虽均为常用词汇，但其组合使用并没有成为电影、游戏或其他文学艺术类作品中常见的名称，并且在长期使用下，具有区分商品来源的功能，构成知名商品（即涉案影片）的特有名称。

2. 涉案商标核准注册之后至宣告无效之前的使用行为是否构成不正当竞争？基于对商标行政授权行为的信赖可否作为抗辩理由？

该案中，法院认为商标经核准注册后，商标权人便享有注册商标专用权的权利。基于维护注册商标专用权人的权利以及市场交易秩序的稳定，即使该注册商标之后被宣告无效，通常对其注册商标有效期间的使用行为不具有溯及力。但同时，民事主体从事民事活动，应当遵循诚信原则，在不损害他人利益和社会利益的前提下追求自身利益。电影《捉妖记》已具备较高知名度，游爱之星公司理应知晓其注册涉案商标会侵害安乐公司的在先权利，因此其仍进行注册并使用的行为有悖诚实信用原则。综上，在涉案商标核准注册之后至宣告无效之前的使用行为，仍承担不正当竞争的法律责任。

3. "搭便车"式不正当竞争行为如何认定？

该案中，法院认为，在判断知名商品特有名称受保护的商品范围时，应根据《反不正当竞争法》之规定，以所涉及商品的关联程度作为判断标准和依据。本案中，当事人双方虽并非直接竞争关系，但涉案影片和同名网络游戏的消费对象存在极大重合。游爱之星公司在新浪微博发布内容包含"捉妖记"的话题链接来推广其手游《天天捉妖记》，并在游戏海报上突出使用"捉妖记"三个字，足以使相关公众产生《天天捉妖记》来源于电影《捉妖记》，该游戏的经营者与安乐公司之间具有关联关系,该游戏内容系改编自知名影片《捉妖记》的混淆和误认,属于刻意攀附涉案影片知名度,利用了原属于安乐公司的竞争优势,是俗称为"搭便车"的混淆行为。

【律师评注】

当年,《人在囧途》与《人再囧途之泰囧》的影视作品名称侵权纠纷一案,大大提升了公众对作品名称保护的关注度。该案最终判决"人在囧途"属于知名商品特有名称,适用反不正当竞争法予以保护。"捉妖记"一案也是如此。

与"人在囧途"一案不同的是,"捉妖记"一案的两部涉案作品之类型并不一样,一方是电影《捉妖记》,另一方是网络游戏《天天来捉妖》。该案给出了与"人在囧途"一案不一样的审判思路,即反不正当竞争法上关于"知名商品特有名称"(新法称之为有一定影响力的名称)的认定,并不考虑著作权法意义上的名称独创性问题,也不考虑商标法意义上的是否属于相同或近似类别,仅仅考虑名称本身是否有知名度(一定影响力)。

相比于作品名称适用反不正当竞争法予以保护,更值得讨论的是,作品名称是否可以适用著作权法来进行保护。这个问题不单单是国内在讨论,很多国家其实都存在这方面的争议。日本知识产权高等法院曾受理"读卖在线新闻标题案",这是一个关于新闻标题是否作为著作权法中的作品受到保护的案例。最终,该案也没有依据著作权法给予保护,而是依然以被告行为构成不正当竞争为由,给予了侵权的认定。

笔者认为,从著作权法的立法本意和保护范围来看,不应当简单地将作品名称排除在著作权法的保护范围之外。比如,一部作品的名称叫《知否知否应是绿肥红瘦》,难道也不应给予著作权法的保护?但同时,笔者也认为,该等保护必须非常之谨慎。

有别于反不正当竞争法的保护是通过权利人的"使用",使之与商品或服务产生"强识别关系",即不考虑名称本身,一个作品名称想要得到著作权法的保护,并不需要该作品名称与作品或作者本身产生"强识别关系",我们所考量的仅仅是该作品名称本身。在这种情况下,给予作品名称著作权法的保护,等于是该作品名称的著作权人"垄断"了使用该作品名称所构成的"文字组合"之权利,即无论他人如何对其进行使用,均会构成著作权侵权,这明显不利于文学艺术的创作,也不符合立法本意。

笔者认为,给予作品名称以著作权法的保护,需要就作品名称的独创性构建较其他文字作品更高的判断标准,只有这样方可达到既鼓励文学艺术创作,又不至于滥用权利之目的。在具体的判定过程中,可以使用联想方法,即一般公众看到该作品名称时,联想到的是该作品本身,还是感受到了作品名称的文字组合所蕴含的文学艺术价值。如果仅仅是联想到该作品本身,那么不建议给予该作品名称以著作权法的保护。

判决书整理人:张雨婷

评注人:祝筱青

『游例知产 &08』
网络游戏外挂，作弊工具严打击

深圳市腾讯计算机系统有限公司、腾讯数码（天津）有限公司与被告洪旭不正当竞争纠纷案

【关键词】

网络游戏、外挂、不正当竞争

【案例来源】

天津市滨海新区人民法院（2019）津 0116 民初 697 号民事判决书

【权利作品名称】

《地下城与勇士》游戏软件

【案情简介】

《地下城与勇士》系由韩国 Neople 公司独立开发，由原告在中国大陆运营的一款横版格斗网络游戏。原告的《腾讯游戏许可及服务协议》中明确禁止玩家使用各种非法外挂。被告自 2015 年 3 月起，以群主身份先后创建 5 个 QQ 聊天群，群成员已达 5900 余人。洪某在聊天群中以图文形式向群成员宣传其组团带打服务、收费标准、付款方式，并在涉案游戏内"寻找攻坚队频道"中，建立包含带打宣传及带打 QQ 群号的"飞机团"队伍，长期、持续向涉案游戏用户提供有偿带打服务，利用外挂程序帮助玩家快速通关取得奖励，从中获取经济利益。在案证据显示，除以游戏币方式获取的收益外，被告于 2018 年 6 月 15 日至

2019 年 1 月 20 日经由微信、支付宝途径获取的组团带打收益就高达 322404 元。两原告起诉被告,要求停止利用外挂程序提供组团带打服务,并赔礼道歉、消除影响以及赔偿经济损失。

法院认为,被告作为资深玩家,明知《腾讯游戏许可及服务协议》以及游戏规则均明确禁止使用非法外挂,仍违规利用外挂程序,大规模组建"飞机团"队伍,帮助游戏用户低成本、快捷通关,以较低的成本与游戏运营者抢夺交易机会,并从中获取较为可观的收益。被告实施的行为不仅违反其与原告的协议约定,直接影响原告的交易机会和经济利益,侵害原告合法权益,而且侵害了作为涉案游戏普通玩家的消费者之合法权益,破坏了涉案游戏本身的平衡性、竞技的公平性及正常的游戏环境和游戏秩序。从长远看,被告的行为还会给游戏产业的发展带来不良影响,有违诚实信用原则和公认的商业道德,构成不正当竞争。鉴于被告已停止被诉行为,法院判决被告赔偿原告经济损失及合理开支 90 万元并消除影响。

【要点提炼】

1. 如何判断原告与被告是否存在竞争关系?

《反不正当竞争法》的宗旨是通过规制侵害经营者、消费者合法权益的不正当竞争行为,以维护经营者之间的正当竞争及公平的市场竞争秩序,并增进社会福祉。因此,对竞争关系的理解,不应局限于双方提供的商品或者服务是否具有相似性或者可替代性,而应重点考察双方之间是否存在竞争利益。

本案原告为涉案网络游戏《地下城与勇士》的经营者,其为推广、运营该游戏付出了大量技术、人力、财力等成本,并通过维护游戏秩序、丰富游戏内容、提升娱乐体验等积累了大量游戏用户。原告的主要交易机会和收入来源于玩家在游戏内购买、积累装备和道具等,其对此享有合法权益。被告系涉案游戏的资深玩家,其与原告虽不具有直接竞争关系,但其不仅借助在游戏内外进行宣传来吸引其他用户接受其提供的收费带打服务,还在游戏内利用外挂程序帮助用户顺利通过"卢克""超时空"等难度较高的游戏关卡以获取装备、道具等奖励并从中获利。

可见,被告依托于原告经营的涉案游戏及拥有的玩家资源所提供的有偿带打服务,使得普通游戏用户在无需投入相应金钱、时间获取通关所必要装备和战力之情况下,就能够以较低成本快速通关。这种寄生于涉案游戏内的经营行为,将直接影响原告的经济利益,而被告可从中获益。因原被告之间存在交易机会的争夺与此消彼长的损益关系,从竞争利益角度看,双方存在竞争关系。

2. 被诉行为是否具有不当性?

近年来,网络游戏产业发展迅猛、市场竞争日趋激烈,与此同时也催生了从外挂研发、制作、推广、销售到使用的完整产业链条,其会对游戏产业的良性发展和游戏市场的竞争秩序造成较大影响。使用外挂处于外挂销售的下游,本案被告洪旭利用外挂提供有偿带打服务的行为是否具有不当性,应从该行为的具体模式及网络游戏行业的特点出发,综合考量以下因素:

(1)被告的主观意图。涉案网络游戏《地下城与勇士》作为 2D 横板格斗过关类游戏的经典,自 2008 年上线至今运营已逾十年,凭借良好的互动性、丰富的玩法及精准的操作体验等特点,深受广大游戏用户的喜爱。涉案游戏的成功在某种程度上依赖于原告维持玩家游戏兴趣的能力,其为此投入了大量时间、金钱、人力等成本,以确保不同级别的玩家都能够均衡地参与游戏,并一直将使用外挂作为重点违规行为进行打击,以维护公平的游戏秩序。涉案游戏的安装条款及《腾讯游戏许可及服务协议》中明确约定,玩家不得通过非腾讯开发、授权的第三方软件、插件、外挂、系统,使用腾讯游戏及腾讯游戏服务或制作、发布、传播非腾讯开发、授权的第三方软件、插件、外挂、系统;不得将游戏账号以任何方式提供给他人使用,包括但不限于不得以转让、出租、借用等方式提供给他人作包括但不限于直播、录制、代打代练等商业性使用。《腾讯游戏许可及服务协议》第 6.5 款亦明确禁止用户使用各种非法外挂行为。用户在勾选同意上述协议条款后,方可安装并进行游戏。被告洪旭在庭审中亦认可,其知晓利用外挂"开飞机"、加入"飞机团"来"坐飞机"等均是涉案游戏所禁止的违规行为,其亦知晓如被检查出使用外挂,用户还将面临游戏账号被冻结、封禁等处罚。作为涉案游戏中的级别较高之资深玩家,被告明知相关协议条款与游戏规则,仍违规利用外挂程序大规模组建"飞机团"队伍,帮助用户低成本、快捷通关并从中获取不当利益,有违诚实守信原则,主观恶意明显。

（2）被诉行为的模式特点及影响。所谓游戏外挂,是指利用信息技术,针对一个或多个网络游戏,通过改变软件的部分程序制作而成的、实现自动进行游戏的作弊程序。游戏用户利用外挂程序,可以轻易得到其他正常用户无法得到或者需要通过长期在线动手运行才能得到的游戏效果,这种行为历来是网络游戏经营者的打击对象。游戏玩家理应知悉使用外挂行为的不当性与后果,但部分玩家为满足好胜心或者受利益驱使,仍然使用外挂进行游戏,或者通过各种途径、方式来追求使用外挂所能达到的游戏效果,从而使得外挂行为屡禁不止,并催生了使用外挂代练升级、组团带打等多种外挂利用模式。

涉案网络游戏《地下城与勇士》以通过任务引导角色成长为中心,设计了装备与等级的改变,并拥有共 500 多种装备和道具,为玩家提供了丰富的游戏体验。就网络游戏而言,游戏体验是一款游戏的核心竞争力之一。涉案游戏的竞技模式包括 PVP（玩家对战玩家）、PVC（玩家对战电脑）、单人副本和团队副本。其中,团队副本的难度最大。涉案游戏目前存在"卢克""超时空"和"安徒恩"三个团队副本,玩家需具备相应的等级条件和装备材料方可打团,参与打团的玩家不仅要投入相当的时间和金钱,靠团本材料升级自身装备,还需要与其他玩家互相配合、共同制定战略战术来实现通关。这一过程中,玩家获得的成就感、合作感、惊喜感,以及获取奖励后与其他玩家相比较的优越感等游戏体验,亦是涉案游戏吸引、固定玩家,进而从中盈利的资本。有鉴于此,团队副本既是涉案游戏的玩家之兴趣所在与游戏运营的盈利核心,又是游戏中外挂频出之处。

3. 被诉行为的损害后果有哪些?

首先,被诉行为损害了原告作为游戏运营商的合法权益。被告理应知晓原告与涉案游戏用户之间存在服务许可协议,但其仍诱导普通用户参加"飞机团"队伍,并安排"司机"使用外挂提供带打服务。该行为可以使众多参团玩家在付出极少费用的情况下,快速通过难度较高的游戏关卡而不需要投入大量时间、金钱来打造和升级装备,不仅自身违反了其与原告的协议约定,还有意教唆、帮助普通用户违约,干扰了普通用户和原告之间的合同,这将直接影响原告的交易机会和经济利益,破坏涉案游戏的规则和秩序。外挂程序的使用还会使游戏服务器需要处理的数据激增,可能使游戏的运行速度与服务质量受到影响。另外,为维护公平、健康的游戏秩序,作为涉案游戏运营商,原告必然要投入大量成本并花费一定力量来遏止和打击使用外挂、外挂"飞机团"、"坐飞机"等违规行为,以及应对、处理玩家投诉等,这也会损害原告的正常经营管理秩序,增加原告的运营维护成本。

其次,被诉行为损害了游戏普通玩家的合法权益及正常的游戏秩序。使用外挂或者接受"飞机团"带打服务的玩家,在通关升级速度、挣钱数量、获取顶级装备的概率上会远胜于正常通关的普通游戏玩家,这不仅破坏了游戏本身的平衡性、竞技的公平性及正常的游戏环境和游戏秩序,还会降低游戏玩家的游戏体验和游戏兴趣,可能使普通玩家对游戏失去信心甚至最终退游。原告接到的大量投诉显示出部分玩家对涉案游戏中外挂行为的不满及对游戏本身的负面情绪。从长远看,被诉行为还会给游戏产业的发展带来不良影响。

【律师评注】

(一)作弊工具规制的"类技术措施"路径之局限

在传统观点中,外挂类作弊工具通过对网络游戏的相关数据进行修改、伪造或截取,为作弊玩家取得交互机制外的不正当优势,将对游戏内在交互机制造成破坏,这种破坏在竞技类的游戏中尤为明显。在外挂类作弊工具广泛传播并被一定数量的玩家使用后,对游戏机制大范围的长期破坏将导致游戏环境恶化,并最终导致游戏的玩家流失、游戏及游戏公司声誉受损、额外运维成本增加等多方面问题,进而威胁到游戏的整体商业模式。

上述路径的论证步骤为:修改、伪造或截取数据—作弊玩家取得不正当优势—破坏游戏机制—恶化游戏环境—妨碍、破坏产品或服务的正常运行。

但是,若规制路径将目光集中于外挂类作弊工具的技术效果,即修改、伪造或截取数据,则容易忽视作弊工具造成危害结果的真正原因,即为作弊玩家取得不正当优势所带来的对游戏机制之破坏。

因此,当原本不属于规制对象的购买外挂类作弊工具之玩家不再满足于使用外挂为自己在游戏中取得不正当的优势,而是提供有偿带打服务,与其他没有使用外挂的玩家组队,通过组队系统共享外挂作弊所带来的不正当优势并收取一定对价时,原有的"类技术措施"规制模式将出现问题。

(二) 作弊带打行为的反不正当竞争法规制路径

在该案中,被告洪某系一名 2010 年注册《地下城与勇士》(以下简称 DNF)账号的玩家。自 2015 年起,其开始经营"飞机团"收费带打服务,即购买并在游戏中使用外挂,通过游戏内的组队系统,带其他没有使用外挂的玩家以作弊的方式通过高难度副本并收取一定费用。经过长期经营,其形成了一个有专业分工、聚集大量客户并持续不断地提供外挂收费带打服务的"黑色产业"。针对其行为,我们可以从不正当竞争行为的构成要件角度出发,进行如下分析:

1. 是否存在竞争关系

双方存在竞争关系是构成不正当竞争的前提,因此作弊带打者与游戏公司是否构成竞争关系,成为了需要厘清的第一个问题。在反不正当竞争法调整的竞争关系中,竞争关系并不仅限于"同业经营者之间的关系","因破坏他人竞争优势而产生的竞争关系"也属于反不正当竞争法的调整范围,其认定又可以从两个方面着手:

从用户群体来看,游戏公司和作弊带打服务的用户均包括涉案游戏玩家;从服务内容来看,作弊带打行为属于一种典型的寄生经营行为:作弊带打的经营完全依托于对应游戏。虽然服务内容不完全相同,但是两者具有紧密的依附性和关联性。而如前所述,作弊带打者的经营具备一定规模后,将恶化游戏环境,导致游戏公司的收入减少,且规模越大,对游戏公司的收入影响越严重,双方存在交易机会的争夺与此消彼长的损益关系。因此,可以认为作弊带打者与对应游戏的运营公司之间存在竞争关系。

在 DNF 团本外挂案中,法院亦认为,被告依托于原告经营的涉案游戏及拥有的玩家资源所提供的有偿带打服务,使得普通游戏用户在无需投入相应金钱、时间获取通关所必要的装备和战力之情况下,就能够以低成本快速通关。这种寄生于涉案游戏内的经营行为,将直接影响原告的经济利益,而被告可从中获益。因原被告之间存在交易机会的争夺与此消彼长的损益关系,从竞争利益角度看,双方存在竞争关系。

2. 是否具有不正当性

① 主观意图

无论是目前的游戏行业还是玩家群体,对外挂等作弊工具的不正当性早已达成共识。不仅如此,玩家与游戏公司间的用户协议亦明确约定禁止玩家使用外挂等作弊工具。因此,无论是使用作弊工具本身,还是将作弊工具用于经营行为,通过作弊获取不正当利益的主观恶意是显然的。

在"飞机团"案中,法院亦认为,作为涉案游戏中的级别较高之资深玩家,被告明知相关协议条款与游戏规则,仍违规利用外挂程序,大规模组建"飞机团"队伍,帮助用户低成本、快捷通关并从中获取不当利益,有违诚实守信原则,主观恶意明显。

② 行为模式及其损害后果

外挂等作弊工具所带来的危害直接体现为对游戏内在机制的破坏,进而将导致游戏内环境的恶化。作弊带打者虽然不是作弊工具的提供者,但是从游戏机制看,其仍然为其他玩家提供了不正当优势,是作弊的提供者。

在强竞技性的竞技类多人游戏中(如《和平精英》等游戏中的利用外挂"带老板上分"之行为),接受带打服务的玩家通过与作弊带打者组队,利用了作弊带打者通过外挂所取得的巨大优势,达到了基本等同于使用外挂的作弊效果。玩家无需练习和掌握技巧就可以击败水平远高于自己的对手,取得较高的排名或段位,这不仅破坏了游戏基于匹配系统所建立的公平竞技环境,也影响了正常游戏玩家的游戏体验。可见,作弊带打的行为模式和危害与直接提供外挂等作弊工具相比,并无本质不同。

而在竞技性相对偏弱的副本攻略类多人游戏中(如本案中的DNF "飞机团"),接受带打服务的玩家仍然利用了作弊带打者通过外挂所取得的巨大优势,无需任何技巧、精力以及装备的投入就可以通关原本需要高强度装备、高技巧以及参与玩家紧密配合才可能通关的高难度副本,破坏了副本攻略游戏"高难度—高技巧(高强度)—高产出"的挑战循环。被带打的玩家在装备收集、成就的挑战乃至PVP模式的对抗等各个方面,都将取得正常磨炼技巧或付费购买道具玩家所不具有的优势。可见,虽然不像竞技类多人游戏中那样直接破坏公平竞技环境,但是在副本攻略类多人游戏中,作弊带打同样破坏游戏机制,为接受带打服务的玩家取得不正当的优势。在形成一定规模后,作弊带打行为不仅将恶化游戏环境,更将直接影响游戏公司的收入。

综上,无论是在竞技性多人游戏中,还是在副本攻略类多人游戏中,经营作弊带打都将破坏游戏机制。在形成规模化的经营并产生较大的影响力后,作弊带打行为将严重破坏游戏环境,导致玩家的不满与流失等一系列问题,并最终损害游戏公司的合法经营利益。

在"飞机团"案中,针对被诉行为的模式特点及影响以及被诉行为的损害后果,法院认为,被告实施的购买外挂并在游戏内使用外挂、组建"飞机团"进行收费带打的行为,相较于单个用户使用外挂或者登录他人账号使用外挂代打等个体使用模式,具有三个特点:

第一,宣传广、发展快。被告自2015年3月起,先后建立5个千人群,群成员达5900余人,并长期在游戏聊天频道内宣传,通过公开喇叭喊话等方式吸引玩家加入飞机群,以为其争取交易机会。

第二,规模化、影响大。经过较长时间的发展,被告洪某组建的"飞机团"在涉案游戏内已形成了一定规模,聚集了众多游戏玩家,持续不断地提供外挂收费带打服务。"飞机团"内也存在明确的分工和配合,既有负责组团、协调、收费等的"售票员",又有携带外挂帮助玩家快速通关的"司机"。

第三,成本低、收益高、难控制。一方面,被诉行为不同于单个用户使用外挂与使用外挂代打等个体使用行为,外挂"飞机团"的参团门槛很低(每次每人带打通关收费为人民币 3 元或者 150W 游戏币)、支付方式多元(微信、支付宝、游戏币),每个"飞机团"可由"司机"同时带领多个玩家快速通关,且多个"飞机团"可同时在线带打,带打通关副本后仍可持续组建,从而在短时间内获取较高收益。另一方面,为保证对违规行为予以处罚的准确性,涉案游戏确立了较为严格的处罚条件,特别是为防止误封账号导致用户体验受损,目前采取的封号技术只能封停外挂账号,而"飞机团"采取收费账号与带打账号分离等方式,使得账号封停手段难以有效对外挂"飞机团"这种作弊行为进行有效打击。

针对损害后果,法院认为被诉行为不仅损害了原告作为游戏运营商的合法权益,而且损害了游戏普通玩家的合法权益及正常的游戏秩序。

最终,法院认定,被告在涉案游戏中利用外挂程序,大规模提供组团带打服务的行为,违反了与原告之间的约定,侵害了原告与作为普通玩家的消费者之合法权益,有违公平原则、诚信原则和商业道德,是一种食人而肥的"搭便车"行为,依法构成不正当竞争。

判决书整理人:胡越

评注人:曾祥欣

『游例知产 &09』
"吃鸡"游戏一秒八枪，作弊外设引法律争端

腾讯计算机公司、腾讯科技公司与飞智公司、衡智公司不正当竞争纠纷案

【关键词】

游戏作弊器、行为保全、作弊教学、共同侵权

【案例来源】

上海市杨浦区人民法院（2020）沪 0110 民初 5283 号民事裁定书

【权利作品名称】

《和平精英》

【案情简介】

《和平精英》是由腾讯科技公司自行研制的军事竞赛体验手游。经腾讯科技公司授权，腾讯计算机公司获得独家运营《和平精英》的相关权利。《和平精英》在 2019 年 6 月上线后不到两个月，游戏日活已经突破 5000 万，在主流移动游戏分发渠道下载量均过亿，该游戏具有极高的知名度和市场占有率。

权利人发现，飞智公司的官方网站发布了大量《和平精英》作弊设备"蜂刺"套装的宣传图片，并直接向玩家销售作弊设备。飞智公司在其官网首页设置《和平精英》游戏直播间，开设游戏作弊设备教学，还设置《和平精英》游戏攻略专区，发布作弊工具使用教学说明和作弊效果

视频,教唆玩家使用其制造、销售的作弊设备"蜂刺"套装。同时,飞智公司的授权销售商(即衡智公司)在天猫开设专营店宣传、销售《和平精英》作弊设备"蜂刺"套装。腾讯科技公司及腾讯计算机公司在发现上述事实后,向上海市杨浦区人民法院提起保全申请。

【要点提炼】

1. 游戏公司和外设提供者是否存在竞争关系?

该案中,法院认定在网络经济环境下,只要双方吸引、争取的网络用户群体存在此长彼消的或然性对应关系,即可认定为双方存在竞争关系。从用户群体来看,游戏公司与作弊外设提供者的用户均包括涉案游戏玩家;从服务内容来看,作弊外设提供者经营的外设依托于游戏,属于一种寄生经营行为,二者的服务内容虽不完全相同,但具有依附性,存在极为紧密的关联性;从竞争损害关系来看,作弊外设提供者实施的行为对游戏的正常运营产生实际损害,而作弊外设提供者却从中获利。因此,游戏公司与作弊外设提供者之间存在交易机会的争夺与此消彼长的损益关系。

2. 开发、提供作弊外设行为的不正当性体现在何处?

该案中,法院认为涉案"蜂刺手游按键"(左右手)的制作者飞智公司利用技术手段,不仅使涉案产品的使用者在进行涉案游戏时获得了超越于常规的能力,且绕开涉案游戏运营商的匹配隔离检测,使其不能与同样使用相关外接设备的游戏用户相匹配,从而导致大量遵守游戏协议规则的用户之游戏体验度大大受损,公平竞技的游戏生态环境存在遭受破坏的可能性。也正是由于用户对游戏投入的时间、精力、财力等与产出方面的平衡性存在被打破的可能,在用户利益由此受损的同时,也将影响到游戏的声誉,降低用户的流量,进而使得依托于游戏增值服务来获益的游戏运营商之交易机会减少。同时,作弊外设也将不合理地增加游戏运营商为维持涉案游戏产品与服务的健康体系,以及用户对公平竞技的游戏体验环境之期待所支出的经营成本。因此,飞智公司的行为存在干扰涉案游戏正常运营,妨碍以用户体验、公平竞技为核心的涉案游戏产品服务功能的实现之可能性。

3. 作弊外设提供者是否可能适用技术中立原则来规避相应责任？

该案中，法院认为，司法实践对技术中立的肯定，意在鼓励技术创新和发展，值得保护的技术创新必须是从社会整体来看具有先进性、实用性的，能获得正向效果的积极创新，且技术创新应以不侵害其他经营者的正常合法经营为底线。本案中，飞智公司所使用的"电容隔空映射技术"是普通的现有技术，没有任何先进性。同时，本案所涉外设中的技术也并非是"电容隔空映射技术"，而是飞智公司基于该技术进一步开发出的虚增玩家点击的"一秒八枪"作弊设备。此外，技术中立原则只在间接侵权中有适用空间，而两被申请人既是作弊外设的生产者与销售者，又是侵权行为的实施者，本就无资格主张技术中立免责，且飞智公司并未对其技术是否被用于侵权用途尽到注意义务。因此，作弊外设提供者不应适用技术中立原则来免责。

4. 针对作弊外设的保全措施，是否具有紧迫性和必要性？

该案中，法院认为作弊外设从根本上破坏了整个游戏的平衡性、公平性，影响了正常玩家的游戏体验，导致正常玩家继续留存意愿降低，腾讯公司的交易机会减少。作弊玩家快速完成每日任务等目标，留存时间缩短，腾讯公司的交易机会也相应缩减。迫不得已对作弊玩家采取"封号""冻结"等措施，事实上进一步导致腾讯公司对这部分玩家的交易机会降低。从技术原理上看，腾讯公司无法规制该类作弊行为。囿于技术及法律所施加的权限限制，腾讯公司无法通过技术措施对不正当竞争行为加以自力规制。腾讯公司目前投入大量人力、物力来检测玩家的点击频率、位置情况，产生了不合理的经营成本，且该种方式也收效甚微，存在大量误判、漏判的情况，完全是无奈之举，长此以往必然导致作弊横行、正常玩家大量流失。涉案作弊外设直接作用在用户手机屏幕之上，腾讯公司是无法通过技术进行甄别、干预的，不具有预防和自救能力。因此，此类保全措施具有紧急性和必要性。

【律师评注】

面对不同于以往作弊形式的不正当竞争行为，本案法院并没有受到传统规制路径的束缚，而是深刻理解游戏作弊的本质以及其对现有商业模式的破坏,进行了高屋建瓴的论述并出具了禁令,具有相当的技术前瞻性。

（一）从游戏作弊的本质出发,理解广义的电子游戏作弊

从定义上分析,作弊的目的是"获得优势"。一般在作弊中造成误解和扭曲的工具是"人、环境或二者兼有",且有明确的欺骗对象,即"受骗者"。

在电子游戏中,作弊也是通过欺骗的方式"获得优势"。但是,电子游戏作弊的"欺骗"并不必然存在"受骗者",受到欺骗的主要是游戏的交互机制,其通过对游戏交互机制的"欺骗",突破了原有交互机制的限制并"获得优势"。因此,广义的电子游戏作弊可以概括为"通过欺骗的方式,突破游戏交互机制来取得不正当的优势"。

（二）电子游戏的作弊类型多种多样,在以竞技游戏为代表的多人游戏中,使用作弊工具这一形式的不正当性尤为明显

电子游戏作弊的路径主要有三种,即开发者提供的作弊、BUG作弊、作弊工具作弊。本案中的作弊工具——"蜂刺"连点器——属于第三种类型。这种作弊工具主要通过欺骗的方式,突破游戏交互机制来达到获得不正当优势之目的。由于涉及较为复杂的技术手段,此类作弊工作通常由专业的第三方生产,再由普通玩家获取或购买来实施作弊。

在本案中,玩家使用"蜂刺"连点器后,便可以绕开游戏运营商的匹配隔离检测。具体来说,为了确保游戏的公平性,游戏的匹配系统一般会将具有更高操作精度的玩家单独匹配。但是,使用"蜂刺"的玩家可以在游戏中获得比普通玩家更高的操作精度,却不会与同样使用相关外接设备的游戏用户相匹配。此外,"蜂刺"连点器还可以抹平游戏中的武器设计之差异,从而获得不正当的优势,如变"半自动武器"为"全自动武器"、呈现出常人难以达到的点击频率等。

（三）作弊工具带来的不正当竞争,造成的危害是多方面的

在以竞技游戏为代表的多人游戏中,公平性是游戏的主要卖点,也是玩家的核心诉求。一旦有玩家通过作弊工具取得了不正当优势,就必然意味着其他未使用作弊工具的玩家被迫处于不正当劣势。若任由

相关工具继续开发、生产和销售,最终将对相关游戏的运营造成严重的妨碍和破坏,从多方面危害游戏产业的健康发展。首先,当通过大量练习拥有高水平的玩家不敌"外挂"玩家时,这些用户将产生极强的挫败感,严重影响玩家正常体验,极易造成玩家的不正常流失。其次,这些用户还会通过多种渠道来表达其对游戏开发和运营公司的开发和运营能力之质疑,而这些负面意见势必会对游戏公司的声誉造成严重的侵害。再次,为了规制作弊工具所带来的恶劣影响,游戏公司不得不在正常的游戏开发和运营之外,另行投入人力、物力来建立反作弊团队,以接受玩家的投诉并从技术等角度对作弊工具进行检测和打击,从而额外地增加了运营成本。最后,上述因素都将加剧游戏公司的收支不平衡,进而威胁基于公平竞技理念的一整套游戏平衡以及盈利模式。

（四）对作弊工具发布禁令,有利于维护网络游戏行业的共荣共生

网络游戏行业与游戏辅助硬件行业是相互依存、共荣共生的关系。但是,在本案中,"蜂刺"与《和平精英》之间的竞争关系,会因为作弊工具而走向扭曲。游戏辅助硬件厂商为短期利益,损害了网络游戏的公平性和用户体验性,牺牲了游戏产品的长期发展空间。这种损人利己的不正当竞争方式,会导致游戏行业、游戏辅助硬件行业及消费者福利陷入三输局面。

积极健康的行业关系,应当是游戏辅助硬件行业坚决抵制作弊工具的开发,聚焦研发提升游戏玩家真实游戏体验的辅助产品,提升游戏用户的活跃度;而游戏行业的繁荣发展则为游戏辅助硬件行业的发展提供了持久稳定的市场根基,反哺了游戏辅助硬件市场的健康发展。

本案中,杨浦法院在面对不同于以往作弊形式的不正当竞争行为时,不为传统的规制路径所束缚,在深刻理解游戏作弊的本质之基础上,分析了广义的电子游戏作弊与作弊工具之本质及其对现有的游戏商业模式之破坏,进行了高屋建瓴的论述并出具了禁令,具有相当的前瞻性。可以说,该裁定是推动两个行业重回共荣共生、相互促进、多方共赢发展正轨的经典范例。法院不仅厘清了基础规则,还主导促成申请人与被申请人达成共识,最终取得了法律效果、经济效果和社会效果相统一的共赢局面。

在当前的游戏行业中,云游戏方兴未艾。由于将游戏软件的运行放在了远端的服务器,云游戏大大降低了传统"外挂"式作弊方式对游戏软件的静态数据、运行数据以及外部存取数据进行修改、伪造或截取之可能性。在可以预见的未来,针对云游戏作弊工具的开发将更多地围绕着仍然留存于玩家端的输入设备以及云游戏客户端进行,因此针对作弊工具的开发、生产和销售之法律规制,必然要突破原有的"外挂"视角。

判决书整理人:李浩

评注人:傅钢

图书在版编目(CIP)数据

网络游戏 20 年经典案例律师评注/游闽键主编. —上海:上海
三联书店,2022.8
ISBN 978 - 7 - 5426 - 7698 - 6

Ⅰ.①网… Ⅱ.①游… Ⅲ.①网络游戏－知识产权－案例－
中国 Ⅳ.①D923.405

中国版本图书馆 CIP 数据核字(2022)第 044169 号

网络游戏 20 年经典案例律师评注

主　　编 / 游闽键

责任编辑 / 宋寅悦
装帧设计 / 一本好书
监　　制 / 姚　军
责任校对 / 王凌霄

出版发行 / 上海三联书店
　　　　　(200030)中国上海市漕溪北路 331 号 A 座 6 楼
邮　　箱 / sdxsanlian@sina.com
邮购电话 / 021 - 22895540
印　　刷 / 上海惠敦印务科技有限公司

版　　次 / 2022 年 8 月第 1 版
印　　次 / 2022 年 8 月第 1 次印刷
开　　本 / 640 mm×960 mm　1/16
字　　数 / 280 千字
印　　张 / 19.5
书　　号 / ISBN 978 - 7 - 5426 - 7698 - 6/D・533
定　　价 / 78.00 元

敬启读者,如发现本书有印装质量问题,请与印刷厂联系 021 - 63779028